Le droit congolais des marchés publics

Néhémie MWILANYA WILONDJA

LE DROIT CONGOLAIS DES MARCHES PUBLICS

Préface de Daniel MUKOKO Samba

L'Harmattan

5-7, rue de l'École-Polytechnique ; 75005 Paris
http://www.harmattan.fr
diffusion.harmattan@wanadoo.fr
ISBN : 978-2-343-10135-4
EAN : 9782343101354

PREFACE

Au cours du douloureux processus de reconstruction post-conflit, la République Démocratique du Congo a engagé, à partir de 2002, des réformes majeures dans plusieurs secteurs de la vie nationale. En matière de gouvernance économique, les codes minier et forestier de 2002, puis les réformes des entreprises publiques (2008), de passation des marchés publics (2010), et des finances publiques (2011), constituent des repères importants. Ces réformes répondent au souci de refonder l'État Congolais sur les bases de la bonne gouvernance. La RD Congo avait donc choisi de se défaire d'un cadre législatif désuet, ne répondant que très peu aux demandes quasi-universelles de la transparence, de la responsabilité, et de la participation des citoyens dans la gestion des affaires publiques.

Le choix de ce nouveau cap était largement justifié par le contexte national et international de l'époque. Au plan national, le pays, sorti exsangue de longues années de conflits meurtriers, devait rapidement reconstruire l'économie nationale, mais les finances faisaient défaut et le poids de la dette extérieure était insupportable. Au plan international, les bailleurs de fonds, mus par les deux processus internationaux majeurs (l'initiative d'annulation de la dette des pays pauvres très endettés, d'une part, et la Déclaration de Paris sur l'efficacité de l'aide au développement, d'autre part), avaient inscrit, entre autres choses, la réforme du code des marchés publics parmi les conditions d'éligibilité de la RD Congo à ces facilités.

Sous le principe de l'alignement des pays donateurs sur les stratégies nationales de développement et les systèmes nationaux de gestion, la Déclaration de Paris recommande aux pays récipiendaires de l'aide de *« renforcer leurs systèmes nationaux de passation des marchés »,* en y intégrant les normes et procédures considérées alors comme les meilleures pratiques en la matière. Ces normes et procédures sont tirées :

i) de la Loi type de la Commission des Nations Unies pour le droit commercial international (CNUDCI) sur la passation des marchés publics ;
ii) de l'Accord sur les marchés publics de l'Organisation mondiale du commerce (OMC) ;
iii) des Directives de l'Union européenne sur la passation des marchés publics ;
iv) des Directives de la Banque mondiale sur la passation des marchés publics ; et
v) des Outils d'évaluation de la passation des marchés publics et des Principes de l'OCDE pour renforcer l'éthique dans les marchés publics.

Tous ces cadres législatifs internationaux font écho de la Convention des Nations Unies contre la corruption dont l'article 9 est spécifiquement consacré à la passation des marchés publics et à la gestion des finances publiques. Cet article enjoint chaque État Partie de *« mettre en place des systèmes appropriés de passation des marchés publics qui soient fondés sur la transparence, la concurrence et des critères objectifs pour la prise des décisions et qui soient efficaces, entre autres, pour prévenir la corruption »*.

L'adoption et la mise en œuvre d'un nouveau code de passation des marchés publics, y compris les principaux décrets d'application, constituèrent l'un des sept déclencheurs du point d'achèvement de l'Initiative-PPTE ayant permis à la République Démocratique du Congo d'obtenir l'annulation de près de 82% du stock de la dette publique extérieure.

La Loi n°10/010 du 27 avril 2010 relative aux marchés publics et les règlements d'exécution s'y rapportant ont ouvert une nouvelle ère dans la gestion et l'exécution de la commande publique en République Démocratique du Congo. Mais ce bond qualitatif prenait place dans un environnement caractérisé, selon les revues analytiques du système de passation des marchés publics prévalant en RD Congo avant 2010, par des faiblesses institutionnelles et surtout le manque de cadres professionnels compétents en matière de passation des marchés.

L'ouvrage du Professeur Néhémie MWILANYA trouve toute sa pertinence dans le besoin continu de :

i) sensibilisation de l'opinion et des décideurs sur le coût social de la corruption dans la commande publique ;
ii) renforcement des capacités institutionnelles et humaines ; et
iii) vulgarisation des principes fondateurs de transparence, de mise en concurrence, et d'objectivité décisionnelle.

Les objectifs poursuivis par cet ouvrage sont de longue haleine. Ceci est évident dans le deuxième chapitre consacré à la mise en œuvre de la loi et des règlements y afférents. Comme le souligne l'auteur, le législateur ne s'était d'ailleurs pas trompé sur la durée de la période de maturation du nouveau système. C'est ainsi qu'il avait assigné à l'Autorité de Régulation des Marchés Publics (ARMP), entre autres missions, celle de *« parfaire »* le système à l'aide des audits réguliers. Ces audits ont pour but de tester la capacité des institutions, parties prenantes, à assumer leurs rôles respectifs pour que le système mis en place par la loi converge effectivement vers les normes et procédures optimales. Y parvenir est un grand défi, mais ce défi doit être gagné et cet ouvrage apporte une contribution appréciable.

Professeur Daniel MUKOKO Samba

AVANT-PROPOS

La commande publique joue un rôle déterminant dans le développement économique et social de toutes les nations tant au niveau national qu'au niveau local. La République Démocratique du Congo n'échappe pas à ce postulat qui repose essentiellement sur deux raisons :

- primo, les institutions, les établissements et les services publics doivent réaliser des ouvrages, acquérir des biens, des fournitures, des équipements et des services, afin de répondre, le mieux possible, aux besoins vitaux d'intérêt général et de s'adapter à leur évolution ;
- secundo, la promotion du développement des petites et moyennes industries et entreprises. A cet égard, la création des emplois et l'assainissement du climat des affaires sont largement tributaires de la saine concurrence dans le processus de la commande publique.

Contrats écrits par lesquels un entrepreneur, un fournisseur ou un prestataire s'engage envers l'Autorité contractante à réaliser des travaux, à fournir des biens, des services ou des prestations intellectuelles moyennant un prix, les Marchés Publics constituent le creuset, par excellence, du développement des nations.

A cet égard, non seulement les rapports entre parties au contrat des Marchés Publics doivent être sécurisés par une loi claire et précise, mais aussi, les acteurs des Marchés Publics doivent bien maîtriser les textes légaux et réglementaires régissant les Marchés Publics et les procédures qu'ils édictent.

En République Démocratique du Congo, le système de passation des marchés est régi par la loi n°10/010 du 27 avril 2010 relative aux Marchés Publics et ses divers textes d'application : décrets, arrêtés, circulaires, dossiers standards, etc.

Cette loi met en place un nouveau dispositif institutionnel animé par quatre structures, en l'occurrence, l'Autorité de Régulation des Marchés Publics « ARMP », la Direction Générale du Contrôle des Marchés Publics « DGCMP », les Autorités contractantes, par le biais de leurs Cellules de Gestion des Projets et des Marchés Publics « CGPMP », ainsi que les autorités approbatrices. Ces structures sont instituées sur la base du principe de séparation des fonctions de gestion, de passation et de contrôle des Marchés Publics.

L'objectif de cet ouvrage sur la passation des Marchés Publics, est de mettre à la disposition des acteurs publics et privés impliqués dans la passation et l'exécution des Marchés Publics en RD Congo un commentaire synthétique des textes légaux et réglementaires applicables ainsi que les procédures qu'ils édictent. Loin d'être uniquement un essai théorique, l'ouvrage analyse également quelques cas pratiques qui ouvrent des perspectives sur un éventuel ajustement de la réforme actuellement en vigueur.

Le Professeur Néhémie MWILANYA WILONDJA, auteur de cet ouvrage, juriste averti, livre au lecteur, dans des termes simples à dessein, une réflexion sur ce domaine qu'il aborde avec aisance malgré sa complexité.

J'ai la conviction que les acteurs publics et privés de la commande publique, premiers destinataires ciblés de cet ouvrage, y trouveront les informations essentielles et utiles à la bonne exécution de leurs activités quotidiennes dans ce domaine.

Stanys BUJAKERA SANGANO
Directeur Général
de l'Autorité de Régulation des Marchés Publics
A R M P

SIGLES ET ABREVIATIONS

AMI	: Avis à Manifestation d'Intérêt.
ANO	: Avis de Non Objection.
AOI	: Appel d'Offres International.
AON	: Appel d'Offres National.
AOO	: Appel d'Offres Ouvert.
AOR	: Appel d'Offres Restreint.
ARMP	: Autorité de Régulation des Marchés Publics.
BCECO	: Bureau Central de Coordination.
CE	: Conseil d'Etat.
CEEC	: Centre d'Evaluation, d'Expertise et de Certification.
CGPMP	: Cellule de Gestion des Projets et des Marchés Publics.
COHYDRO	: Congolaise des Hydrocarbures.
CRD	: Comité de Règlement des Différends.
DAO	: Dossier d'Appel d'Offres.
DGCMP	: Direction Générale du Contrôle des Marchés Publics.
DPS	: Demande de Propositions Standard.
DTP	: Demande Type de Propositions.
ICCN	: Institut Congolais pour la Conservation de la Nature.
INRB	: Institut National de Recherche Biomédicale.
INSS	: Institut National de Sécurité Sociale.
J.O.RDC	: Journal Officiel de la République Démocratique du Congo.
J.O.Z.	: Journal Officiel du Zaïre.
LAC	: Lignes Aériennes Congolaises.
OCC	: Office Congolais de Contrôle.
OR	: Office des Routes.
OVD	: Office des Voiries et Drainage.
op.cit.	: *opere citato.*
p.	: page.
PPM	: Plan de Passation des Marchés Publics.
R.J.D.A.	: Recueil des Jurisprudence et Droit administratif.
RDC	: République Démocratique du Congo.
REGIDESO	: Régie de Distribution d'Eau.

RVA	: Régie des Voies Aériennes.
SCPT	: Société Congolaise des Postes et Télécommunications.
SCTP	: Société Commerciale des Transports et des Ports.
SNEL	: Société Nationale d'Electricité.
TDR	: Termes de Référence.
Trib. confl.	: Tribunal des conflits.
UCOP	: Unité de Coordination des Projets. qualité-coût

INTRODUCTION

1. L'Administration peut, autant que font les personnes privées, réaliser des ouvrages, acquérir des biens, des fournitures, des équipements et des services ; mais, à la différence des personnes privées, elle agit pour répondre, le mieux possible, aux besoins vitaux d'intérêt général. Pour ce faire, elle est libre d'exécuter soi-même ces différentes prestations en régie directe. C'est autant reconnaître que « *les personnes publiques peuvent encore directement exercer les mêmes activités que les entreprises privées* »[1]. Elles ont toujours la possibilité d'accomplir les missions de service public qui leur incombent par leurs propres moyens[2] et donc sans recourir au marché (au sens économique) ni passer de marché (au sens juridique)[3]. Pourtant, la personne publique peut aussi choisir de se confiner dans le rôle de maître d'ouvrage, c'est-à-dire « *qu'elle confie l'exécution du travail à un entrepreneur professionnel avec qui elle conclut un marché* »[4].

2. Ce recours par l'Administration à un entrepreneur professionnel, à un fournisseur des biens ou des services extérieurs doit s'exercer dans le respect des règles et principes juridiques tels que posés par la législation en vigueur. Il sera ici question de rappeler les règles et principes législatifs et réglementaires qui régissent les Marchés Publics et la délégation de service public en République Démocratique du Congo, étant entendu que leur violation peut engendrer des contestations de nature à fragiliser un processus de passation de marché public qui serait déjà engagé, de même que cette violation porrait rendre inefficace toute une économie nationale.

---

[1] Marceau LONG et *alii, Les grands arrêts de la jurisprudence administrative*, 19ème édition, Paris, Dalloz, 2013, p.271.

[2] CE Ass. 26 octobre 2011, *Association pour la promotion de l'image et autres, Rec. 506*, concl. Boucher – v. n°28.11, cité par Marceau LONG et *alii, ibidem*.

[3] CE Sect. 27 juin 1930, *Bourrageas et Moullot, Rec. 659* ; 29 avr. 1970, *Société Unipain, Rec. 280* ; *AJ* 1970. 340, concl. Braibant ; *RD publ.* 1970.423, note M. Waline ; 26 janv. 2007, *Syndicat professionnel de la géomatique, Rec.* 20 ; *RJEP* 2007.265, concl. N. Boulouis ; *AJ* 2007.744, note Nicinski ; Ass. 26 octobre 2011, *Association pour la promotion de l'image et autres, Rec. 506*, concl. Boucher – v. n°28.11, cité par Marceau LONG et *alii, ibidem*.

[4] Maurice-André FLAMME, *Traité Théorique et pratique des Marchés Publics, tome 1. Théorie générale des contrats de l'Administration. Conclusion des marchés,* Bruxelles, Etablissements EMILLE BRUYLANT SA, 1969, p.189, n°126.

3. L'histoire du contentieux administratif de la République Démocratique du Congo montre que, déjà, depuis l'époque coloniale belge, la passation des Marchés Publics a fait l'objet de contentieux juridictionnels. En témoignent, quelques décisions du Conseil d'Etat belge, notamment celle du 4 septembre 1959 par laquelle le Conseil d'Etat belge s'était déclaré incompétent pour connaître de la requête en annulation introduite par la Société congolaise par actions à responsabilité limitée « Compagnie congolaise de construction » contre l'Office d'exploitation des transports coloniaux (OTRACO) dont voici le dispositif : « *considérant que les contestations qui portent sur ces obligations, nées du consentement réciproque des parties en matière d'entreprise d'ouvrage, matière réglée par le code civil et les lois qui le complètent, sont de la compétence exclusive des tribunaux de l'ordre judiciaire; que le Conseil d'Etat n'est pas compétent et que le recours n'est pas recevable* »[5].

Dans cette espèce, il se dégage de la motivation que, en vertu de la loi du 12 juillet 1952 organique de l'Office d'Exploitation des Transports Coloniaux, cet office n'était tenu par aucune disposition de recourir à l'adjudication sur appel restreint d'offres ou au marché de gré à gré en respectant les règles en vigueur à l'Administration coloniale. Ainsi, en décidant, en vue de faire exécuter des travaux, de procéder à une adjudication sur appel d'offres restreint, soumise au cahier général des charges, clauses et conditions imposées aux entreprises de travaux, approuvé par le gouverneur général du Congo belge, l'Office d'Exploitation des Transports Coloniaux n'avait donc pris aucune disposition réglementaire[6]. Ce qui conduit le Conseil d'Etat à se déclarer incompétent et à décréter, en conséquence, l'irrecevabilité de la requête en annulation introduite par la Compagnie Congolaise de Construction.

4. Dans une autre espèce, la même juridiction s'était également déclarée incompétente pour connaître du recours en annulation d'une décision du Gouverneur général du Congo ayant, à la suite d'un concours d'architecture (il s'agissait d'élaborer les plans de la résidence du Gouverneur à Léopoldville), classé les concurrents et attribué les prix, recours fondé sur ce que le projet primé ne répondait pas aux conditions du concours. A ce propos, le Conseil d'Etat avait estimé qu'en l'espèce, l'Administration avait traité avec les particuliers en dehors des règles d'un statut administratif et qu'elle s'était soumise à l'application des règles du code civil et des lois qui le complètent ; qu'aucun doute n'était possible sur la volonté du Gouverneur de ne soumettre les modalités du concours aux règles de l'adjudication

---

[5] Conseil d'Etat, 4 septembre 1959. *Pasicrisie belge*, 1961, n°1, p.14

[6] *ibidem.*

publique, mais de se servir au contraire des procédés dont userait un particulier poursuivant les mêmes fins[7].

5. Par les deux exemples jurisprudentiels concrets ci-dessus, l'on voudrait simplement illustrer l'origine coloniale de l'existence des règles relatives à la passation des Marchés Publics en République Démocratique du Congo. Cependant, le présent ouvrage ne saurait se lancer dans les considérations historiques de l'application de ces règles et dans l'appréciation des contentieux qui furent élevés depuis cette époque coloniale belge. Bien au contraire, il sera focalisé sur le droit actuellement en vigueur, issu essentiellement de la loi n°10/010 du 27 avril 2010 relative aux Marchés Publics et des règlements d'exécution qui s'y rapportent.

Certes, la passation des Marchés Publics fait aujourd'hui l'objet des enseignements dispensés dans les Universités du pays ; mais la doctrine en la matière reste très modique. On peut évidemment compter avec l'ouvrage de Guy Kabeya Muana Kalala, paru en 2012[8], dans lequel l'auteur rappelle les principes, les règles et les procédures de passation des Marchés Publics ainsi que les règles contentieuses en la matière, mais aussi l'ouvrage de J.N Vudisa[9], ouvrage écrit sous le régime de la législation antérieure.

6. Le présent ouvrage revient également sur les règles et principes tels qu'ils ressortent de la loi n° 10/010 du 27 avril 2010 relative aux Marchés Publics, Mais, il se veut pragmatique en voulant mettre à la portée du public, l'appréciation qui a été faite de la première expérience vécue dans ce domaine depuis l'entrée en vigueur de ladite loi.

On retiendra, pour l'essentiel, que ces règles et principes s'appliquent :
- aux différents types des Marchés Publics;
- aux modalités de passation des Marchés Publics;
- à la catégorie spéciale des Marchés Publics.

7. Le cadre réglementaire, quant à lui, se rapporte essentiellement aux acteurs intervenant dans le processus de passation des Marchés Publics, aux règles et procédures applicables, ainsi qu'à la fixation des seuils de passation, de contrôle et d'approbation des Marchés Publics. Le Décret n° 10/22 du 02

---

[7] Conseil d'Etat, 22 janvier 1954. *R.J.D.A.* Cité par Maurice-André FLAMME, tome1, *op.cit*, p. 542, n° 369.
[8] *Passation des Marchés Publics*, tome I, Principes, règles, procédures, pratiques de passation et contentieux, Kinshasa, Editions BATENA NTAMBWA, 2012, 218 pages.
[9] *Initiation à la passation des Marchés Publics en droit congolais*, Pays Bas, Ed. Hapert, 2002.

juin 2010 portant Manuel de procédures de la loi relative aux Marchés Publics règle toutes ces questions.

Il en est de même du :

- Décret n° 10/21 portant création, organisation et fonctionnement de l'Autorité de Régulation des Marchés Publics, en sigle « ARMP »;
- Décret n° 10/27 portant organisation et fonctionnement de la Direction Générale du Contrôle des Marchés Publics, en sigle « DGCMP»;
- Décret n° 10/32 portant création, organisation et fonctionnement de la Cellule de Gestion des Projets et des Marchés Publics, en sigle « CGPMP »;
- Décret n° 10/34 fixant les seuils de passation, de contrôle et d'approbation des Marchés Publics et de délégations de Service public.

8. L'orientation retenue tend répondre à la question fondamentale qui s'impose à l'esprit. En effet, dans quelle mesure ces textes, législatif et réglementaires, sont-ils mis en œuvre par les différentes structures de passation des Marchés Publics et quels sont les principaux enseignements à tirer, une année après l'entrée en vigueur effective de la réforme dans ce secteur de la commande publique ? Et, dans la mesure où l'ouvrage réalise une combinaison de la pratique, confrontée elle-même à la théorie, mieux, à la règle de droit, il devient aisé de dégager les adéquations, pourquoi pas, les inadéquations constatées à l'occasion de cette première expérience et qui peuvent utilement inspirer les réformes futures. C'est l'intérêt pratique du travail réalisé dans cet ouvrage.

L'application de ces règles et principes peut aussi susciter des problèmes d'interprétation aussi bien par les plaideurs que par les juges. C'est le lieu de concentrer la réflexion sur les opinions émises par les uns et par les autres à l'occasion d'un contentieux en la matière.

9. Pour rester dans la ligne ainsi tracée, l'ouvrage est structuré en deux chapitres dont le premier rappelle le régime juridique des Marchés Publics, tandis que le second fait état de la mise en œuvre de la législation et de la réglementation en cette même matière.

Au début de la rédaction de cet ouvrage, il n'y avait pas encore de décisions judiciaires qui soient rendues depuis la réforme. Chemin faisant, quelques cas jurisprudentiels viennent s'ajouter à l'étude ; il s'agit de l'arrêt RA 1401 de la Cour suprême de justice, et du jugement rendu sous le RAC 1336, du tribunal de commerce de Lubumbashi. Par ce premier arrêt, rendu après la réforme introduite par la loi précitée, le juge administratif de la Cour suprême de justice a dit irrecevable, pour prématurité du recours, une requête introduite par un soumissionnaire qui fut évincé à l'issue de la procédure ayant abouti à l'attribution provisoire d'un marché public. Cet arrêt permet de rappeler quelques principes fondamentaux applicables en cas de recours en annulation pour excès de pouvoir déjà à la phase de passation d'un marché public. Car en effet, il faut faire remarquer que les contentieux peuvent également surgir à l'occasion de l'exécution d'un marché public.

Par le jugement RAC 1336, qui vient d'être rendu tout récemment, le tribunal de commerce de Lubumbashi a décrété l'irrecevabilité de l'action de la partie demanderesse pour forclusion. Nous avons la certitude qu'au moment où s'écrivent ces lignes, plusieurs autres causes sont encore pendantes devant les différentes juridictions nationales, dans le cadre du contentieux des Marchés Publics.

Chapitre I

LE REGIME JURIDIQUE DES MARCHES PUBLICS

10. Le législateur congolais donne la définition du marché public. Il s'agit, aux termes de l'article 5 de la loi n° 10/010 du 27 avril 2010, d'un « *contrat écrit par lequel un entrepreneur, un fournisseur ou un prestataire s'engage envers l'autorité contractante fournissant une contribution ou une garantie financière, soit à réaliser des travaux, soit à fournir des biens ou des services, soit à exécuter des prestations intellectuelles moyennant un prix* ».

Cette définition reprend les quatre différents types de Marchés Publics[10], à savoir :

- les marchés de travaux ;
- les marchés de fournitures ;
- les marchés de services et
- les marchés de prestations intellectuelles.

11. Marché de travaux, marché de fournitures, marché de services ou marché de prestations intellectuelles, répondent chacun à une définition particulière et poursuivent des objets spécifiques[11]. Pourtant, il peut se faire qu'un

---

[10] Article 7 de la loi n° 10/010 du 27 avril 2010 relative aux Marchés Publics.

[11] Lire les articles 8 à 11 de la loi n° 10/010 du 27 avril 2010 relative aux Marchés Publics. « *Les marchés de travaux ont pour objet la réalisation au bénéfice d'une autorité contractante de tous travaux de bâtiment ou de génie civil ou la réfection d'ouvrages de toute nature* » (article 8) ; « *les marchés de fournitures concernent l'achat, la prise en crédit-bail, la location ou la location-vente de produits ou matériels au bénéfice d'une autorité contractante* » (article 9); tandis que « les marchés de services ont pour objet la réalisation des prestations qui ne peuvent être qualifiées ni de travaux, ni de fourniture. Ils recouvrent notamment les marchés de services courants qui ont pour objet l'acquisition par le maître d'ouvrage des services pouvant être fournis sans spécifications techniques exigées par le maître d'ouvrage et les marchés portant notamment sur des prestations de transport, d'entretien et de maintenance des équipements, des installations et de matériels, de nettoyage, de gardiennage des locaux administratifs et de jardinage » (article 10), alors que les marchés de prestations intellectuelles ont, eux, pour objet, des prestations à caractère principalement intellectuel. Ils incluent notamment les contrats de maîtrise d'ouvrage déléguée, les contrats de conduite d'opération, les contrats de maîtrise d'œuvre et les services d'assistance technique ainsi que les marchés de prestation, d'études et de

marché relevant de l'une des quatre catégories mentionnées ci-dessus comporte, à titre accessoire, des éléments relevant d'une ou plusieurs autres catégories.

Dans ce cas, un marché combinant à la fois les services et les fournitures sera qualifié *marché de services* si la valeur des services prestés dépasse celle des produits à fournir. Tout comme, dans un sens inverse, un tel marché sera réputé *marché de fournitures,* si la valeur de celles-ci est supérieure à celle des services à rendre. Cependant, en cas d'égalité de valeurs entre les services et les fournitures, le marché est réputé *marché de fournitures*[12].

12. Dans ce premier chapitre consacré au régime juridique des Marchés Publics, il est indiqué, avant d'envisager l'analyse des procédures de passation de marchés retenues par la loi en vigueur (section 2), de faire une prospection en vue de déterminer la nature juridique de Marchés Publics et les différents principes qui réglementent leur passation et leur exécution (section 1).

SECTION 1. LA NATURE JURIDIQUE ET LES PRINCIPES REGISSANT LES MARCHES PUBLICS

§1. LA NATURE JURIDIQUE DE MARCHES PUBLICS

13. Le législateur congolais ne s'est pas expressément prononcé sur la nature qu'il convient d'attacher aux Marchés Publics. C'est une question impérieuse qui mérite d'être éclairée dans la mesure où la détermination de cette nature peut jouer et influer sur la compétence juridictionnelle en cas de contentieux[13].

Dans un contrat de marché public, l'une des parties est, au moins, une personne publique. On peut donc convenir que les Marchés Publics sont des contrats administratifs (A). En cas de contentieux, il est observé la règle de la réclamation administrative préalable, applicable en contentieux administratif (B).

---

maîtrise d'œuvre qui comportent, le cas échéant, des obligations spécifiques liées à la notion de propriété intellectuelle (article 11).

[12] Ces principes sont clairement posés à l'article 12 de loi n° 10/010 du 27 avril 2010 relative aux Marchés Publics.

[13] En attendant l'examen de sa conformité à la Constitution, et sa promulgation par le Président de la République, la loi organique portant organisation, compétence et fonctionnement des juridictions de l'ordre administratif, telle qu'adoptée par le Parlement, attribue le contentieux des marchés publics aux juridictions administratives.

A. LES MARCHES PUBLICS SONT DES CONTRATS ADMINISTRATIFS

14. La notion de contrat administratif se déduit soit de régimes législatifs, soit d'une solide tradition jurisprudentielle[14]. Comme nous l'avons dit, le législateur congolais n'a rien dit sur la nature de contrat administratif que revêtent les Marchés Publics. Toutefois, il exige que tout marché public doive faire l'objet d'un contrat écrit (I) dans lequel sont renseignées certaines mentions visées à l'article 48 de la loi sur les Marchés Publics. Mais le contrat relatif au marché public ne se suffit pas à lui seul; il est accompagné d'un cahier des charges (II).

I. LE CARACTERE ECRIT DU CONTRAT

15. Le contrat constatant un Marché Public est un contrat écrit qui doit mentionner l'objet et le numéro du marché, les parties contractantes, les moyens de financement de la dépense, la rubrique budgétaire d'imputation et, le cas échéant, le maître d'œuvre délégué, la qualité de la personne signataire du marché et de la partie contractante. Sont aussi à mentionner, les pièces constitutives du dossier d'appel d'offres (DAO), le montant du marché, assorti des modalités de sa détermination et, éventuellement, de celles de sa révision, les obligations fiscales et douanières, le délai et le lieu d'exécution, les conditions de constitution des cautionnements, la date de notification, la domiciliation bancaire du cocontractant, les conditions de réception ou de livraison des prestations, les modalités de règlement des prestations, le comptable chargé du paiement, les modalités de règlement des litiges, les conditions de résiliation et la juridiction compétente en cas d'appel d'offres international[15].

L'écrit trouve alors toute son importance et sert de preuve et de vérification des clauses contractuelles. Il va sans dire que la conclusion qui est matérialisée par les signatures des parties doit intervenir avant le commencement de l'exécution du marché ; et toute réclamation portant sur l'exécution des prestations et qui serait exercée avant la conclusion est irrecevable[16]. Mais l'exigence de l'écrit relève de la volonté du législateur car, dans certaines circonstances particulières, un contrat verbal passé entre

---

[14] Daniel CHABANOL, Jean-Pierre JOUGELET et François BOURRACHOT, *Le régime juridique des Marchés Publics. Droits et obligations des signataires des marchés de travaux*, 5ème édition, Paris, Collection Analyse juridique, Editions LE MONITEUR, 2007, p. 17, n°1.

[15] Article 48 de la loi n° 10/010 du 27 avril 2010 relative aux Marchés Publics.

[16] Article 47 de la loi n° 10/010 du 27 avril 2010 relative aux Marchés Publics.

les particuliers et l'Administration a pu conserver toute sa nature contractuelle, mais aussi sa nature spécifique en tant que contrat administratif, dès lors qu'il s'est agi de « *l'exécution même d'un service public* ». C'est l'exemple tiré de la jurisprudence administrative française dite « *Epoux Bertin* ». Ces derniers s'étaient engagés, pour une somme forfaitaire de 30 francs par homme et par jour, à assurer la nourriture des ressortissants soviétiques hébergés au Centre de rapatriement de Meaux en attendant leur retour en Russie. Il fut tranché « *que ledit contrat a eu pour objet de confier, à cet égard, aux intéressés l'exécution même du service public alors chargé d'assurer le rapatriement des réfugiés de nationalité étrangère se trouvant sur le territoire français ; que cette circonstance suffit, à elle seule, à imprimer au contrat dont [il] s'agit le caractère d'un contrat administratif* »[17].

16. La question de la nature des contrats passés à l'occasion des Marchés Publics ne manque pas de susciter quelques difficultés. Une loi française s'est clairement prononcée sur cette question; c'est la loi du 11 décembre 2001 portant mesures urgentes de réformes à caractère économique et financier, dite « MURCEF », dont l'article 2 dispose que les marchés passés en application du code des Marchés Publics ont le caractère de contrats administratifs[18].

Cette règle nouvelle posée en droit français par la loi MURCEF vient donc périmer nombre de débats et de difficultés antérieurs tenant notamment au sort des marchés de fournitures. Ces derniers ne pouvant être qualifiés d'administratifs par détermination de la loi du 28 pluviôse an VIII, parce qu'ils ne constituaient pas des marchés de travaux publics, et devaient être examinés à la lumière des critères jurisprudentiels des contrats administratifs[19].

17. Effectivement, la jurisprudence française a essayé de dégager les critères d'un contrat administratif. Il est tout d'abord décidé, tant par le Tribunal des conflits que par le Conseil d'Etat, qu' « *un contrat conclu entre deux personnes publiques revêt un caractère administratif, sauf dans le cas où, eu égard à son objet, il ne fait naître entre les parties que des rapports de droit privé* »[20]. Hormis cette hypothèse, les conventions passées par les personnes

---

[17] CE Sect. 20 avril 1956, *Epoux Bertin et Ministre de l'agriculture c. consorts Grimouard, Rec.* 167 et 168, cité par Marceau LONG et *alii*, *op.cit.* p.491.

[18] Daniel CHABANOL, Jean-Pierre JOUGELET et François BOURRACHOT, *op.cit.*, p.18, n°8.

[19] *Ibidem*, p. 19, n° 11.

[20] Trib.confl. 21 mars 1993, Union des assurances de Paris, *Lebon*, p.537; CE 10 mai 1993, Miette, *Lebon*, p.399; Trib.confl. 15 nov. 1999, Cne de Bourisp, *Lebon*, p.

publiques - exception faite des cas vus ci-dessus où la loi commande leur nature administrative - sont des contrats administratifs si elles remplissent l'une des deux conditions suivantes : ou bien elles associent le contractant à l'exécution même du service public[21], ou bien elles contiennent des clauses « *exorbitantes du droit commun* »[22]. C'est autant affirmer le caractère dissociable de ces deux critères : telle convention est valablement un contrat administratif sans qu'il y ait forcément des clauses exorbitantes du droit commun. C'est le cas évoqué de l'arrêt *Epoux Bertin*. Dans telle autre convention, peuvent être déployées les prérogatives de puissance publique sans que cette convention poursuive l'exercice d'un service public. Ainsi, « *service public et prérogative de puissance publique constituent ensemble ou séparément, les deux notions fondamentales du droit administratif* »[23].

18. En droit congolais des Marchés Publics, quel que soit le type de marché à passer, il doit toujours intervenir un contrat, qui est la loi des parties. Mais ce contrat est accompagné d'un ou de plusieurs cahiers des charges.

II. L'EXIGENCE DU CAHIER DES CHARGES

19. Le cahier des charges détermine les conditions d'exécution du marché. Il comprend les documents généraux et les documents particuliers suivants :
a) le cahier des clauses administratives générales, qui fixe les dispositions relatives à l'exécution et au contrôle des Marchés Publics, applicables à toute catégorie de marchés ;
b) le cahier des clauses administratives particulières, qui fixe les dispositions administratives et financières propres à chaque marché ;
c) tous autres documents définissant les caractéristiques des travaux, des fournitures, des services ou des prestations intellectuelles[24].

20. En l'absence d'une qualification législative expresse de la nature juridique des contrats de Marchés Publics, le cahier des charges est un élément caractéristique de la nature administrative de tels contrats au regard des critères jurisprudentiels dégagés par les juges, notamment le Conseil

478, cités par Daniel CHABANOL, Jean-Pierre JOUGELET et François BOURRACHOT, *idem.*, p.29, n°51.

[21] Conseil d'Etat, 20 avril 1956, Epoux Bertin, *Lebon*, p.167, cité par Daniel CHABANOL, Jean-ierre JOUGELET et François BOURRACHOT, *op.cit.*, p.29, n°52.

[22] Conseil d'Etat, 31 juillet 1912, Société des granits porphyroïdes de Vosges, *Lebon*, p. 909, Concl. Blum, cité par Daniel CHABANOL, Jean-Pierre JOUGELET et François BOURRACHOT, *op.cit.*, p.29, n°52.

[23] Marceau LONG et *alii, op.cit,* p. 479.

[24] Article 49 de la loi n° 10/010 du 27 avril 2010 relative aux Marchés Publics.

d'Etat français et le Tribunal des conflits[25]. Et, puisque le cahier des charges est une exigence légale, force est de dire que tous les contrats de Marchés Publics passés sous le régime de la loi actuellement en vigueur sont des contrats administratifs. Dès lors, seule la loi peut déroger à ce principe ainsi que l'avait décidé la loi française de 28 pluviôse an VIII précitée.

B. LA RECLAMATION ADMINISTRATIVE PREALABLE ET LE CONTENTIEUX JURIDICTIONNEL

21. Tout litige non réglé après la réclamation prévue aux articles 73 à 75 de la loi sur les Marchés Publics sera tranché par la juridiction compétente[26]. C'est une action ouverte à tous les candidats évincés, voir à tout prestataire ou à toute entreprise susceptible d'être candidat[27]. Ce qui permet, en cas d'annulation, de bénéficier d'une seconde chance d'obtenir le marché lors de la nouvelle procédure que lancera l'acheteur public[28]. Ici est donc posé le droit de tout cocontractant à un recours au juge (II). Mais ce recours est précédé d'une réclamation administrative préalable (I).

I. LA RECLAMATION ADMINISTRATIVE PREALABLE

22. Le droit administratif congolais soumet tout contentieux administratif à une réclamation préalable qui est adressée à l'auteur de l'acte. Cela procède des dispositions de nombreux textes particuliers parmi lesquelles, l'article 88 de l'ordonnance-loi n° 82-017 du 31 mars 1982 relative à la procédure devant la Cour suprême de justice[29], l'article 223 du décret-loi n° 081 du 2 juillet 1998 portant organisation territoriale et administrative de la République Démocratique du Congo[30].

---

[25] Ces critères ne sont pas cumulatifs car l'accomplissement d'un seul permet d'y voir la nature administrative du contrat de Marchés Publics, voir les décisions *supra* sous les notes 20 et 21.

[26] Article 76 de la loi n° 10/010 du 27 avril 2010 relative aux Marchés Publics.

[27] Conseil d'Etat, 8 juillet 2005, Communauté d'agglomération de Moulin, n° 268610, cité par Bernard-Michel BLOCH et Jérémie BLOCH, *Pratiques des avis de Marchés Publics*, Paris, Collection les Indispensables, Berger-Levrault, 2008, p.19.

[28] Bernard-Michel BLOCH et Jérémie BLOCH, *ibidem.*

[29] "*Aucune requête en annulation n'est recevable si le requérant n'a pas au préalable introduit, dans les trois mois qui suivent la date de la publication à lui faite personnellement de l'acte entrepris, une réclamation auprès de l'autorité compétente tendant à voir rapporter ou modifier cet acte*".

[30] " *Le recours administratif auprès de l'autorité hiérarchique ou de l'autorité de tutelle doit être introduit dans un délai d'un mois à partir de la publication ou de la notification de l'acte faisant l'objet du recours*".

L'article 81, alinéa 2, du projet de loi sur les juridictions administratives issues de la Constitution de la République Démocratique du Congo du 18 février 2006 prévoit qu' « *en cas de recours préalable à celui à introduire devant le tribunal administratif, la décision à retenir pour déterminer la compétence territoriale est celle qui a fait l'objet du recours administratif devant une [juridiction] compétente* ».

23. La loi sur les Marchés Publics introduit une procédure de réclamation administrative à double détente. Dans un premier temps, « *tout candidat ou soumissionnaire qui s'estime illégalement évincé des procédures de passation des Marchés Publics ou de délégations de service public peut introduire une réclamation auprès de l'autorité contractante* »[31]. Ainsi rédigée, cette disposition ne semble pas faire de la réclamation administrative une obligation dont la méconnaissance pourrait être sanctionnée par l'irrecevabilité de l'action juridictionnelle.

Dans un second temps, la décision de l'autorité contractante, rendue sur réclamation du candidat ou du soumissionnaire, peut également être contestée devant l'autorité chargée de la régulation des Marchés Publics[32]. Il s'agira, plus précisément, d'un organe technique appelé « Comité de Règlement des Différends »[33], CDR en sigle. Ici également, il est fait usage du verbe « pouvoir »; ce qui laisse penser que la réclamation, mieux, l'appel institué devant le Comité de Règlement des Différends ne semble pas être d'une portée obligatoire. Toutefois, la saisine de la Commission (des litiges ou de discipline) instituée au sein du Comité de Règlement des Différends fait obstacle à une saisine parallèle de la juridiction compétente tant que le Comité ne s'est pas encore prononcé. Cette saisine suspend le délai contentieux devant la juridiction compétente.

24. La réclamation administrative a lieu à l'issue de l'attribution provisoire ou définitive du marché, tout comme elle peut être introduite en cours d'exécution du marché.

---

[31] Article 73, alinéa 1, de la loi n° 10/010 du 27 avril 2010 relative aux Marchés Publics.

[32] Article 73, alinéa 2 de la loi n° 10/010 du 27 avril 2010 relative aux Marchés Publics.

[33] Article 49 du décret n° 10/21 du 02 juin 2010 portant création, organisation et fonctionnement de l'Autorité de régulation des Marchés Publics.

a) Réclamation administrative consécutive à l'attribution du marché

25. La réclamation administrative à l'étape de l'attribution rentre dans le cadre du recours pour excès de pouvoir, à l'encontre de certains actes antérieurs à la signature du contrat qui auraient été pris par l'autorité contractante en vertu de son pouvoir unilatéral. Le principe généralement admis est qu'aucune requête en annulation d'un acte administratif ne peut être reçue si le requérant ne justifie pas avoir introduit une réclamation auprès de l'autorité compétente tendant à voir rapporter ou modifier cet acte.

Mais les actes situés en amont de la conclusion effective du contrat de marché public peuvent être de natures diverses. En effet, des manquements de divers ordres sont susceptibles d'être redressés au moyen d'un recours approprié. Ainsi le recours en matière d'attribution des marchés ou de délégations de service public peut porter, notamment, sur :

- les conditions de publication des avis (exemples : mentions obligatoires manquantes, non-respect des délais de remise des offres…) ;
- les règles relatives à la participation des candidats, aux capacités et aux garanties exigées (exemples : critères ou spécifications discriminatoires ou sans lien avec l'objet du marché) ;
- la décision d'attribuer ou de ne pas attribuer le marché (exemple : composition de la commission de passation des marchés non conforme, conflit d'intérêt d'un membre) ;
- le mode de passation et la procédure de sélection retenue non conformes (notamment un usage abusif de l'appel d'offres restreint ou du marché de gré à gré) ;
- la non-conformité des documents d'appel d'offres à la réglementation ;
- la modification des critères et des méthodes d'évaluation par rapport aux critères et aux méthodes annoncés dans l'appel d'offres[34].

26. La décision de conclure un contrat déterminé, le refus de l'autorité contractante de passer ou de signer un contrat, la décision de l'approbation du marché…sont susceptibles d'un recours auprès de l'autorité contractante. Cette réclamation administrative est prévue à l'article 73, alinéas 1 et 2 de la loi sur les Marchés Publics. Elle est introduite d'abord auprès de l'autorité contractante et un appel est possible auprès de CRD.

---

[34] Article 153 du Décret 10/22 du 02 juin 2010 portant Manuel de procédures de la loi relative aux Marchés Publics.

La forme, le délai et l'effet de la réclamation sont précisés à l'article 74 de la loi sur les Marchés Publics : « *la réclamation est introduite, sous peine d'irrecevabilité, soit par lettre recommandée avec accusé de réception, soit par tout autre moyen de communication électronique, dans les cinq jours ouvrables de la publication de la décision d'attribution du marchés ou de la délégation du service public, ou dans les dix jours ouvrables précédant la date prévue pour la candidature ou la soumission. Elle est suspensive de la procédure d'attribution définitive* »[35].

b) Réclamation administrative consécutive à l'exécution du marché

27. Bien qu'entré dans sa phase d'exécution, le contrat d'un Marché Public peut subir quelques inflexions dues aux impératifs impondérables qui peuvent en influencer l'exécution normale suivant les prévisions et les clauses du cahier des charges. L'autorité contractante peut être amenée à prendre d'autres mesures unilatérales dans la cadre de cette exécution. Elle peut apporter des modifications, voire mettre fin au contrat.

Leur importance apparaît notamment au regard des pouvoirs de modification unilatérale et de résiliation unilatérale que détient l'administration dans les contrats administratifs[36].

Lorsque l'autorité contractante décide unilatéralement la suspension ou la résiliation du contrat, ou récuse les effets d'une résiliation acquise de plein droit, lorsqu'elle modifie unilatéralement l'une ou l'autre clause du cahier des charges alors que le contrat est en pleine exécution, il y a là un préjudice certain dans le chef de l'une des parties cocontractantes et qui doit être réparé conformément aux textes. Tout comme pour la réclamation administrative relative aux actes antérieurs au contrat, les comportements postérieurs de l'administration devront être soumis au régime de l'article 73, alinéa 2 de la loi sur les Marchés Publics auquel renvoie l'article 75 de la même loi : « *tout cocontractant qui s'estime lésé dans l'exécution d'un contrat de marché public ou de délégation de service public peut introduire une réclamation auprès de l'autorité contractante. Les dispositions de l'article 73, alinéa 2 de la présente loi s'appliquent mutatis mutandis au contentieux de l'exécution* ».

Cependant, le recours judiciaire peut être engagé en cas d'absence de décision de la Commission de litige, dans un délai de quinze jours[37].

---

[35] Article 74 de la loi n° 10/010 du 27 avril 2010 relative aux Marchés Publics.

[36] Marceau LONG et *alii, op.cit*, p. 95.

II. LA JURIDICTION COMPETENTE

28. Tout litige non réglé après la réclamation prévue aux articles 73 à 75 de la loi sur les Marchés Publics sera tranché par la juridiction compétente. Comme on peut le constater, cette loi ne précise pas ce qu'elle entend par "*juridiction compétente*". Il y a alors risque qu'une action introduite devant une juridiction incompétente soit rejetée pour motif de cette incompétence matérielle du tribunal saisi par le cocontractant ou par tous les tiers intéressés. Fort heureusement, le document annexé au décret n°10/22 du 02 juin 2010 portant manuel de procédures de la loi relative aux Marchés Publics donne une indication sur cette notion de juridiction compétente[38].

Une interprétation de la seconde partie de cette annexe laisse entendre exactement que les décisions rendues par le CRD doivent tenir compte d'abord de l'autorité contractante de qui émane la décision faisant l'objet du litige. Si la décision du CRD met en cause une autorité contractante ou un maître d'ouvrage délégué (MOD) autre que les entreprises du portefeuille, les établissements et les sociétés anonymes à participation publique, cette décision est susceptible de recours juridictionnel, mieux, de « ***recours contentieux devant les chambres administratives des tribunaux provinciaux*** » ; tandis que si cette décision du CRD met en cause les entreprises du portefeuille, les établissements publics et les sociétés anonymes à participation publique, le recours contre cette décision est porté « ***devant les juridictions de droit commun*** ».

29. Cette logique répartitive des compétences contentieuses semble dénuée de tout critère objectif. D'abord, il n'appartient pas au pouvoir réglementaire de décider de l'attribution des compétences judiciaires, étant entendu qu'un tel pouvoir est strictement réservé au législateur par l'article 122 de la Constitution de la République Démocratique du Congo du 18 février 2006. En effet, la loi fixe les règles concernant « *...l'organisation et le fonctionnement du pouvoir judiciaire, la création de nouveaux ordres de juridictions...* ». Plus explicites sont les dispositions des articles 153 et 155 de la Constitution. D'une part, visant les juridictions de l'ordre judiciaire, l'article 153, alinéa 5, dispose que « *L'organisation, le fonctionnement et les compétences des juridictions de l'ordre judiciaire sont déterminés par une loi organique* » ; d'autre part, s'agissant des juridictions de l'ordre administratif, l'article 155, alinéa 4, tranche : « *L'organisation, la*

---

[37] Article 55, alinéa 2 du décret n° 10/21 du 02 juin 2010 portant création, organisation et fonctionnement de l'Autorité de régulation des Marchés Publics.

[38] Voir annexe 1 intitulé « ***procédure devant le Comité de Règlement des Différends*** »

compétence et le fonctionnement des juridictions de l'ordre administratif sont fixés par une loi organique ».

Ainsi, la logique répartitive des compétences juridictionnelles issue du décret n°10/22 du 02 juin 2010 établit deux catégories d'autorités. Par inférence, la première catégorie comprendrait « *toutes les autres autorités contractantes ou MOD* », c'est-à-dire les différentes administrations ministérielles, les administrations des services de l'armée ou de la police, les administrations des organes législatifs ou judiciaires ; tandis que la deuxième catégorie comprend les entreprises du portefeuille, les établissements et les sociétés anonymes à participation publique. Il s'ensuivrait donc, selon cette logique, que les décisions du CRD mettant en cause les autorités de la deuxième catégorie relèveraient de la compétence des juridictions de droit commun alors que les décisions du CRD mettant en cause les autorités de la première catégorie relèveraient, elles, de la compétence des chambres administratives des tribunaux provinciaux.

30. Ne perdons pas de vue car, il n'existe pas au niveau des tribunaux provinciaux ce que l'on pourrait appeler « chambres administratives ». L'option levée dans ce sens lors des assises de la Conférence Nationale Souveraine de créer au sein de chaque tribunal de grande instance une chambre ou une section administrative, n'a pas vu le jour. Cependant, il existe actuellement des sections administratives au niveau de toutes les Cours d'appel de la République et au sein de la Cour suprême de justice.

Ce débat sur les appellations des juridictions de l'ordre administratif n'a guère besoin d'être soulevé dès lors que l'article 154 de la Constitution institue un ordre de juridictions administratives composé du Conseil d'Etat et des Cours et tribunaux administratifs.

31. Un marché de travaux publics se définit d'abord par son objet, mais les choses se compliquent lorsqu'on se penche sur les conditions tenant aux signataires[39]. La question de la désignation de la juridiction compétente paraît, à priori, moins complexe, si l'on considère uniquement les critères d'un contrat administratif.

En droit congolais, le contentieux des contrats administratifs a longtemps été influencé par le droit belge qui en attribue la compétence au juge judiciaire. Sur cette question, le Conseil d'Etat belge a toujours décliné sa compétence : « *Le Conseil d'Etat ne connaît pas des demandes relatives aux contrats administratifs conclus par l'administration et les particuliers. Il n'est pas*

---

[39] Daniel CHABANOL, Jean-Pierre JOUGELET et François BOURRACHOT, *op.cit.*, p.20, n°14.

compétent pour juger les contestations relatives à l'exécution d'un contrat d'emploi régi par les dispositions de la loi du 7 août 1922, conclu entre l'Etat et un particulier »[40].

32. Ce principe est toutefois assorti d'une exception en ce que les « *actes détachables* » (*Actes administratifs faisant partie d'une opération complexe et dont la jurisprudence admet qu'ils puissent en être disjoints, soit pour rentrer dans la compétence administrative dont cette opération était en tant que telle exclue, soit pour faire l'objet d'un recours pour excès de pouvoir malgré l'existence d'un recours parallèle*)[41] peuvent être contrôlés par le juge administratif, en l'espèce, le Conseil d'Etat. Ainsi, il fut jugé que « *La décision du Ministre de la défense nationale de conclure un marché de gré à gré avec une firme déterminée constitue un acte administratif détachable, susceptible de faire l'objet d'un recours en annulation devant le Conseil d'Etat, encore que l'exécution de cet acte administratif ait donné lieu à une convention et que les contestations relatives à cette convention soient de la compétence des tribunaux* »[42].

C'est ce principe qui est suivi en droit congolais. Les contrats administratifs relèvent de la compétence des cours et tribunaux judiciaires, mais en vertu de la règle de « *détachabilité* » évoquée ci-dessus, les actes à caractère purement réglementaire intervenus à l'occasion d'un processus de passation ou d'exécution de Marchés Publics peuvent faire l'objet d'un recours pour excès de pouvoir devant le juge administratif. Cette idée rejoint finalement celle développée également dans la jurisprudence française, l'idée fondamentale que le droit administratif – et, par conséquent, la compétence administrative – ne s'applique que dans la mesure où l'administration utilise des procédés exorbitants du droit commun[43]. Le principe est que « tout ce qui concerne l'organisation et le fonctionnement des services publics proprement dits, généraux ou locaux..., constitue une opération administrative, qui est, par sa nature, du domaine de la juridiction administrative...Toutes les actions entre les personnes publiques et les tiers ou entre ces personnes publiques elles-mêmes, et fondées sur l'exécution, l'inexécution ou la mauvaise exécution d'un service public sont de la compétence administrative »[44].

---

[40] Conseil d'Etat, 10 juin 1949, IV, 46, *Rec.Jur.dr.adm.* 1949, 118.
[41] Gérard CORNU, *Vocabulaire juridique*, Association Henri Capitant, 8ème édition mise à jour, Paris, QUADRIGE-PUF, 2007, p.19.
[42] CE, 9 juillet 1954, *Pasicrisie belge*. 1955, IV, 148.
[43] Marceau LONG et *alii, op.cit*, p.68.
[44] Marceau LONG et *alii, op.cit*, p. 68.

33. Il faut dire qu'avec la réforme judiciaire en cours, les contrats administratifs relèveront très prochainement de la compétence exclusive des juridictions administratives instituées par la Constitution du 18 février 2006, à savoir, les Tribunaux administratifs, les Cours administratives d'appel et le Conseil d'Etat. Quelques indications pertinentes des articles de la Loi organique de ces juridictions administratives, telle qu'adoptée par le parlement[45], corroborent cette acception :

- il est créé, au sein de la section du contentieux du Conseil d'Etat, une chambre des finances publiques, chargée du contentieux fiscal, parafiscal et douanier ainsi que du contentieux des finances publiques, des marchés et des travaux publics du Pouvoir central (article 48, point 2, de la Loi organique) ;

- la section du contentieux du Tribunal administratif connaît du contentieux relatif aux marchés et travaux publics, à l'expropriation pour cause d'utilité publique et aux réquisitions (article 104, alinéa 2 de la Loi organique) ; les actions en responsabilité, fondées sur une cause autre que la méconnaissance d'un contrat ou d'un quasi-contrat et dirigées contre l'Etat, les autres personnes publiques ou les organismes privés gérant un service public, relèvent de la section du contentieux du Tribunal administratif du lieu du fait générateur du dommage (article 105 de la Loi organique) ; le tribunal administratif territorialement compétent est celui dans le ressort duquel a légalement son siège l'autorité qui, soit en vertu de son pouvoir propre, soit par délégation, est l'auteur de l'acte, règlement ou décision ou contrat administratif litigieux.

- les litiges relatifs aux marchés et travaux publics, concessions, contrats ou quasi-contrats administratifs impliquant les autorités locales, relèvent de la compétence du Tribunal administratif dans le ressort duquel ces marchés, concessions, contrats ou quasi-contrats sont exécutés (article 113 de la Loi organique).

Telle qu'elle se présente avant promulgation et avant l'examen de sa conformité à la Constitution, cette Loi organique semble répartir la compétente contentieuse en matière des contrats administratifs (marchés et travaux publics) entre le Conseil d'Etat (pour les marchés et les travaux publics du Pouvoir central) et le Tribunal administratif (pour les marchés et les travaux publics impliquant les autorités locales). Rien n'est dit

---

[45] Le processus de promulgation de cette Loi organique par le Président de la République, et celui de l'examen de sa conformité à la Constitution, viennent d'être enclenchés tout récemment, Cfr note 13.

concernant les marchés et les travaux publics impliquant les autorités provinciales, dont la logique répartitive suivie suggérait que le contentieux des marchés et des travaux publics passés par les provinces soit attribué à la Cour administrative d'appel.

L'attribution du contentieux des contrats administratifs aux juridictions de l'ordre administratif donne à supposer que les dispositions réglementaires, mais également toutes les autres clauses purement contractuelles, seront déférées à ces juridictions administratives en cas de litige.

§2. LES PRINCIPES DES MARCHES PUBLICS

34. La diversité des catégories de Marchés Publics conduit à rechercher les principes fondamentaux applicables à tous les Marchés Publics, principes devant être sauvegardés à l'occasion des achats publics. Leur élaboration est l'œuvre du pouvoir réglementaire que le Premier Ministre détient en vertu de l'article 92 de la Constitution du 18 février 2006.

35. Ces principes sont édictés par les articles 4 à 7 du décret n° 10/22 du 02 juin 2010 portant manuel de procédures de la loi relative aux Marchés Publics. Toute autorité contractante doit s'en tenir comme à la prunelle de ses yeux, tant et si bien que, comme l'a dit un auteur, « *la non-application ou la mauvaise application de ces règles (les principes de transparence des procédures, de concurrence et d'égalité de traitement des candidats et des soumissionnaires généralement reconnus) peut être une cause d'inefficacité des politiques publiques* »[46]. Il convient ici de rappeler d'abord ce que signifie la liberté d'accès à la commande publique (A), ensuite en quoi consiste l'égalité de traitement des candidats (B) et l'exigence de transparence de la procédure (C). Ce à quoi il faudra ajouter aussi le principe de libre administration (D).

A. LA LIBERTE D'ACCES A LA COMMANDE PUBLIQUE

36. Les principes de liberté d'accès à la commande publique et d'égalité de traitement des candidats sont complémentaires. Ils résultent du principe constitutionnel d'égalité des citoyens devant la loi et du principe de libre concurrence[47].

---

[46] Guy KABEYA MUANA KALALA, *op.cit.*, p. 18.

[47] Article 6 du décret n° 10/21 du 02 juin 2010 portant création, organisation et fonctionnement de l'Autorité de régulation des Marchés Publics.

La liberté d'accès à la commande publique est le corollaire de la liberté d'entreprendre. Selon le Conseil d'Etat français, la liberté d'entreprendre n'a pas valeur constitutionnelle, mais de principe général de droit[48]. Principe à valeur constitutionnelle ou principe général de droit, les acheteurs publics doivent veiller à ce que tout candidat éligible soit admis à soumissionner dans le respect des délais et procédures préétablis. La liberté d'accès à la commande publique tout comme l'égalité de traitement commandent qu'il y ait possibilité, pour toute personne qui remplit les conditions administratives et techniques requises, et non exclue en vertu de l'article 81 de la loi relative aux Marchés Publics, de se porter candidate à un marché public[49].

37. Possibilité doit être accordée aussi à tout soumissionnaire de pouvoir se plaindre et que ladite plainte soit examinée en toute impartialité selon les dispositions de la loi et de ses textes d'application. L'impartialité requise suggère que l'interprétation des textes faite à l'occasion d'une réclamation administrative ou d'un recours juridictionnel soit la plus proche possible à l'esprit et à la lettre de ces textes. Il peut arriver par exemple, comme on le verra, que ces textes donnent lieu à des interprétations divergentes. D'où, l'importance de la jurisprudence de nature à donner le sens et la portée d'une disposition légale ou réglementaire susceptible d'être suivie dans la passation et l'exécution des Marchés Publics. La jurisprudence pourra aussi utilement influencer les modifications législatives futures.

38. Enfin, ces principes induisent l'interdiction des dispositions qui, par leurs exigences particulières, écartent certaines catégories de candidats en se fondant sur d'autres considérations que celles des dispositions de la loi relative aux Marchés Publics.

Les services juridiques des personnes morales publiques, mais aussi, le cas échéant, les avocats conseils de ces personnes, sont appelés à rendre des avis juridiques pertinents lorsqu'ils sont, en amont, consultés sur les processus des Marchés Publics. Cela éviterait la survenance des contentieux, mais aussi quelques critiques à l'endroit des dirigeants sociaux, directement impliqués dans un processus de la commande publique. Illustrons cela par un cas concret et récent.

---

[48] Daniel CHABANOL, Jean-Pierre JOUGELET et François BOURRACHOT, *op.cit.,* p.33, n°62.

[49] L'article 81 de la loi sur les Marchés Publics prévoit des sanctions à l'endroit d'un entrepreneur, d'un fournisseur ou d'un prestataire de services, coupable des actes d'improbité. L'un ou l'autre peut être, selon le cas, exclu temporairement de la commande publique, il peut lui être retiré l'agrément et/ou le certificat de qualification ou, en cas de récidive, la juridiction compétente pourra prononcer la déchéance définitive à la demande de l'ARMP.

39. La logique de la commande publique sous-entend, au départ, l'expression d'un besoin par l'autorité contractante. C'est cette dernière qui en prend l'initiative au travers les avis d'offres qu'elle présente aux différents candidats intéressés. Mais quel sens faut-il attacher à un marché passé avec une administration publique lorsque l'initiative du marché émane plutôt d'un entrepreneur ?

Dans l'exemple qui suit, il se dégage que c'est un entrepreneur privé qui a pris l'initiative en offrant ses services à une autorité administrative, une société commerciale à participation publique majoritaire ; mieux une entreprise publique de l'Etat congolais et ce, à des conditions qui, à première vue, paraissent favorables à cette autorité.

40. En effet, au regard de la dégradation criante que connaît le Port international de BOMA dans la province du Kongo central, la société MW AFRITEC a offert à la Société commerciale des transports et des ports (SCTP), de réfectionner le quai du port de BOMA à ses propres frais, du moins pour la grande partie de ces frais en y effectuant des travaux de bétonnage.

A cet effet, il fut rédigé un projet de contrat pour le soumettre à la signature des parties. Et, voulant s'entourer de précautions utiles, la SCTP dût soumettre préalablement ledit projet à l'avis juridique de ses avocats conseils. De par sa nature juridique de société commerciale, la SCTP est avant tout, et en vertu de l'article 3 de la loi n°08/010 du 07 juillet 2008 fixant les règles relatives à l'organisation et à la gestion du portefeuille de l'Etat, une entreprise publique de l'Etat congolais. De ce fait, elle est assujettie au respect des règles et des principes régissant la passation, le contrôle et l'approbation des Marchés Publics et de délégations de service public. Mais, dans le cas sous examen, on constate que l'initiative du contrat concernant le bétonnage du Port international de BOMA par un entrepreneur privé vient de ce dernier, si bien que ce projet n'a pas fait l'objet d'un besoin exprimé dans un plan de passation de Marchés Publics.

C'est autant dire que ce contrat devrait être conclu en marge de la loi n°10/010 du 27 avril 2010 relative aux Marchés Publics et de ses divers textes d'application, lesquels n'ont pas connu la moindre application, les parties ayant choisi d'y procéder par entente directe. Certes, qu'il y a urgence au vu l'état de la dégradation avancée que connaît le quai du port international de BOMA, qui a perdu tout son béton et se présente en terre battue, à telle enseigne que cette dégradation n'assure point le fonctionnement normal des engins de manutention, lesquels sont très souvent enlisés. Mais fallait-t-il procéder autrement qu'en se référant aux principes des Marchés Publics ?

En considérant l'importance du coût estimatif des travaux de bétonnage du quai du port de BOMA tel qu'il résulte du projet de ce contrat **(18.093.348,75 USD),** on aurait suggéré absolument l'application des principes fondamentaux des Marchés Publics, à savoir : ***la liberté d'accès à la commande publique,*** qui procède du principe constitutionnel d'égalité des citoyens devant la loi et du principe de libre concurrence, ***l'égalité de traitement des candidats*** et ***la transparence de la procédure.*** C'est en observant ces principes que l'autorité contractante serait à l'abri des critiques et le partenariat à établir pour la réalisation de l'ouvrage projeté échapperait sensiblement aux velléités de contestations intempestives par des potentiels entrepreneurs mal ou peu informés sur le processus de ce contrat.

41. Au vu de la nécessité et de l'urgence qu'il y avait à assurer l'exécution de ces travaux de bétonnage du port international de BOMA, mais aussi au regard des principes fondamentaux des Marchés Publics et de délégation de service public pré rappelés, il y avait lieu d'assurer un minimum nécessaire, en observant desdits principes à travers les mécanismes ci-après, tels que prévus par la loi, à savoir :

- nécessité pour l'autorité administrative contractante d'insérer ce besoin dans son Plan de passation des Marchés Publics (PPM) pour l'année qui suit, de manière à permettre l'exécution des travaux proprement dits dès le début de cette année considérée (à savoir que le PPM traduit l'exigence de la transparence) ;

- dans la mesure où l'autorité contractante n'envisage pas de faire recours aux procédures d'appel d'offres, elle peut utilement y aller par la procédure de gré à gré avec l'entrepreneur privé en se fondant sur le point 4 de l'article 42 de la loi sur les Marchés Publics, lequel dispose qu'il ne peut être passé de marché de gré à gré que, entre autres, « ***dans le cas d'urgence impérieuse motivée par des circonstances imprévisibles ou de force majeure ne permettant pas de respecter les délais prévus dans les procédures d'appel d'offres, nécessitant une intervention immédiate***». Cela aurait nécessité que l'autorité contractante obtienne préalablement, et conformément à l'article 41 de la loi sur les Marchés Publics, l'autorisation du service chargé du contrôle des Marchés Publics, en l'occurrence la Direction Générale du Contrôle des Marchés Publics (DGCMP) qui est placée sous l'autorité directe du Ministère ayant le Budget dans ses attributions, étant entendu que cette demande d'autorisation devra être suffisamment motivée par l'autorité contractante.

- par ailleurs et dans la mesure où la quasi-totalité du prix de ces travaux seront directement pris en charge par l'entrepreneur privé qui se fera ensuite rémunérer en cours d'exploitation de l'ouvrage, le contrat peut aussi adopter la forme d'une convention de « ***délégation de service public*** » dont l'objet est spécifié à l'article 34 du Décret n° 10/22 du 02 juin 2010 portant Manuel de procédures de la loi relative aux Marchés Publics. Aux termes de cet article, « ***une délégation de service public est généralement établie pour une longue durée et peut comporter différentes composantes telles que la conception et/ou la réalisation et/ou l'exploitation d'un ouvrage ou d'un service.***

  La différence fondamentale entre un marché public et une délégation de service public réside dans le mode de règlement :

  a. dans le cas d'un marché public, le paiement est effectué directement ou indirectement par l'autorité contractante pour obtenir des fournitures, travaux ou des services ;

  b. dans le cas d'une délégation de service public :

  - ***l'autorité contractante demande au délégataire de réaliser et/ou d'exploiter une infrastructure destinée à rendre un service public ; mais***
  - ***le délégataire n'est pas rémunéré par l'autorité contractante sur la base des travaux ou des services qu'il réalise. Il perçoit une rémunération provenant des recettes d'exploitation du service public perçues sur les usagers ; il participe au risque d'exploitation du service. Il peut éventuellement percevoir, de l'autorité publique, des subventions qui n'ont qu'un caractère subsidiaire*** ».

42. Les modalités de rémunération de l'entrepreneur privé telles que retenues dans le projet du contrat sous examen correspondent mieux aux stipulations ci-dessus de l'article 34 du Décret n° 10/22 du 02 juin 2010 portant Manuel de procédures de la loi relative aux Marchés Publics.

Comme on le voit, le principe de liberté d'accès à la commande publique trouve ses limites eu égard à certaines circonstances spécifiques et, les modalités dérogatoires à l'application dudit principe sont celles expressément prévues dans la réglementation sur les Marchés Publics.

B. L'EGALITE DE TRAITEMENT DES CANDIDATS

43. Ce qui est dit au point A ci-dessus demeure valable en ce qui concerne le principe d'égalité de traitement des candidats. Principe à valeur constitutionnelle, l'égalité de traitement prohibe également toute discrimination dans le processus de passation de Marchés Publics qui serait fondée sur l'ethnie, la religion, le sexe, la race ou sur l'appartenance politique. Les autorités contractantes doivent faire preuve d'une probité morale en évitant toute pratique de nature concussionnaire ou corruptrice.

44. Le principe de l'égalité (que l'on retrouve dans les normes européennes) nourrit les débats relatifs aux critères d'attribution des Marchés Publics et a permis d'affirmer que, même en l'absence de procédure spécifique de choix du cocontractant, il convient de faire en sorte que l'attribution du marché se fasse dans la transparence et l'égalité de traitement[50], ce qui a conduit les auteurs du Code des Marchés Publics, en 2004, à abandonner l'idée de « marchés sans formalités préalables » pour la remplacer par la notion de « marchés passés selon une procédure adaptée »[51].

L'on voit bien que, si l'égalité de traitement peut être brisée dans le cas de certains Marchés Publics dits spéciaux, la transparence des opérations, non pas pour tout le public, mais pour ceux qui ont la responsabilité de contrôle, demeure un facteur important pour l'efficacité de la procédure.

Les potentiels candidats à un contrat de marché public peuvent se recruter aussi bien parmi les personnes privées (physiques ou morales) que parmi les personnes publiques. En ce sens, l'égalité de traitement doit être observée à l'égard de toutes les personnes privées souhaitant contracter avec l'administration, mais l'égalité est aussi requise lorsque sont mises à compétition, personnes privées et personnes publiques.

45. Si dans le passé, il y a eu interdiction des initiatives publiques dans des domaines où s'exercent normalement des activités privées, « *l'égalité est devenue une condition même de la légalité des interventions publiques concurrençant l'initiative privée* »[52]. Et, par une construction jurisprudentielle qui s'est finalement imposée au fur des ans, « *au principe de non-concurrence des entreprises privées par les personnes publiques retenu par l'arrêt chambre de commerce en détail de Nevers, l'évolution législative et jurisprudentielle, tant en droit administratif qu'en droit européen, aboutit à substituer aujourd'hui celui de l'égale concurrence entre personnes publiques et entreprises privées* »[53].

---

[50] Conseil d'Etat, avis du 29 juillet 2002, Sté MAJ Blanchisseries de Pantin, AJDA, 2002, p. 755, cité par Daniel CHABANOL, Jean-Pierre JOUGELET et François BOURRACHOT, *op.cit.*, p.32, n°60.

[51] Articles 26 et 28 du Code des Marchés Publics (France).

[52] Marceau LONG et *alii, op.cit*, p. 275.

[53] *Ibidem,* p.276.

Ainsi, principe à valeur constitutionnelle en droit congolais, l'égalité de traitement des candidats exclut toute discrimination qui serait fondée sur la division personnes publiques et entreprises privées. Toutes pouvant donc concourir pour l'obtention d'un marché public, une personne publique peut valablement offrir ses services, ses prestations, à une autre personne publique.

46. Considérée comme la meilleure protection du consommateur et, plus largement, comme un élément indispensable à un développement économique harmonieux[54], la concurrence loyale fait l'objet, dans des nombreuses législations, d'un corps des règles qui prohibent et répriment les entraves au libre jeu de la concurrence telles que celles résultant d'entente, d'abus de position dominante ou de certaines concentrations d'entreprises[55].

C. LA TRANSPARENCE DE LA PROCEDURE

47. La transparence des procédures d'un marché public est nécessaire pour assurer leur intégrité. Elle se traduit notamment par :

- la publication suffisante et largement à l'avance des besoins de façon à garantir l'accès aux marchés du plus grand nombre de candidats ;
- la possibilité de prendre connaissance des règles effectivement appliquées à travers des textes clairs, y compris l'usage de documents types, qui facilitent le contrôle à priori et à postériori du respect de ces règles ;
- l'ouverture publique des plis et la publication des résultats permettant le contrôle de l'impartialité des procédures d'attribution du marché par les candidats eux-mêmes ;
- un droit de recours effectifs des candidats en cas de non-respect des règles de passation des marchés ;
- le bannissement de toute forme de fraude et de corruption dans la passation et l'exécution des Marchés Publics et des délégations de services publics[56].

---

[54] Stéphane CHATILLON, *Droit des affaires internationales*, 5e édition, Paris, Vuibert, 2011, p. 136.

[55] Pierre ALFREDO, *Droit de la concurrence : une approche franco-espagnole* (D 2000, Chronique, p.645) ; Wernhard Möschel, *Les sanctions de droit privé des comportements anticoncurrentiels : aspects du droit allemand* (RIDC 2006, p.735), cités par Stéphane CHATILLON, *ibidem.*

[56] Article 7 du décret n° 10/21 du 02 juin 2010 portant création, organisation et fonctionnement de l'Autorité de régulation des Marchés Publics.

48. L'exigence de la transparence passe d'abord par la publication du plan de passation des marchés (PPM) publics de l'année, qui est faite dans le portail de l'ARMP. La publicité se fait par la voie d'avis.

Un marché passé en méconnaissance des principes développés, en particulier celui de la transparence encourt la sanction de nullité de la procédure y relative. Cette nullité peut être demandée par toute personne intéressée au déroulement normal de la procédure[57]. L'on ne peut s'étonner que même le candidat retenu soit recevable de demander l'annulation de la procédure de mise en concurrence[58].

49. En France, notent Bernard-Michel Bloch et Jérémie Bloch, la jurisprudence dite « CGE » du Conseil d'Etat[59] qui peut obliger le pouvoir adjudicateur à recommencer toute la procédure d'attribution du marché dès lors que l'avis de publicité présente des insuffisances, les règles de publicité, notamment, le contenu des avis d'appel public à la concurrence, ne cessent de susciter interrogations et contentieux. Le développement du contentieux par le biais du référé précontractuel et le formalisme exigé par les juridictions administratives ont rendu les obligations de publicité et de mise en concurrence peu lisibles. Une vigilance est donc de mise lors de la rédaction des avis de publicité pour éviter de fragiliser la procédure de mise en concurrence et, voire même, qu'en fin de parcours, l'ensemble de la procédure soit remise en cause.

50. L'exigence de la publicité est un facteur essentiel pour la transparence des opérations, et c'est à l'issue de la publicité que les personnes intéressées peuvent se porter candidates à un marché public. La publicité ouvre la voie à la concurrence dans le respect des règles du jeu ; par elle, les potentiels candidats sont informés des différentes offres faites par les acheteurs publics.

51. La jurisprudence du Conseil d'Etat permet toutefois de dégager quelques grandes lignes directrices qu'il est recommandé de suivre scrupuleusement pour éviter la censure par les Tribunaux administratifs : toutes les rubriques

---

[57] Article 8 du décret n° 10/21 du 02 juin 2010 portant création, organisation et fonctionnement de l'Autorité de régulation des Marchés Publics.

[58] CE, 19 septembre 2007, Communauté d'agglomération de Saint-Etienne métropole, n° 296192, cité par Bernard-Michel BLOCH et Jérémie BLOCH, *Pratiques des avis de Marchés Publics*, Paris, Collection les Indispensables, Berger-Levrault, 2008, p. 10.

[59] CE, 27 juillet 2001, Compagnie générale des eaux, n° 229566, cité par Bernard-Michel BLOCH et Jérémie BLOCH, *idem*, p. 9.

doivent être remplies et les différents avis portant sur la passation du même marché doivent être strictement identiques[60].

L'origine d'un tel formalisme est à rechercher dans la combinaison d'une réglementation qui prévoit de nombreuses exigences à respecter avec une jurisprudence rigoriste qui sanctionne, en règle générale, toutes les irrégularités et refuse de distinguer parmi les prescriptions des textes, celles qui revêtent un caractère substantiel des autres qui n'ont pas d'incidence sur l'information des candidats[61].

A cela s'ajoute le fait que, dans le cadre du référé précontractuel, peu importe de savoir si les irrégularités ont ou non porté préjudice au requérant[62]. Le juge recherche seulement si les obligations de publicité et de mise en concurrence ont été respectées, offrant par ce biais un large champ au référé précontractuel[63]. Ce dernier devient un recours purement objectif par lequel un candidat, dont l'offre est irrecevable, peut faire échouer une procédure de passation[64]. Bien plus, comme nous l'avons dit précédemment, même le candidat retenu est recevable de demander l'annulation de la procédure de mise en concurrence[65]. Peu importe également que les omissions ou les erreurs ne soient pas imputables au pouvoir adjudicateur, de sorte que les erreurs commises par les offices de publication lors de la transcription des informations communiquées ne sont pas susceptibles de couvrir l'irrégularité de la procédure[66].

C'est pour cette raison qu'il convient de vérifier, après l'envoi d'un avis à la publication, si les informations ont été correctement retranscrites. En cas d'erreurs ou d'omissions, il sera impératif de procéder à la publication d'un avis rectificatif. Dans ces conditions d'objectivité, le principe qu'il n'y a «*pas de nullité sans grief*» est loin de retrouver sa fortune, le juge ne

---

60 Bernard-Michel BLOCH et Jérémie BLOCH, *ibidem.*

61 *Idem*, p.9.

62 CE, 16 octobre 2000, Société Stereau, Société OTV et Société Degremont, n° 213958; CE, 19 octobre 2001, Société Alstom Transport SA, n° 233173, cités par Bernard-Michel BLOCH et Jérémie BLOCH, *idem*, pp.9-10.

63 R. Vandermeeren, "le renforcement du référé précontractuel", *CP-ACCP, n°53, mars 2006, p.12*, cité par Bernard-Michel BLOCH et Jérémie BLOCH, *idem*, p.10.

64 CE, 8 avril 2005, Société Radiometer, n° 270476; CE, 6 janvier 2006, Syndicat mixte de collecte, de traitement et de valorisation des déchets du vendômois, n° 281113, cités par Bernard-Michel BLOCH et Jérémie BLOCH, *ibidem.*

65 CE, 19 septembre 2007, Communauté d'agglomération de Saint-Etienne métropole, n° 296192, cité par Bernard-Michel BLOCH et Jérémie BLOCH, *ibidem.*

66 CE, 30 juin 2004, Société nationale des chemins de fer français, n° 263402; TA Orléans, ord. 6 mars 2007, SOCCOIM, req. n° 0700539, cités par Bernard-Michel BLOCH et Jérémie BLOCH, *op.cit*, p. 10.

pouvant l'invoquer *ex officio* au profit de l'une des parties ; d'ailleurs celle-ci ne l'invoquerait que sans succès.

52. Le recours est introduit devant le Tribunal administratif pour les marchés soumis au Code des Marchés Publics et, de manière générale, pour tous les marchés ayant le caractère de contrat administratif ; ou devant le Tribunal de grande instance pour les marchés n'ayant pas un caractère de contrat administratif, mais devant néanmoins respecter les règles de publicité et de mise en concurrence prévues par les directives européennes. Il a, pour objectif, de faire annuler la décision d'attribution du marché ou la procédure de passation, sous réserve que le marché n'ait pas encore été signé. Les pouvoirs du juge cessent, en effet, à la signature du contrat[67].

D. LA LIBRE ADMINISTRATION

53. Le principe de la libre administration, notamment des provinces et des entités territoriales décentralisées (ETD) a un fondement constitutionnel. En effet, il est posé à l'article 3, alinéa 3 de la Constitution de la République Démocratique du Congo du 18 février 2006. Ces entités jouissent de la libre administration et de l'autonomie de gestion de leurs ressources économiques, humaines, financières et techniques.

Rien, dans la loi ou dans les règlements, interdit qu'une collectivité publique puisse contracter avec une autre collectivité publique. Ainsi, une province peut contracter avec l'Etat central ou avec une entité territoriale décentralisée, tout comme l'Etat peut le faire avec une ETD. Le principe de la libre administration donne possibilité à toutes les collectivités publiques de procéder aux achats publics. Il ressort même de l'article 3 du décret portant manuel de procédures de la loi relative aux Marchés Publics que cette dernière loi s'applique aux marchés conclus par :

- le pouvoir central, ses services déconcentrés et ses services auxiliaires ;
- les provinces et les entités territoriales décentralisées et leurs services auxiliaires ;
- les établissements et entreprises publics ainsi que les sociétés commerciales à participation publique majoritaire ;
- les autres organismes créés par l'Etat et dont l'activité est financée ou garantie par l'Etat;
- les personnes morales de droit privé mandatées et bénéficiant du financement ou de la garantie des personnes de droit public.

---

[67] CE, Section, 3 novembre 1995, CCI de Tarbes et des Hautes-Pyrénées, n° 157304 : Rec., p. 394, cité par Bernard-Michel BLOCH et Jérémie BLOCH, *idem*, p.19.

54. Néanmoins, concernant les provinces, les ETD ainsi que les entreprises, les établissements publics et les autres organismes qu'elles créent, il y a nécessité que des édits provinciaux réglementent et précisent les règles, notamment de compétence, au niveau de ces entités. Dès lors, ce principe peut jouer à un double niveau. D'une part, la liberté reconnue aux entités, notamment locales, d'exercer en tant qu'autorité contractante et, d'autre part, l'éligibilité reconnue à ces entités de pouvoir soumissionner à un Marché Public.

SECTION 2. LES PROCEDURES DE PASSATION DES MARCHES PUBLICS

55. Les procédures de passation des Marchés Publics sont constituées d'un ensemble très complexe de modalités, de règles et des principes dont l'application correcte concoure à l'efficacité des rapports entre les autorités contractantes et les cocontractants. Le respect de ces procédures favorise la sauvegarde de l'intérêt général ou l'intérêt du service public à travers les achats publics.

Il n'est guère possible de rappeler tous les principes dans leur subtilité. Après un effort de regroupement, il convient d'abord de présenter les modes de passation de Marchés Publics et les quelques principales règles qui y sont rattachées (§1) et, ensuite, il sera indiqué de présenter les principaux acteurs de la commande publique (§2).

§1. LES MODES DE PASSATION

56. Les Marchés Publics sont passés par appel d'offres[68]. C'est la procédure par laquelle l'autorité contractante choisit, sans négociation avec les candidats, l'offre économiquement la plus avantageuse, évaluée sur la base des critères objectifs préalablement portés à la connaissance des candidats et exprimés en termes monétaires[69]. Pourtant, les marchés peuvent également être attribués, mais exceptionnellement, selon la procédure de gré à gré, dans les conditions définies par la loi y relative, c'est-à-dire, la loi sur les Marchés Publics[70].

---

[68] Article 17, alinéa 1, de la loi n° 10/010 du 27 avril 2010 relative aux Marchés Publics.
[69] Article 20 de la loi n° 10/010 du 27 avril 2010 relative aux Marchés Publics.
[70] Article 17, alinéa 2, de la loi n° 10/010 du 27 avril 2010 relative aux Marchés Publics.

Dès lors, par la volonté du législateur, il est établi un mode de principe : *l'appel d'offres* (A), et un mode d'exception : *le gré à gré* (B). Au-delà de ces modes, il est prévu d'autres possibilités beaucoup plus exceptionnelles ; c'est le cas des *marchés à bons de commande* et des *marchés de clientèle* ainsi que le cas des *marchés spéciaux* et de la *délégation de service public* (C). Nous verrons aussi, en passant, quelques règles spécifiques (D).

A. LE PRINCIPE : LE MARCHE PAR APPEL D'OFFRES

57. Le principe affirmé en matière de passation des Marchés Publics, est l'appel d'offres. De la définition légale sus évoquée, il y a lieu de retenir que le recours à ce mode de passation implique l'absence de négociation avec les candidats, le choix de l'offre économiquement la plus avantageuse, l'évaluation de l'offre en termes monétaires et la publicité ou la transparence. C'est là, on le voit bien, un ensemble de règles limitatives de la liberté des autorités contractantes, la règle de la concurrence, déjà évoquée, est de mise. C'est pour dire que, « l'Administration voit souvent limiter - et dans une importante mesure- la liberté de son choix tant à l'égard du mode de passation du marché qu'à l'égard de son cocontractant »[71].

58. L'appel d'offres peut lui-même revêtir trois formes :

- ***l'appel d'offres ouvert :*** lorsque toute personne intéressée par le marché peut soumettre une offre. Ne peuvent pas toutefois soumissionner les personnes qui sont exclues de la compétition pour motif de l'une ou l'autre sanction prévue à l'article 81 de la loi sur les Marchés Publics ;
- ***l'appel d'offres restreint :*** lorsque seuls peuvent remettre des offres, les candidats que l'autorité contractante a décidé de consulter ;
- ***l'appel d'offres avec concours :*** lorsque les motifs d'ordre technique, esthétique, environnemental ou financier justifient des recherches particulières. C'est une modalité qui se greffe, soit à l'appel d'offres restreint, soit à l'appel d'offres ouvert[72].

Il y a lieu, cependant, de noter que le recours à l'appel d'offres restreint requiert l'avis de non- objection (ANO) préalable de la Direction Générale de Contrôle des Marchés Publics[73]. C'est un type de contrôle à priori qu'exerce la DGCMP sur cette procédure.

---

[71] Maurice - André FLAMME, *op.cit*, tome 1, p.179, n°126.
[72] Article 27 de la loi n° 10/010 du 27 avril 2010 relative aux Marchés Publics.
[73] Article 23, alinéa 3, du Décret n° 10/22 du 02 juin 2010 portant Manuel de procédures de la loi relative aux Marchés Publics.

Ces procédures sur appel d'offres (général ou restreint) qui excluent tout automatisme, le libre choix du cocontractant, s'effectuent en fonction de l'offre la plus intéressante pour l'Administration[74].

B. L'EXCEPTION AU PRINCIPE : LE MARCHE DE GRE A GRE

59. Comme relevé précédemment, le *gré à gré* est une modalité exceptionnelle de passation des Marchés Publics, le principe étant l'appel d'offres. Le *marché de gré à gré* n'est autrement défini que de manière négative et par opposition au marché par appel d'offres. En effet, un marché est dit de *gré à gré* lorsqu'il est passé sans appel d'offres après autorisation du service chargé du contrôle des Marchés Publics. La demande d'autorisation de recourir à cette procédure décrit les motifs la justifiant[75].

Ici se profilent également quelques règles impératives : l'exigence d'une autorisation préalable donnée par le service chargé du contrôle des Marchés Publics et l'exigence d'une motivation suffisante devant être fournie par l'autorité contractante qui s'avise de recourir à ce mode.

60. La loi prescrit ainsi des conditions de deux ordres pour recourir à cette modalité : les unes tiennent à l'objet (I) et au contexte du marché (II) ; tandis que les autres tiennent à la qualité du prestataire (III).

I. Par rapport à l'objet du marché

61. La loi autorise le gré à gré dans les cas suivants[76] :

- lorsque les besoins ne peuvent être satisfaits que par une prestation nécessitant l'emploi d'un brevet d'invention, d'une licence ou de droits exclusifs détenus par un seul entrepreneur, un seul fournisseur ou un seul prestataire ;
- lorsque les marchés ne peuvent être confiés qu'à un prestataire déterminé pour des raisons techniques ou artistiques ;
- dans les cas d'extrême urgence, pour les travaux, les fournitures ou les services que l'autorité contractante fait exécuter en lieu et place de l'entrepreneur, du fournisseur ou du prestataire défaillant ;
- dans le cas d'urgence impérieuse motivée par des circonstances imprévisibles ou de force majeure ne permettant pas de respecter les

---

[74] Maurice -André FLAMME, *op.cit*, tome 1, p.539, n°367.
[75] Article 41 de la loi n° 10/010 du 27 avril 2010 relative aux Marchés Publics.
[76] Article 42, points 1, 2 et 5, de la loi n° 10/010 du 27 avril 2010 relative aux Marchés Publics.

délais prévus dans les procédures d'appel d'offres, nécessitant une intervention immédiate ;
- lorsqu'il s'agit des marchés spéciaux définis aux articles 44 et 45 de la présente loi.

62. Ainsi par exemple, dans les conditions de l'avis juridique évoqué au point 38 *supra*, le marché à conclure entre la société MW AFRITEC et la SCTP pourrait, avec raison, emprunter le *mode de gré à gré*, en raison de l'urgence impérieuse motivée par des circonstances imprévisibles ou de force majeure ne permettant pas à l'autorité contractante de respecter les délais prévus dans les procédures d'appel d'offres et nécessitant, de ce fait, une intervention immédiate. Les raisons tenant, notamment, aux conditions climatiques peuvent être invoquées en soutènement de la demande d'autorisation de recourir à ce mode.

II. Par rapport au contexte

63. La loi autorise également *le gré à gré* en tenant compte de certaines contraintes. Ces contraintes sont déjà évoquées dans le point I ci-haut. Généralement, le recours au *marché de gré à gré* est possible :
- lorsqu'il y a extrême urgence d'exécuter des travaux, d'obtenir des fournitures ou des services. C'est le cas de figure où, ayant constaté la défaillance de l'entrepreneur, du fournisseur ou du prestataire, l'autorité contractante fait exécuter le marché en recourant à un opérateur de substitution[77] ;
- lorsqu'il y a urgence impérieuse d'une intervention immédiate découlant des circonstances imprévisibles ou d'un cas de force majeure ne permettant pas de respecter les délais prévus dans les procédures d'appel d'offres[78].

III. Par rapport aux conditions liées au prestataire

64. Devant les contraintes justifiées par la force majeure ou par l'urgence telles que mentionnées *supra*, la loi autorise le recours au *gré à gré*, pour autant que les entrepreneurs, les fournisseurs ou les prestataires des services visés réunissent les conditions ci-après :

---

[77] Article 42, point 3, de la loi n° 10/010 du 27 avril 2010 relative aux Marchés Publics.

[78] Article 42, point 4, de la loi n° 10/010 du 27 avril 2010 relative aux Marchés Publics.

- avoir l'expertise requise ou, à défaut, avoir exécuté des travaux analogues dans le passé;
- se soumettre à un contrôle des prix spécifiques durant l'exécution des prestations ;
- se soumettre aux obligations comptables légales et réglementaires.

C. CAS DES MARCHES EXCEPTIONNELS

65. Pour certaines commandes publiques, les autorités contractantes sont dispensées du formalisme auquel elles sont normalement soumises dans la passation des Marchés Publics. Il s'agit particulièrement des *marchés à bons de commande* et des *marchés de clientèle* (I), des *marchés spéciaux* et de la *délégation de service public* (II).

I. Les marchés à bons de commande et les marchés de clientèle

a) Les marchés à bons de commande

66. Ce sont des marchés qui ont pour objet de permettre à l'autorité contractante de couvrir ses besoins courants annuels de fournitures dont il n'est pas possible, au début de l'année, de prévoir l'importance exacte, ou bien qui excèdent les possibilités de stockage. La durée de ces marchés ne peut excéder une année, mais elle peut être renouvelée une fois.

Les *marchés à bons de commande* indiquent les limites minimales et maximales de la prestation globale à fournir, ces limites pouvant être exprimées soit en quantité soit en valeur[79].

b) Les marchés de clientèle

67. Par *marchés de clientèle*, on y voit, « ceux par lesquels l'autorité contractante s'engage à confier à certains contractants ou soumissionnaires prestataires, pour une période limitée et qui ne saurait excéder une année, renouvelable une fois, l'exécution de tout ou partie de certaines catégories de prestations de services, définies par la réglementation en vigueur, suivant des commandes faites au fur et à mesure des besoins »[80].

---

[79] Article 38 de la loi n° 10/010 du 27 avril 2010 relative aux Marchés Publics.

[80] Article 39 de la loi n° 10/010 du 27 avril 2010 relative aux Marchés Publics.

II. Les marchés spéciaux et la délégation de service public

a) Les marchés spéciaux

68. Les *marchés spéciaux* légalement prévus sont ceux portant sur un objet spécifiquement défini par la loi. C'est une catégorie des marchés qui ne répond pas, pour tout ou partie, aux dispositions relatives aux *marchés par appel d'offres* ou aux *marchés de gré à gré*.

Il s'agit de ces marchés consécutifs :

- à la défense nationale ;
- à la sécurité nationale ;
- aux intérêts stratégiques de l'Etat.

Plus précisément, des marchés relatifs:

- d'une part, à l'acquisition et à la fourniture;
- d'autre part, aux prestations de toutes sortes.

La seule spécificité ici, c'est le fait que ces marchés soient strictement liés à la défense nationale, à la sécurité et aux intérêts stratégiques de l'Etat.

69. Ces types de marchés offrent actuellement beaucoup de marges de manœuvre dans leur passation, en raison des imprécisions, par exemple, d'un objet comme celui lié « aux intérêts stratégiques de l'Etat »[81].

Le Décret du Premier Ministre qui devrait en délimiter l'étendue et en fixer les règles de passation et de contrôle, quoique prévu, n'est pas encore élaboré jusqu'à ce jour.

b) La délégation de service public

70. Contrat par lequel l'autorité contractante confie la gestion d'un service public relevant de sa compétence à un délégataire, société privée ou l'Etat, dont la rémunération est liée ou substantiellement assurée par les résultats de l'exploitation du service public concerné. Les délégations de service public comprennent :

- les concessions de service public ;
- les affermages (l'opération de réseau) ;
- les régies intéressées[82].

---

[81] Article 27 du Décret n° 10/22 du 02 juin 2010 portant Manuel de procédures de la loi relative aux Marchés Publics et l'article 44 de la loi n° 10/010 du 27 avril 2010 relative aux Marchés Publics.

[82] Article 28 du Décret n° 10/22 du 02 juin 2010 portant Manuel de procédures de la loi relative aux Marchés Publics.

71. L'article 46 de la loi sur les Marchés Publics avait prévu qu'un décret du Premier Ministre devrait déterminer les différents modes de la délégation de service public avec les conditions de leur conclusion en ce qui concerne, notamment, la publicité, les délais de procédure, la pré-qualification et la sélection des offres. Il n'y a pas, à vrai dire, un décret spécifique organisant uniquement les différents modes de la délégation de service public ainsi que les conditions de leur conclusion. Cependant, on peut constater que ces questions sont réglées par certaines dispositions spécifiques du Décret portant Manuel de procédures de la loi relative aux Marchés Publics dont l'article 28 cite trois modes de délégation de service public qui sont la *concession de service public*, les *affermages* et les *régies intéressées*, prenant soin d'en donner les définitions respectives.

Ainsi, aux termes de l'article 29, alinéa 1, du Décret portant Manuel de procédures de la loi relative aux Marchés Publics, « *la concession de service public est un mode de gestion d'un service public dans le cadre duquel un concessionnaire, opérateur privé ou public, a le droit d'exploiter l'ouvrage en son nom et à ses risque et périls pendant une durée déterminée, en recouvrant les prix du service auprès des usagers* ». Le concessionnaire est responsable des nouveaux investissements nécessaires et de l'entretien de l'ouvrage. Il n'est pas responsable des investissements initiaux et, en particulier, de la construction de l'ouvrage exploité, à la différence de la concession des travaux publics. En fin de contrat, le maître d'ouvrage entre en possession de l'ouvrage, y compris les investissements réalisés par le concessionnaire.

72. L'article 30 dudit Décret définit l'affermage comme « *un contrat par lequel l'autorité contractante charge le fermier, personne publique ou privée, de l'exploitation d'ouvrages qu'il a acquis préalablement afin que celui-ci assure l'entretien de l'ouvrage. Le fermier verse généralement une redevance à l'autorité contractante au titre du droit d'exploiter l'ouvrage et il est rémunéré par les recettes versées par les usagers* ». Le dernier mode de délégation de service public est la régie intéressée, définie par l'article 31, alinéa 1, du Décret sous examen comme « *un contrat par lequel l'autorité contractante finance elle-même l'établissement d'un service, mais en confie la gestion à une personne privée ou publique qui est rémunérée par l'autorité contractante tout en étant intéressée aux résultats, que ce soit au regard des économies réalisées, des gains de productivité ou de l'amélioration de la qualité du service* ». Le service public continue d'être exploité au nom de l'autorité contractante qui assume les investissements et le risque d'exploitation. C'est le cas des régies intéressées des services urbains, lorsque le tarif appliqué aux usagers ne peut être libéralisé.

73. Concernant les conditions de conclusion de ces différents modes de délégation de service public, notamment celles liées à la publicité, aux délais de procédure, à la phase de la pré-qualification et de la sélection des offres, le Décret portant Manuel de procédures de la loi relative aux Marchés Publics renvoie aux règles qu'il a lui-même édictées : « *la délégation de service public procède des règles de passation de marchés similaires aux prestations intellectuelles, décrites aux articles 136 à142 du présent décret, et est obligatoirement précédée de la procédure de présélection* ». Une lecture intéressée de ces dispositions permet de déceler quelques règles, notamment, celles autorisant le recours aux partenariats public-privé, la publicité, le droit à l'information appartenant aux candidats non retenus, l'appel d'offres ouvert en deux étapes.

a) ***Le recours aux partenariats public-privé*** : l'article 136, alinéa 1, prévoit que des dispositions spécifiques de la loi relative aux partenariats public-privé organisent le contenu et l'exécution des conventions de délégation de service public.

b) ***La règle de publicité*** : l'article 136, alinéa 2, pose la règle de publicité en ce que, l'autorité délégante publie un avis d'attribution de la convention de délégation de service public. Cet avis doit désigner le délégataire et comporter un résumé des principales clauses de la convention de délégation.

c) ***Le droit à l'information des candidats non retenus***: l'article 136, alinéa 3, revient sur le droit à l'information car, l'autorité délégante doit informer les candidats ou les soumissionnaires non retenus, du rejet de leurs offres ; aussi, doit-elle observer un délai d'attente de quinze jours calendaires pour recevoir, éventuellement, les recours des candidats non retenus. Cette exigence est capitale et permet aux soumissionnaires dont l'offre est rejetée d'exercer leur droit au recours.

d) ***Le recours à l'appel d'offres ouvert en deux étapes*** : dans un processus de délégation de service public, on peut aussi faire recours à la procédure d'appel d'offres ouvert en deux étapes, dans les conditions fixées à l'article 137 du Décret portant Manuel de procédures de la loi relative aux Marchés Publics. En effet, la procédure de mise en œuvre de l'appel d'offres en deux étapes est utilisée lorsque :

- l'objet du marché présente une grande complexité ;
- la personne responsable des marchés souhaite faire son choix sur la base des critères de performance et non seulement de spécifications techniques détaillées ;
- la personne responsable des marchés a défini ses besoins, mais elle n'est pas en mesure de décrire la solution technique la mieux indiquée à leur réalisation ;

- les candidats sont invités à proposer toutes les solutions, tout en tenant compte des contraintes du projet ;
- la personne responsable des marchés a défini ses besoins essentiellement en termes d'objectifs ou de performances, mais elle souhaite bénéficier des solutions techniques les plus innovantes.

Dans cette procédure d'appel d'offres en deux étapes, les candidats sont d'abord invités à transmettre des propositions techniques, sans indication de prix, sur la base des principes généraux de conception ou de norme de performance, et sous réserve des précisions et des ajustements ultérieurs d'ordre aussi bien technique que commercial[83]. A la suite de l'évaluation, par l'autorité contractante, des offres au titre de la première étape, les soumissionnaires qui satisferont au minimum acceptable des critères de qualification tels que fixés dans le cahier des charges et qui auront soumis une offre techniquement conforme, sont invités, ensuite, à participer à une seconde étape au cours de laquelle ils présentent des propositions techniques définitives assorties des prix, sur la base du dossier d'appel d'offres préalablement révisé par l'autorité contractante[84].

e) ***L'exigence de la motivation en cas de demande d'autorisation de procéder à l'appel d'offres ouvert en deux étapes*** : l'article 137, alinéa 4, soumet la procédure de l'appel d'offres en deux étapes à l'autorisation préalable ; mais cette demande d'autorisation doit, elle-même, être motivée par l'autorité contractante : « *le recours à la procédure de l'appel d'offres en deux étapes doit être motivé et soumis à l'autorisation préalable de la Direction Générale du Contrôle des Marchés Publics* ».

74. L'article 34, alinéa 1, du Décret portant Manuel de procédures de la loi relative aux Marchés Publics donne un contenu assez complexe à la délégation de service public. Il dispose que « *une délégation de service public est généralement établie pour une longue durée et peut comporter différentes composantes telles que la conception et/ou la réalisation et/ou l'exploitation d'un ouvrage ou d'un service* ». La conjonction « *ou* » établit indubitablement une exclusion possible en ce que la délégation peut porter uniquement sur la conception d'un ouvrage ; elle peut aussi porter

---

[83] Article 137, alinéa 2, du Décret n° 10/22 du 02 juin 2010 portant Manuel de procédures de la loi relative aux Marchés Publics.
[84] Article 137, alinéa 3, du Décret n° 10/22 du 02 juin 2010 portant Manuel de procédures de la loi relative aux Marchés Publics.

uniquement sur la réalisation d'un ouvrage ou d'un service, tout comme la délégation peut se limiter à l'exploitation d'un ouvrage ou d'un service. Si la délégation est à composante unique (soit la conception, soit la réalisation, soit encore l'exploitation), il ne se poserait pas des difficultés majeures, par exemple, concernant les modes de règlement du prix ou de la taxe parafiscale due à l'ARMP.

A ce propos, l'article 34, alinéa 2, du Décret portant Manuel de procédures de la loi relative aux Marchés Publics établit une distinction et tranche qu'il existe une différence fondamentale entre un marché public et une délégation de service public qui réside dans le mode de règlement. Dans le cas d'un Marché Public, le paiement est effectué directement ou indirectement par l'autorité contractante pour obtenir des fournitures, des travaux ou des services ; tandis que dans le cas d'une délégation de service public, l'autorité contractante demande au délégataire de réaliser et/ou d'exploiter une infrastructure destinée à rendre un service public ; mais le délégataire n'est pas rémunéré par l'autorité contractante sur la base des travaux ou des services qu'il réalise. Il perçoit une rémunération provenant des recettes d'exploitation du service public perçues sur les usagers ; il participe au risque d'exploitation du service. Il peut, éventuellement, percevoir, de l'autorité publique, des subventions qui n'ont qu'un caractère subsidiaire.

75. On s'aperçoit que la question du règlement du prix est résolue uniquement à l'égard de l'autorité contractante, tandis que celle du paiement de la taxe parafiscale due à l'ARMP reste encore sujette à interprétations multiples et, parfois, controversées. L'article 12, point 1, du Décret n° 10/21 du 02 juin 2010 organique de l'ARMP instaure cette taxe parafiscale en ces termes : « *sans préjudice des dispositions de l'article 21 de la loi n°08/009 du 07 juillet 2008 portant dispositions générales applicables aux établissements publics, les ressources de l'ARMP sont constituées notamment : 1. d'une taxe parafiscale sur le montant hors taxe des Marchés Publics passés au niveau des institutions centrales de l'Etat, des entreprises et établissements publics, et du chiffre d'affaires réalisé par les titulaires des délégations de service public…* ».

76. L'interprétation littérale de cette disposition laisse sous-entendre que l'ARMP devra se contenter, en ce qui concerne les délégations de service public, du chiffre d'affaires que le délégataire aura réalisé et sur lequel seront ensuite prélevés les frais de régulation[85]. Mais qu'adviendrait-il lorsque la délégation de service public combine à la fois la conception, la réalisation et l'exploitation des travaux et des services ? C'est justement la

[85] Par sa décision n° 001/CA/S.0/04/2011 du 09 novembre 2011, le Conseil d'administration de l'ARMP a fixé ces frais de régulation au taux de 0,4%.

difficulté à laquelle l'ARMP a été confrontée dans un cas de délégation de service en faveur de la Société GED CONGO Sarl.

77. La Société GED CONGO est attributaire d'un marché passé avec le Gouvernement congolais aux termes d'une convention de délégation de service public. Cette convention consiste, pour la société délégataire, à la réalisation des travaux de modernisation de la route nationale Kasomeno-Kasenga-Chalwe, à l'aménagement de l'aérodrome de Kasenga ainsi qu'à la construction du pont Haubané sur la rivière Luapula, dans la province du Katanga. Il va de soi que cette société délégataire ne peut pratiquement effectuer tous ces travaux sans préalablement faire des études (conception). Mais dans la mesure où les coûts de ces travaux sont directement supportés par la société délégataire, qui se fera rémunérer sur les revenus de l'exploitation des ouvrages à réaliser, c'est donc une délégation de service public complexe qui combine à la fois la conception, la réalisation, l'exploitation des travaux et des services.

78. Au vu de l'ampleur de ces travaux à réaliser, l'ARMP dut servir à l'entreprise délégataire la note de débit n° 013/ARMP/DAF/BF/04/2015, tendant au paiement des frais de régulation de ce marché. Mais la réaction de cette dernière entreprise ne se fit pas attendre. La nature de ce contrat a fait l'objet d'interprétations divergentes pas les avocats des deux parties. L'ARMP a émis l'opinion selon laquelle l'entreprise GED CONGO devait payer la redevance de régulation sur les ouvrages à réaliser : construction de pont, aménagement des tronçons routiers et d'un aérodrome ; mais aussi, le moment venu, payer cette redevance sur l'exploitation de ces ouvrages. De son côté, la société GED CONGO s'est campée sur le mode de paiement en cas de la délégation de service public, tel qu'il résulte de l'article 34 du décret n°10/22 du 02 juin 2010 portant manuel de procédures de la loi relative aux Marchés Publics en ce que sa rémunération est liée par les résultats de l'exploitation du service public à rendre aux usagers.

Une séance entre avocats des deux parties permit d'harmoniser les vues. Pour sa part, la société GED CONGO a accepté de payer les frais de régulation, mais cela, en fonction des résultats de l'exploitation des ouvrages qu'elle aura réalisés. Tout le problème demeure quant à la transparence de ces résultats sur lesquels sera prélevée la redevance de 0,4%, mais aussi le moment de ce paiement.

A cet effet, il peut être suggéré que le paiement de cette redevance soit annuel et s'effectue autant d'années que devra durer cette exploitation.

79. Cette solution de compromis a évité aux parties les aléas d'une action judiciaire en interprétation des dispositions pertinentes de la réglementation sur les Marchés Publics et spécialement sur l'exigence du paiement des frais de régulation. Au demeurant, pour permettre à l'Autorité de régulation d'avoir des ressources inhérentes à son propre fonctionnement, l'écriture de l'article 34 mériterait de subir quelques modifications de manière à scinder la partie « réalisation d'ouvrages », qui s'apparente au marché des travaux, à celle de l'exploitation desdits ouvrages par l'entreprise délégataire. Mais en attendant, le « *principe de la correction de l'expression* » est de mise. Devons-nous admettre qu'à travers la lettre de cet article 34, le législateur ou le pouvoir réglementaire n'a pas « *dit autre chose que ce qu'il voulait dire* »[86]. Il appartient, dès lors, à toutes les parties de se conformer à la lettre et à l'esprit de l'article 34 du décret n°10/22 du 02 juin 2010 portant manuel de procédures de la loi relative aux Marchés Publics.

D. REGLES SPECIFIQUES

80. Les règles spécifiques qui méritent également une attention particulière se résument au respect des seuils de passation réglementairement établis (I), aux conditions de la sous-traitance et du groupement d'entreprises (II) ainsi qu'à la préférence nationale et régionale (III).

I. Les seuils de passation, de contrôle à priori et d'approbation des marchés

81. Il faut distinguer entre le seuil de passation d'un marché public, qui détermine le type de marché auquel l'autorité contractante doit recourir et le seuil de contrôle à priori, qui permet de soumettre le projet d'un marché public à telle ou telle autre autorité de contrôle.

a) <u>Les seuils de passation</u>

82. Il importe de savoir qu'un Marché Public ou une délégation de service public peut faire l'objet de l'appel à concurrence au niveau national ou au niveau international. Les seuils de passation diffèrent selon les types de Marchés Publics envisagés et en fonction du champ d'action de la concurrence. Ainsi, l'appel d'offres sera limité à la concurrence nationale si le seuil du marché projeté est égal ou supérieur à :

- cinquante millions de Francs congolais (50.000.000), s'agissant des travaux, fournitures et services courants ;

---

86 En ce sens, F. OST et VAN de KERCHOVE, *Entre la lettre et l'esprit. Les directives d'interprétation en droit,* Bruxelles, Bruylant, 1989, p.59.

- vingt millions de Francs congolais (20.000 000) quant aux prestations intellectuelles et délégations de service public.[87]

Par contre, un Marché Public ou une délégation de service public est soumis à la procédure d'appel d'offres international lorsque son coût estimé est égal ou supérieur à :

- huit milliards de Francs congolais (8.000.000.000) pour les travaux ;
- cinq cent millions de Francs congolais (500.000.000) pour les fournitures et les services courants ;
- deux cent cinquante millions de Francs congolais (250.000.000) pour les prestations intellectuelles et les délégations de service public[88].

b) Les seuils de contrôle

83. Selon des seuils dont la fourchette est établie par voie réglementaire, le contrôle de la DGCMP peut porter sur l'ensemble de la procédure de passation afin d'apprécier la conformité, par l'autorité contractante, à la législation sur les Marchés Publics (*contrôle à priori*) ; mais aussi, cet organe peut préalablement vérifier les dossiers relatifs à ces marchés (*revue préalable*). Le marché n'est définitif que s'il est régulièrement approuvé par l'autorité compétente au regard d'un seuil qui détermine cette compétence.

1. Les seuils de contrôle par la DGCMP

84. Le contrôle dans la passation de Marchés Publics ou dans les délégations de service public concerne, selon le cas, l'ensemble de la procédure de passation et d'attribution, ou l'ensemble des dossiers d'appel à la concurrence dans le respect des seuils réglementaires pré rappelés.

1.1. Le contrôle à priori

85. C'est le contrôle que doit exercer la DGCMP sur l'ensemble de la procédure de passation et d'attribution des Marchés Publics et des délégations de service public pour les contrats d'un montant égal ou supérieur à :

---

[87] Article 37 du Décret n° 10/22 du 02 juin 2010 portant Manuel de procédures de la loi relative aux Marchés Publics.

[88] Article 39 du Décret n° 10/22 du 02 juin 2010 portant Manuel de procédures de la loi relative aux Marchés Publics.

- deux cent millions (200.000 000) de Francs congolais pour les marchés de travaux ;
- cent millions (100.000.000) de Francs congolais pour les marchés de fourniture de biens ou de services ;
- cinquante millions (50.000.000) de Francs congolais pour les marchés de prestations intellectuelles[89].

1.2. La revue préalable

86. C'est une modalité de contrôle que la DGCMP exerce sur les dossiers d'appel à la concurrence des Marchés Publics et des délégations de service public lorsque le montant est égal ou supérieur à :

- trois cent millions (300.000. 000) de Francs congolais pour les marchés de travaux ;
- deux cent millions (200.000.000) de Francs congolais pour les marchés de fourniture de biens ou de services ;
- cent millions (100.000.000) de Francs congolais pour les marchés de prestations intellectuelles[90].

2. Les seuils d'approbation par l'autorité administrative compétente

87. Les Marchés Publics et les délégations de service public font l'objet d'une approbation par les autorités suivantes :

- ***le Premier Ministre,*** pour tous les marchés conclus à l'issue des appels d'offres internationaux et les marchés conclus par le Ministre ayant le Budget dans ses attributions ;
- ***le Ministre ayant le Budget dans ses attributions,*** pour tous les marchés conclus à l'issue des appels d'offres nationaux ;
- ***le Ministre de tutelle,*** pour les marchés conclus par les entreprises et établissements publics, à l'issue des appels d'offres nationaux.

88. Pour rappel, l'approbation est constatée dans l'acte signé par l'autorité approbatrice, suivant son mode constitutionnel d'expression. Ainsi, ce sera,

---

[89] Articles 15 et 40 du Décret 10/22 du 02 juin 2010 portant Manuel de procédures de la loi relative aux Marchés Publics.

[90] Articles 16 et 41 du Décret n° 10/22 du 02 juin 2010 portant Manuel de procédures de la loi relative aux Marchés Publics.

selon le cas, un décret du Premier ministre[91] ou un arrêté ministériel[92]. C'est l'acte d'approbation qui valide les marchés et leur confrère le caractère définitif et exigible selon le prescrit de l'article 20 *in fine* du décret n° 10/22 du 02 juin 2010 portant manuel de procédures de la loi relative aux Marchés Publics. Le juge compétent tient compte de cet acte d'approbation lorsque le requérant, particulièrement le concurrent évincé d'une procédure de passation de marché, s'attaque prématurément à une décision d'attribution provisoire avant même que l'autorité approbatrice n'ait donné son avis ou son approbation.

Il s'ensuit qu'une requête en annulation introduite contre la décision d'attribution provisoire avant l'avis d'approbation sera dite irrecevable pour prématurité du recours[93].

II. La sous-traitance et le groupement d'entreprises

89. Le principe de la sous-traitance et de groupement d'entreprises dans l'exécution des Marchés Publics de travaux ou de service sont admis. Ils obéissent cependant à certaines conditions.

a) La sous-traitance

90. La sous-traitance ne peut être totale. Le titulaire d'un marché public ne peut en sous-traiter que l'exécution de certaines parties.

Deux conditions doivent être remplies à cet effet, à savoir:

- obtenir de l'autorité contractante l'acceptation de chaque sous-traitant au regard de son expertise et l'agrément de ses conditions de paiement[94] ;
- la possibilité même de sous-traitance doit avoir été annoncée dans le dossier d'appel d'offres.

Il sied de préciser, par ailleurs, que le dossier du sous-traitant doit remplir les mêmes conditions légales, techniques et financières requises pour la

[91] Article 92, alinéas 2 et 4, de la Constitution de la République Démocratique du Congo du 18 février 2006.
[92] Article 93, alinéa 2, de la Constitution de la République Démocratique du Congo du 18 février 2006.
[93] Voir *infra*, arrêt RA 1401 du 14 juillet 2014 de la Cour suprême de justice.
[94] Article 59, alinéa 1, point 2, de la loi n° 10/010 du 27 avril 2010 relative aux Marchés Publics.

qualification des soumissionnaires[95]. Aussi, le soumissionnaire a-t-il, à sa charge, l'obligation d'indiquer dans son offre, la nature et le montant de la partie des prestations qu'il envisage de sous-traiter[96].

Dans tous les cas, le titulaire du marché demeure personnellement responsable de l'exécution de toutes les obligations contractuelles[97].

b) <u>Le groupement d'entreprises ou co-traitance</u>

91. La loi admet que les entrepreneurs, les fournisseurs et les prestataires de services peuvent présenter ensemble leur candidature ou leur offre sous la forme d'un groupement.

Quant à la forme, un groupement peut être :
- soit solidaire ;
- soit conjoint.

Dans le cas du groupement solidaire, le contrat du marché sera un document unique qui indique le montant total du marché de l'ensemble des prestations que les membres du groupement s'engagent solidairement à réaliser[98].

Par contre, lorsqu'il s'agit d'un groupement conjoint, le contrat du marché sera aussi un document unique, mais qui indique le montant et la répartition détaillée des prestations que chacun des membres du groupement s'engage à exécuter, à la différence que les parties désignent un mandataire qui reste responsable vis-à-vis de l'autorité contractante, des prestations de chacun des membres du groupement[99].

Les candidatures et les soumissions sont signées :
- soit par l'ensemble des entreprises groupées ;
- soit par le mandataire, s'il justifie des habilitations nécessaires pour représenter ces entreprises.

---

[95] Article 78 du Décret n° 10/22 du 02 juin 2010 portant Manuel de procédures de la loi relative aux Marchés Publics.
[96] Article 79, alinéa 1, du Décret n° 10/22 du 02 juin 2010 portant Manuel de procédures de la loi relative aux Marchés Publics.
[97] Article 79, alinéa 2, du Décret n° 10/22 du 02 juin 2010 portant Manuel de procédures de la loi relative aux Marchés Publics.
[98] Article 81 du Décret n° 10/22 du 02 juin 2010 portant Manuel de procédures de la loi relative aux Marchés Publics.
[99] Article 82 du Décret n° 10/22 du 02 juin 2010 portant Manuel de procédures de la loi relative aux Marchés Publics.

92. Pour faire face à la faible capacité financière qui les caractérise, les entrepreneurs congolais, et particulièrement ceux du secteur privé, feraient mieux de capitaliser leurs maigres moyens dans le cadre d'un groupement d'entreprises en vue de maximiser la chance de pouvoir gagner dans une procédure d'appel à concurrence. Il est évident que le groupement d'entreprises assurerait davantage le niveau de performance dans la passation, tout comme dans l'exécution des Marchés Publics. Une enquête menée récemment fait état de ce que peu d'entrepreneurs congolais du secteur privé prennent part aux procédures d'appel d'offres dans le cadre d'un groupement[100].

Cette enquête a été menée dans le cadre d'un projet visant le renforcement de la capacité des acteurs du secteur privé pour leur compétitivité au processus d'appel à la concurrence en identifiant les points forts et les faiblesses de ces acteurs du secteur privé dans la préparation des soumissions et dans l'exécution des Marchés Publics. Un programme de renforcement des capacités fut élaboré à l'issue de l'enquête et ces entrepreneurs ont bénéficié une formation adéquate sur des modules préparés par l'ARMP avec le concours des consultants internationaux.

III. La préférence nationale et régionale

93. Il est de principe légal que, à conditions égales, une préférence puisse être cependant accordée à un soumissionnaire, personne physique de nationalité congolaise ou personne morale de droit congolais, lors de la passation d'un marché public dans le cadre d'un appel d'offres international.

La préférence est accordée à la soumission présentée, dans l'ordre suivant, par [101]:

- une personne physique de nationalité congolaise ;
- une petite et moyenne entreprise congolaise dont le capital est détenu

[100] Voir Alexis LISIMO SAYA, *RAPPORT DE MISSION (visite de quelques institutions publiques, bancaires et des entreprises de la FENAPEC)*, Kinshasa, mars 2015, page 17. Dans ce rapport, il est noté par exemple que sur 34 entreprises interviewées, une seule reconnaît avoir pris part à la procédure d'appel d'offres dans le cadre d'un groupement et ce, depuis la réforme opérée dans ce secteur des Marchés Publics ; ce qui représente 03% de l'échantillon.

[101] Article 37 de la loi n° 10/010 du 27 avril 2010 relative aux Marchés Publics.

majoritairement par des personnes physiques de nationalité congolaise ou des personnes morales de droit congolais ;

- une personne morale de droit congolais ;
- des groupements d'entreprises associant des entreprises congolaises ou prévoyant une sous-traitance du marché aux nationaux (si, d'une part, la sous-traitance est prévue dans l'offre et, d'autre part, le sous-traitant accepte de concourir et que ses conditions de paiement sont agréées). Il est à noter que la loi admet ici qu'une personne physique étrangère ou une personne morale de droit étranger, justifiant d'une activité économique sur le territoire congolais soit aussi préférée.
- une personne physique étrangère ou une entreprise de droit étranger, ressortissant d'un Etat partie avec la RDC à un traité, un accord ou règlement, aux termes duquel telle préférence lui est reconnue;

Il est cependant reconnu par la loi qu'à cette dernière position, la préférence peut également être accordée à certaines catégories d'entreprises faisant l'objet d'une protection sociale résultant de la législation en vigueur.

§2. LES STRUCTURES INTERVENANT DANS LES MARCHES PUBLICS[102]

94. En application des articles 13 à 15 de la loi relative aux Marchés Publics, le décret n° 10/22 du 02 juin 2010 portant Manuel de procédures de la loi relative aux Marchés Publics dispose, à son article 10, ce qui suit : « *quatre organes interviennent dans le processus de préparation, de passation, de contrôle, d'approbation et d'exécution des Marchés Publics, ces organes étant :*

- *un organe de régulation et de contrôle à postériori : l'Autorité de Régulation des Marchés Publics, ARMP, en sigle ;*
- *un organe de contrôle à priori : la Direction Générale du Contrôle de Marchés Publics, DGCMP, en sigle ;*
- *des Autorités contractantes et Maîtres d'ouvrages délégués dotés des Cellules de Gestion des Projets et des Marchés Publics, CGPMP, en sigle ;*
- *les Autorités approbatrices* ».

[102] Elie NGUEJI NGUEJI, « La nouvelle législation sur les Marchés Publics en République Démocratique du Congo : avancée ou recul ? », in *Cahiers Africains de Droit de l'Homme et de la Démocratie*, n° 37, Volume I, 16ème année, octobre-décembre 2012, pp 93-102.

A. L'AUTORITE DE REGULATION DES MARCHES PUBLICS

95. L'Autorité de Régulation des Marchés Publics est un établissement public à caractère administratif[103] et technique, dont le siège social est établi à Kinshasa[104]. Elle a des organes spécifiques et poursuit les missions qui lui sont confiées par la loi.

I. Les organes de l'ARMP

96. L'ARMP dispose de trois organes statutaires, à savoir :
- le Conseil d'Administration ;
- la Direction Générale ;
- le Collège des Commissaires aux Comptes[105].

Elle dispose, par ailleurs, d'un organe technique dénommé « Comité de Règlement des Différends ». Comme on le verra lors de l'examen du rapport de l'audit effectué, ce dernier organe (le Comité de Règlement des Différends) ne ressort pas des principales structures organiques instituées à l'article 13 du décret organique de l'ARMP, mais plutôt à l'article 12 du décret portant manuel de procédures de la loi relative aux Marchés Publics. On peut donc s'interroger sur l'implication d'une telle disparité entre les deux décrets pris à la même date.

a) Le Conseil d'Administration

97. C'est l'organe de conception, d'orientation, de contrôle et de décision de l'ARMP. Il dispose des pouvoirs les plus étendus pour définir et orienter la politique générale de l'ARMP et évaluer sa gestion dans les limites fixées par ses missions et attributions[106].

98. Le Conseil d'Administration est composé de cinq membres au maximum, en ce compris le Directeur Général. La composition du Conseil

---

[103] Article 1 du Décret n° 10/21 du 02 juin 2010 portant création, organisation et fonctionnement de l'Autorité de Régulation des Marchés Publics.

[104] Article 2, alinéa 1 du Décret n° 10/21 du 02 juin 2010 portant création, organisation et fonctionnement de l'Autorité de Régulation des Marchés Publics.

[105] Article 13 du Décret n° 10/21 du 02 juin 2010 portant création, organisation et fonctionnement de l'Autorité de Régulation des Marchés Publics.

[106] Article 14, alinéa 1, du Décret n° 10/21 du 02 juin 2010 portant création, organisation et fonctionnement de l'Autorité de Régulation des Marchés Publics.

d'Administration tient compte de la représentativité du secteur public, du secteur privé et de la société civile[107].

b) La Direction Générale

99. C'est l'organe de gestion de l'ARMP. A ce titre, elle exécute les décisions du Conseil d'Administration et assure la gestion journalière de l'ARMP. Elle exécute le budget, élabore les états financiers et dirige l'ensemble des services techniques et administratifs.

Elle représente l'ARMP vis-à-vis des tiers. A cet effet, elle a tous les pouvoirs nécessaires pour assurer la bonne marche de l'ARMP et pour agir en toute circonstance en son nom[108].

c) Le Collège des Commissaires aux Comptes

100. Le contrôle des opérations financières de l'ARMP est assuré par un Collège des Commissaires aux comptes. Celui-ci est composé de deux personnes issues de structures professionnelles distinctes et justifiant de connaissances techniques et professionnelles éprouvées[109].

Les commissaires aux comptes ont, en collège ou séparément, un droit illimité de surveillance et de contrôle sur toutes les opérations de l'ARMP. A cet égard, ils ont mandat de vérifier les livres, la caisse, le portefeuille et les valeurs de l'institut, de contrôler la régularité et la sincérité des inventaires et des états financiers ainsi que l'exactitude des informations données sur les comptes de l'ARMP dans les rapports du Conseil d'Administration[110].

L'Autorité de Régulation des Marchés Publics est placée sous la tutelle directe du Premier Ministre.

d) Le Comité de Règlement des Différends

101. Le CDR est tantôt présenté comme un simple organe technique de l'ARMP non inclus parmi ses structures organiques, tantôt il est repris parmi les principales structures organiques (voir *supra,* n°96). Son existence tire

[107] Article 15, alinéas 1 et 2, du Décret n° 10/21 du 02 juin 2010 portant création, organisation et fonctionnement de l'Autorité de Régulation des Marchés Publics.
[108] Article 25 du Décret n° 10/21 du 02 juin 2010 portant création, organisation et fonctionnement de l'Autorité de Régulation des Marchés Publics.
[109] Article 44, alinéa 1, du Décret n° 10/21 du 02 juin 2010 portant création, organisation et fonctionnement de l'Autorité de Régulation des Marchés Publics.
[110] Article 45, alinéa 1, du Décret n° 10/21 du 02 juin 2010 portant création, organisation et fonctionnement de l'Autorité de Régulation des Marchés Publics.

fondement juridique dans un autre décret pris à la même date, celui portant création de l'ARMP. Nous passerons en grands traits, les règles et les délais de procédure devant cette administration à compétence contentieuse.

1. Fondement juridique et l'objet du CRD

102. Comme dit ci-dessus, cet organe technique trouve son fondement juridique dans les prescrits de l'article 49 du Décret créant l'ARMP qui dispose que « *l'ARMP est dotée d'un organe technique chargé de remplir les missions et les attributions lui dévolues par les articles 4 à 9 du présent décret dénommé « Comité de Règlement des Différends* ».

Le Comité de Règlement des Différends est chargé de recevoir les dénonciations des irrégularités relatives au processus d'attribution ou d'exécution des Marchés Publics et délégations de service public. Il siège soit comme commission des litiges pour examiner les différends nés à l'occasion de la passation ou de l'exécution des Marchés Publics, soit comme commission disciplinaire pour statuer sur les cas de violation de la législation. Si les cas dénoncés constituent une infraction, l'ARMP peut saisir les juridictions compétentes.

Il est tout de même étonnant de constater que cet organe, purement technique, qui n'est pas expressément repris parmi les structures mentionnées à l'article 12 du décret organique de l'ARMP, soit en outre élevé au rang de ces structures par un autre décret, celui portant Manuel de procédures de la loi sur les Marchés Publics.

2. Règles et délai de procédure devant le CRD

103. Il est admis que tout candidat s'estimant injustement évincé des procédures de passation des Marchés Publics ou des délégations de service public puisse introduire une réclamation auprès de la Personne Responsable du Marché (PRM). Le requérant doit exercer son droit de recours dans le respect de délais légaux. « *Ce recours est exercé dans les cinq jours ouvrables à compter de la publication de la décision d'attribution provisoire du marché ou de la délégation du service public ou, au plus tard, dans les cinq jours calendrier précédant la date limite fixée pour le dépôt des candidatures ou des soumissions. Un tel recours , exercé pendant le délai d'attente, a pour effet de suspendre la procédure d'attribution jusqu'à la décision définitive de l'autorité contractante ou éventuellement du Comité de Règlement des Différends institué au sein de l'Autorité de Régulation des*

Marchés Publics en cas d'appel de la décision rendue par l'autorité contractante »[111].

104. La décision de la PRM, devant être rendue dans les cinq jours ouvrables, peut toujours être contestée devant son autorité hiérarchique avec possibilité, pour le requérant, d'adresser une copie de sa requête à l'ARMP. Et, l'autorité contractante doit, à son tour, réserver copie de sa réponse également à l'ARMP. L'appel peut être relevé contre la décision de l'autorité contractante devant le CRD dans les délais impartis au requérant ; le CRD est lui-même tenu de respecter les délais pour trancher sur le recours dont il est saisi.

2.1. Délais impartis au requérant

105. Devant le CRD, le candidat ou le soumissionnaire évincé introduit son recours dans les trois jours ouvrables à compter de la réception de la réponse lui réservée par l'autorité contractante ou à l'expiration du délai de cinq jours reconnu à cette autorité pour répondre au recours gracieux.

Ce recours a pour effet, la suspension de la procédure de passation du marché sur décision du CRD si ce dernier estime que le recours dont il est saisi est recevable. Mais, si l'autorité contractante certifie que l'attribution du marché doit être poursuivie immédiatement en invoquant des raisons tenant à la protection des intérêts essentiels de l'Etat ou résultant des situations d'urgence impérieuse liée à une catastrophe naturelle ou technologique, l'effet suspensif devient inopérant. C'est ce qui ressort de l'article 157 du décret portant manuel de procédures de la loi relative aux Marchés Publics.

2.2. Délais impartis au CRD

106. Le CRD doit rendre sa décision dans les quinze (15) jours ouvrables, à compter de la réception du recours ; faute de quoi, l'attribution du marché ne peut plus être suspendue. Cette décision est définitive et opposable à toutes les parties avec un effet immédiatement exécutoire. Cela ressort de l'article 158 du décret portant manuel de procédures de la loi relative aux Marchés Publics.

---

[111] Article 155 du Décret 10/22 du 02 juin 2010 portant Manuel de procédures de la loi relative aux Marchés Publics.

107. L'annexe 1 au décret précité, qui fait corps avec ce dernier décret, décrit les étapes de la procédure devant le CRD et suivant un calendrier préétabli. A considérer que J soit le jour de l'introduction du recours qui se fait par « ***envoi d'un mémoire au Comité de Règlement des Différends par lettres recommandées avec accusé de réception, ou déposé contre récépissé*** », entre J et J+15, le CRD doit procéder à l' «***audition du titulaire et de la personne responsable du marché ou leurs représentants et de toute personne utile*** ».

Une prorogation de 15 jours est admise, c'est-à-dire ce délai peut être porté à J+30 aux fins de la « ***notification de la décision du Comité de Règlement des Différends aux parties*** ».

II. Les missions de l'ARMP

108. Selon les prescrits de l'article 4 du Décret créant l'ARMP, celle-ci a pour mission d'assurer, en République Démocratique du Congo, la régulation du système de passation des Marchés Publics et des conventions de délégations de service public.

Elle est notamment chargée de :

- émettre des avis conformes, des propositions ou des recommandations dans le cadre de la définition des politiques, de l'élaboration ou de la mise à jour de la législation en matière des Marchés Publics et des délégations de service public. A ce titre, l'ARMP jouit de la prérogative exclusive de validation et de mise à jour de la législation et de tous les documents standards relatifs aux Marchés Publics et aux délégations de service public, qu'elle soumet à l'autorité compétente ;
- conduire des réformes pour la modernisation des procédures et des outils de passation des Marchés Publics et des délégations de service public ;
- examiner les recours et procéder au règlement non juridictionnel des litiges survenus à l'occasion de la passation ou de l'exécution des Marchés Publics et des délégations de service public ;
- promouvoir la mise en œuvre, par l'ensemble des acteurs de la commande publique, des dispositifs d'éthique et des pactes d'intégrité visant à proscrire la corruption ;
- assurer, par des audits indépendants, le contrôle à postériori des procédures de passation des Marchés Publics et des délégations de service public et prendre, le cas échéant, des sanctions à l'endroit des violations avérées de la réglementation en la matière ;

- procéder à des missions de suivi et d'évaluation périodique en tenant compte des indicateurs de performance en matière de passation, de contrôle et d'exécution des Marchés Publics et de délégations de service public ;
- assurer l'information et la formation de l'ensemble des acteurs de la commande publique, le développement du cadre professionnel et l'évaluation des performances des acteurs du système de passation, de contrôle et d'exécution des Marchés Publics et de délégations de service public ;
- assister, en tant qu'organe de liaison, les organisations internationales régionales, dans le cadre de la surveillance des procédures de passation des Marchés Publics ou de délégations de service public.

B. LA DIRECTION GENERALE DU CONTROLE DES MARCHES PUBLICS

109. La Direction Générale du Contrôle des Marchés Publics est un service public, doté de l'autonomie administrative et financière[112] qui est placée sous l'autorité directe du Ministère ayant le Budget dans ses attributions[113]. Elle comprend, elle aussi, des organes spécifiques et il lui est assigné des missions tout aussi spécifiques.

I. Organes de la DGCMP

110. La DGCMP est composée des structures suivantes :
- un Directeur Général ;
- un Comité de Direction ;
- des Commissions Spécialisées ;
- une Direction de la Réglementation et des Etudes ;
- une Direction Administrative et Financière.

II. Missions de la DGCMP

111. La Direction Générale du Contrôle des Marchés Publics est chargée du contrôle à priori de la procédure de passation des Marchés Publics

[112] Article 1er du Décret n° 10/27 du 28 juin 2010 portant création, organisation et fonctionnement de la Direction Générale du Contrôle des Marchés Publics.

[113] Article 2 du Décret n° 10/27 du 28 juin 2010 portant création, organisation et fonctionnement de la Direction Générale du Contrôle des Marchés Publics.

conformément aux seuils réglementaires. A ce titre, elle est chargée, notamment, de :

- émettre un avis de non objection (ANO) sur les dossiers d'appel à la concurrence, notamment sur les dossiers de pré qualification et de présélection, les dossiers d'appel d'offres et les demandes de propositions, avant le lancement de l'appel à la concurrence et la publication correspondante ainsi que sur leurs modifications éventuelles ;
- accorder les autorisations et les dérogations nécessaires à la demande des Autorités contractantes lorsqu'elles sont prévues par la loi relative aux Marchés Publics ;
- émettre un avis de non objection sur le rapport d'analyse des offres et des propositions ainsi que sur le procès-verbal d'attribution provisoire des marchés, élaborés par la commission de passation des marchés ;
- procéder à un examen juridique et technique du projet de marché avant d'émettre son avis de non objection et, au besoin, adresser à l'autorité contractante toute demande d'éclaircissement ou de modification, afin de garantir la conformité du marché avec le dossier d'appel d'offres et la réglementation en vigueur ;
- émettre un avis de non objection sur un projet d'avenant[114].

C. LA CELLULE DE GESTION DES PROJETS ET DES MARCHES PUBLICS

112. L'article 1er du décret n° 10/32 du 28 décembre 2010 portant création, organisation et fonctionnement de la Cellule de Gestion des Projets et des Marchés Publics dispose qu'« *il est institué auprès de chaque autorité contractante, conformément à la loi n°10/010 du 27 avril 2010 relative aux Marchés Publics, une structure dénommée Cellule de gestion des projets et des Marchés Publics. La Cellule de gestion des projets et des Marchés Publics est placée sous l'autorité de la personne responsable des projets et des Marchés Publics, telle que définie par la loi relative aux Marchés Publics*».

Cette cellule est constituée en organes et est dotée des missions particulières.

[114] Article 3, alinéa 2, du Décret n° 10/27 du 28 juin 2010 portant création, organisation et fonctionnement de la Direction Générale du Contrôle des Marchés Publics.

I. Organes de la CGPMP

113. Chaque cellule de gestion des projets et des Marchés Publics est composée de deux organes :

- une Commission de passation des marchés ; et
- un Secrétariat permanent qui assure la gestion technique, administrative et financière de la CGPMP.

II. Missions de la CGPMP

114. La Cellule de gestion des projets et des Marchés Publics est chargée de la conduite de l'ensemble de la procédure de gestion des projets et de la passation des Marchés Publics et des délégations de service public[115].

115. Pour la gestion des projets, elle s'occupe de :

- l'identification des projets à la suite des besoins exprimés par les services bénéficiaires ;
- la rédaction des termes de référence pour les marchés de prestations intellectuelles ;
- suivre l'exécution des marchés d'études techniques préalables à la procédure de passation des marchés de travaux, de fournitures et de services;
- définir, dans le cadre des études, les spécifications techniques en collaboration avec les services techniques compétents, conformément aux documents standards en vigueur;
- suivi de l'exécution des marchés de travaux, de fournitures et de services consécutifs à la procédure de passation des marchés;
- l'organisation et dirige la réception des ouvrages, des fournitures et des services, objet desdits marchés à la fin de leur exécution.

116. Pour la gestion et l'exécution des marchés, elle est chargée de :

- planifier les Marchés Publics et les délégations de service public ;
- élaborer en collaboration avec les directions bénéficiaires, les plans de passation des marchés ;
- s'assurer de la réservation des crédits budgétaires et du financement destinés à couvrir le marché public ou la délégation de service public envisagé auprès des ministères intervenant dans la chaîne de la dépense publique ;
- déterminer la procédure et le type de marché à conclure ;

---

[115] Article 2 du Décret n° 10/32 du 28 décembre 2010 portant création, organisation et fonctionnement de la Cellule de Gestion des Projets et des Marchés Publics.

- élaborer, à l'aide des documents standards et des éléments d'études techniques et des termes de référence, les dossiers de pré qualification, d'appel d'offres et les demandes de propositions ;
- lancer les appels à la concurrence ;
- recevoir les offres, les enregistrer et procéder à leur évaluation et à leur classement ;
- rédiger les projets de contrats et, le cas échéant, leurs avenants ;
- participer à la réception des ouvrages, des fournitures et des services, objet desdits marchés ;
- tenir le registre de suivi d'exécution des Marchés Publics et des délégations de service public ;
- rédiger les rapports sur la passation et l'exécution des marchés pour l'autorité contractante et les transmettre à la Direction Générale du Contrôle des Marchés Publics et à l'Autorité de régulation des Marchés Publics.

D. LES AUTORITES APPROBATRICES

117. Parlant des seuils d'approbation (*voir supra*, n° 87), nous avons déjà évoqué les différentes autorités habilitées à approuver les contrats de Marchés Publics et de délégations de service public passés par appel d'offres, eu égard à l'importance de chaque marché. C'est l'article 20 du décret n° 10/22 du 02 juin 2010 portant manuel de procédures de la loi relative aux Marchés Publics qui institue ce contrôle en ces termes : « *les contrats des Marchés Publics et des délégations de service public font l'objet d'une approbation conformément au décret fixant les modalités d'approbation des Marchés Publics et des délégations de service public*".

Conformément au décret susmentionné, le refus d'approbation des marchés est notifié à l'autorité contractante dans un délai ne dépassant pas dix jours calendaires. L'acte d'approbation valide les marchés et leur confère le caractère définitif et exécutoire. A défaut d'une décision expresse d'approbation dans un délai de 10 jours calendrier, le silence de l'autorité approbatrice vaut acceptation.

118. Les Marchés Publics et les délégations de service public font l'objet d'une approbation par les autorités suivantes :
- ***le Premier Ministre,*** pour tous les marchés conclus à l'issue des appels d'offres internationaux et les marchés conclus par le Ministre ayant le Budget dans ses attributions ;
- ***le Ministre ayant le Budget dans ses attributions,*** pour tous les marchés conclus à l'issue des appels d'offres nationaux ;

- ***les Ministres de tutelle,*** pour les marchés conclus par les entreprises et établissement publics, à l'issue des appels d'offres nationaux.

Chapitre II

LA MISE EN ŒUVRE DE LA LEGISLATION ET DE LA REGLEMENTATION EN MATIERE DE PASSATION DES MARCHES PUBLICS

119. Pris en exécution de la loi relative aux Marchés Publics, le décret n° 10/21 du 02 juin 2010 crée et fixe les règles d'organisation et de fonctionnement de l'ARMP.

Au nombre de ses missions, cet établissement public de l'Etat est chargé, entre autres, *«d'assurer, par des audits indépendants, le contrôle à postériori des procédures de passation des Marchés Publics et des délégations de service public et prendre, le cas échéant, des sanctions à l'endroit des violations avérées de la réglementation en la matière »*[116]. Il lui appartient à cet effet « *de commander, à la fin de chaque exercice budgétaire, un audit indépendant sur un échantillon aléatoire de Marchés Publics et conventions de délégations de service public »*[117].

120. L'audit permet ainsi de contrôler la mise en œuvre de la législation et de la réglementation en matière de passation, d'exécution et de contrôle des Marchés Publics et conventions de délégation de service public[118]. Cette mise en œuvre de la législation en matière des Marchés Publics est traduite par la production effective d'un cadre normatif (loi et règlements) et par la mise au point d'un dispositif institutionnel adéquat (section 1) ; mais aussi et surtout elle devrait se traduire par le respect dû, par les différents acteurs de la commande publique, à l'égard des normes ainsi édictées (section 2).

---

[116] Voir l'article 4, alinéa 2, point 5, du Décret n° 10/21 du 02 juin 2010 portant création, organisation et fonctionnement de l'Autorité de Régulation des Marchés Publics.

[117] Voir l'article 7, point 5, du Décret n° 10/21 du 02 juin 2010 portant création, organisation et fonctionnement de l'Autorité de Régulation des Marchés Publics.

[118] Voir l'article 7, point 4, du Décret n° 10/21 du 02 juin 2010 portant création, organisation et fonctionnement de l'Autorité de Régulation des Marchés Publics.

SECTION 1. EFFECTIVITE DES CADRES NORMATIF ET INSTITUTIONNEL

121. La loi sur les Marchés Publics prévoit un tas des textes devant intervenir, soit pour édicter des règles spécifiques applicables, soit pour créer et organiser les différentes institutions en cette matière. Une étude prophylactique permet de se faire une nette opinion sur la production effective de ces textes afin de situer le niveau déjà atteint (§1) ; mais, il convient aussi d'examiner le niveau atteint dans la mise en place des différentes institutions devant intervenir dans la chaîne d'opérations de passation, de contrôle et d'exécution des Marchés Publics (§2).

§1. LE CADRE NORMATIF

122. L'on insistera pas assez sur la loi relative aux Marchés Publics en exécution de laquelle il est permis de distinguer une série d'actes réglementaires ou individuels déjà édictés par le Premier Ministre ou par le Président de la République (A) de divers autres documents standards qui s'avèrent indispensables dans les opérations relatives aux Marchés Publics (B).

A. LES ACTES LEGISLATIF ET REGLEMENTAIRES D'EXECUTION DE LA LOI SUR LES MARCHES PUBLICS

123. S'agissant des textes législatif et réglementaires (mais aussi des textes non réglementaires ou individuels), mentionnons notamment :

- la loi n° 10/010 du 27 avril 2010 relative aux Marchés Publics ;
- le décret n° 10/21 du 02 juin 2010 portant création, organisation et fonctionnement de l'Autorité de Régulation des Marchés Publics ;
- le décret n° 10/22 du 02 juin 2010 portant manuel de procédures de la loi relative aux Marchés Publics ;
- le décret n°10/27 du 28 juin 2010 portant création, organisation et fonctionnement de la Direction Générale de Contrôle des Marchés Publics ;
- le décret n° l0/32 du 28 décembre 2010 portant création, organisation et fonctionnement de la Cellule de Gestion des Projets et des Marchés Publics;
- le décret n° 10/33 du 28 décembre 2010 fixant les modalités d'approbation des Marchés Publics et des délégations de service public ;
- le décret n° 10/34 du 28 décembre 2010 fixant les seuils de passation, de contrôle et d'approbation des Marchés Publics.

124. Par ailleurs, le dispositif institutionnel qui découle de l'application de ces textes est matérialisé par les actes administratifs individuels et particuliers, notamment :

- l'ordonnance n° 10/073 du 30 octobre 2010 portant nomination du Conseil d'administration de l'ARMP ;
- l'ordonnance n° 11/024 du 24 mars 2011 portant nomination de la Direction générale (dont le Directeur général et le Directeur général adjoint) ;
- le décret n° 12/027 du 25 juillet 2012 portant nomination des membres du Comité de Règlement des Différends;
- l'arrêté n° 001/CAB/MIN/BUDGET/2011 du 10 mars 2011 portant mise en place des organes de la DGCMP ;
- l'arrêté n° 002/CAB/MIN/BUDGET/2011 du 10 mars 2011 portant mise en place des délégués du Ministère du Budget dans les cellules ministérielles pilotes de gestion des projets et de Marchés Publics.

1. la création, l'organisation et le fonctionnement de l'ARMP

125. La régulation des Marchés Publics est assurée par une institution chargée notamment du contrôle à postériori des Marchés Publics et de délégations de service public, de l'audit, de la formation et du renforcement des capacités. La création, l'organisation et le fonctionnement de cette institution sont fixés par décret du Premier Ministre délibéré en Conseil des ministres[119].

Le décret visé par l'article 14 de la loi sur les Marchés Publics a été pris par le Premier Ministre le 02 juin 2010. Un décret de 78 articles, qui crée l'ARMP, fixe son organisation et son fonctionnement. L'ARMP est un établissement public placé sous la tutelle administrative et financière du Premier Ministre dont les modalités sont prévues aux articles 59 à 63 de ce décret.

2. Le manuel de procédures d'application de Marchés Publics

126. Un autre décret de 205 articles, pris à la même date du 02 juin 2010, précise les différentes procédures relatives à l'application de la loi relative aux Marchés Publics. A ce manuel de procédures sont annexés sept (07) autres documents d'importance aussi capitale. Il s'agit de :

- ***Annexe 1 au décret n°10/22 du 02/06/2010.*** C'est un document fixant un calendrier-type et les étapes de procédures devant le

[119] Article 14 de la loi n° 10/010 du 27 avril 2010 relative aux Marchés Publics.

Comité de Règlement des Différends, organe créé au sein de l'ARMP par l'article 49 du décret organique. Dans sa seconde partie, il décrit le mode de règlement du litige eu égard à l'autorité contractante ou au MOD, partie au contrat. Ce document propose également d'autres modes alternatifs de règlement du litige en matière des Marchés Publics, notamment l'arbitrage devant la Cour commune de justice et d'arbitrage de l'OHADA ainsi que la possibilité de transaction ;

- ***Annexe 2 au décret n°10/22 du 02/06/2010***. Cette annexe propose le document-modèle d'une décision d'éliminer les offres non conformes, devant être établi par la Personne responsable des marchés ou son représentant ;
- ***Annexe 3 au décret n°10/22 du 02/06/2010***. Elle propose le document-modèle d'une décision d'attribution provisoire des marchés, devant être établi également par la Personne responsable des marchés ou son représentant ;
- ***Annexe 4 au décret n°10/22 du 02/06/2010.*** Il s'agit du document-modèle d'une décision portant déclaration d'infructuosité d'un appel d'offres, à établir aussi par la Personne responsable des marchés ou son représentant ;
- ***Annexe 5 au décret n°10/22 du 02/06/2010.*** C'est un document-modèle d'une lettre d'information à un candidat non retenu, signée par la même autorité, c'est-à-dire par la Personne responsable des marchés ou par son représentant ;
- ***Annexe 6 au décret n°10/22 du 02/06/2010.*** Cette annexe propose le document-modèle du registre des dépôts d'offres tenu par chaque Autorité contractante à travers un Responsable chargé de l'enregistrement ;
- ***Annexe 7 au décret n°10/22 du 02/06/2010.*** Elle présente le document-modèle de procès-verbal d'ouverture des plis, qui doit contenir aussi les observations écrites de la PRM.

127. Etant des documents signés par les autorités compétentes et régulièrement annexés au décret portant manuel de procédures de la loi relative aux Marchés Publics, ces documents devront être considérés comme faisant partie intégrante du décret, avec la conséquence juridique que l'interprétation de certaines dispositions dudit décret doit se faire à la suite d'une lecture combinée de ces dispositions avec les directives contenues dans ces annexes.

3. La création, l'organisation et le fonctionnement de la DGCMP

128. L'autre décret est celui n° 10/27 du 28 juin 2010. Ce dernier crée la DGCMP, en fixe les règles d'organisation et de fonctionnement. Il s'agit d'un service public, certes, doté de l'autonomie administrative et financière, mais il est rattaché au Ministère ayant le Budget dans ses attributions.

4. La création, l'organisation et le fonctionnement de la CGPMP

129. Le décret n° 10/32 du 28 décembre 2010 institue auprès de chaque Autorité contractante une Cellule de Gestion des Projets et des Marchés Publics. C'est un acte de 29 articles qui n'a fait que poser quelques directives réglementaires à suivre. Il appartient à chaque autorité contractante d'assurer la mise en mouvement de cette cellule à l'interne, laquelle doit comprendre deux organes prévus : une Commission de passation des marchés et un Secrétariat permanent.

5. Les modalités d'approbation des Marchés Publics et des délégations de service public

130. Les contrats de Marchés Publics et de délégations de service public sont approuvés par une autorité compétente selon les modalités fixées par décret du Premier Ministre délibéré en Conseil des ministres[120].

Le décret dont il est question est celui portant le n° 10/33 du 28 décembre 2010. Il comprend 18 articles. Il y est donné la définition de l'approbation, c'est-à-dire « *l'acte par lequel l'autorité compétente valide la décision d'attribution du marché ou de la délégation de service public prise par l'autorité contractante postérieurement à l'avis favorable de la Direction Générale du Contrôle des Marchés Publics* »[121]. Il s'ensuit que c'est cet acte qui confère un caractère définitif et exécutoire au marché et à la délégation de service public signé par l'attributaire[122].

131. L'autorité approbatrice peut ou ne pas accorder l'approbation sollicitée, par une décision motivée. En cas d'une décision d'approbation, celle-ci est notifiée à l'autorité contractante qui, après avoir accompli les formalités nécessaires d'enregistrement auprès de l'autorité de régulation, doit notifier

---

[120] Article 15 alinéa 1, de la loi n° 10/010 du 27 avril 2010 relative aux Marchés Publics.

[121] Article 2, alinéa 1, du décret n° 10/33 du 28 décembre 2010 fixant les modalités d'approbation des Marchés Publics et des délégations de service public.

[122] Article 2, alinéa 2, du décret n° 10/33 du 28 décembre 2010 fixant les modalités d'approbation des Marchés Publics et des délégations de service public.

le marché ou la délégation de service public à son titulaire avant tout commencement d'exécution. Cette notification se fait dans les trois jours calendaires suivant la date de signature de l'acte d'approbation par l'autorité compétente et marque ainsi l'entrée en vigueur du marché.

132. Le délai de notification fixé à l'article 11, alinéa 2, du décret n° 10/33 du 28 décembre 2010 et qui s'impose à l'autorité contractante ne devait pas logiquement courir à la date de signature de l'acte d'approbation par l'autorité approbatrice car, il peut se passer quelques événements entre cette date de signature et celle à laquelle l'autorité contractante est effectivement notifiée de cette décision (précisément la date de réception de la lettre de notification). Il aurait été mieux que ce délai court plutôt, à l'égard de l'autorité contractante, à compter de la date de réception de la notification qui lui est servie par l'autorité approbatrice.

133. A titre de rappel, les Marchés Publics et les délégations de service public sont approuvés, selon le cas, par le Premier Ministre, par le ministre ayant le budget dans ses attributions et par le Ministre de tutelle concernant les entreprises et les établissements publics (voir *supra*, n° 87).

6. La fixation des seuils de passation, de contrôle et d'approbation des marchés publics

134. Le dernier acte en date pris par le Premier ministre dans le cadre de son pouvoir réglementaire d'exécution de la loi sur les Marchés Publics se trouve être le décret n° 10/34 du 28 décembre 2010 fixant les seuils de passation, de contrôle et d'approbation des Marchés Publics.
Les seuils fixés déterminent entre autres, la possibilité de recours à un mode précis pour la passation d'un marché public ou d'une délégation de service public. S'agissant de tel ou tel autre type de marché, ces seuils déterminent, selon les cas, les hypothèses dans lesquelles un contrôle à priori est de mise ou les hypothèses dans lesquelles l'approbation de l'autorité compétente est obligatoire.

B. LES DOCUMENTS STANDARDS

135. L'ARMP a élaboré plusieurs documents standards dont la plupart sont une adaptation, à l'environnement juridique de la République Démocratique du Congo, des modèles de documents-types élaborés par la Banque Mondiale. Cela relève de ses missions qu'elle tient de l'article 4.1 du décret organique qui lui attribue une prérogative exclusive de validation et de mise à jour de la législation et de tous les documents standards relatifs aux Marchés Publics et aux délégations de service public qu'elle soumet à l'autorité compétente.

136. Ces documents standards sont importants car, ils facilitent l'accomplissement et le déroulement des opérations des Marchés Publics et favorisent une certaine uniformisation dans le remplissage desdits documents par les différentes autorités contractantes. Il s'agit :

- de la décision-type pour la création, l'organisation et le fonctionnement de la Cellule de Gestion des Projets et des Marchés Publics ;
- du document standard de pré qualification;
- du dossier-type de demande des cotations pour les marchés de fournitures et de services d'un montant inférieur à 50 millions de Francs congolais;
- des dossiers-types d'appel d'offres pour les marchés de prestations intellectuelles ;
- du document-type d'appel d'offres pour la passation des marchés de fournitures et de services d'un montant compris entre 50 et 100 millions de Francs congolais ;
- du dossier-type d'appel d'offres pour la passation des marchés de travaux d'un montant compris entre 50 et 200 millions de Francs congolais;
- du dossier-type de demande de propositions pour la passation des marchés de prestations intellectuelles d'un montant compris entre 20 et 50 millions de Francs congolais;
- du dossier-type de demande de propositions pour la passation des marchés de prestations intellectuelles;
- du guide d'évaluation des offres pour les marchés de fournitures ou de travaux;
- du dossier-type d'appel d'offres utilisé pour la passation de marchés de fournitures;
- du dossier-type d'appel d'offres utilisé pour la passation de marchés de travaux ;
- du projet d'édit portant organisation de la passation des marchés et des délégations de service public en province et dans les entités territoriales décentralisées ;
- des modèles de plan de passation de Marchés Publics.

Chaque document standard poursuit un objectif ou des objectifs spécifiques qu'il sied de présenter l'un après l'autre.

1. La décision-type pour la création, l'organisation et le fonctionnement de la Cellule de Gestion des Projets et des Marchés Publics

137. Chaque autorité contractante est appelée à créer, en son sein, une Cellule de Gestion des Projets et des Marchés Publics. Il est élaboré à cet effet un modèle de décision-type portant création, organisation et fonctionnement de cette Cellule de Gestion des Projets et des Marchés Publics au sein des sociétés d'Etat, des établissements et des services publics.

C'est un document disponible dans le portail de l'ARMP et qui doit être adapté par chaque autorité contractante.

2. Le document standard de pré-qualification

138. C'est un document prévu pour la passation des marchés de travaux importants ou complexes, de fournitures de matériels devant être fabriqués sur commande, ou de services spécialisés. Il contient deux annexes dont la première (annexe A) constitue une note explicative, une sorte de guide qui explique les motifs de certaines clauses et fournit des conseils à l'intention des Autorités contractantes et de leurs bureaux d'études pour la préparation de divers questionnaires de pré-qualification et l'évaluation des dossiers de candidatures. Cette annexe A n'est pas à reprendre dans le dossier à adresser aux candidats.

La seconde annexe (annexe B) reprend le rapport de l'évaluation des dossiers de candidatures à établir par l'Autorité contractante aux fins de notification aux candidats pré qualifiés. Ce modèle de rapport n'est pas non plus à adresser aux candidats.

3. Le dossier-type de demande des cotations pour les marchés de fournitures et de services d'un montant inférieur à 50 millions de Francs congolais

139. Préparé à l'intention des Autorités contractantes, ce document est conçu pour la passation des marchés de fournitures et des services par consultation des fournisseurs (à l'échelon international ou national). En vue d'une constitution classique du dossier de consultation, cette demande-type de cotation comprend les pièces suivantes :

- la lettre de demande de cotation;
- les instructions aux fournisseurs;
- le modèle de cotation;
- le bordereau descriptif et quantitatif des fournitures;
- le modèle de lettre de marché et
- le modèle de tableau de comparaison des offres.

140. Les agents de la Cellule de Gestion des Projets et des Marchés Publics de l'Autorité contractante doivent prendre soin de compléter la lettre de demande de cotation et d'indiquer les spécifications techniques ainsi que les quantités des biens ou services, objet du marché, dans le bordereau descriptif et quantitatif.

4. Les dossiers-types d'appel d'offres pour les marchés de prestations intellectuelles

141. Ces dossiers-types ont pour objet de faciliter la préparation du rapport d'évaluation des propositions par l'Autorité contractante dans le cadre de la sélection des prestataires dans les marchés de prestations intellectuelles visés par l'article 11 de la loi n°10/010 du 27 avril 2010 relative aux Marchés Publics.

142. L'évaluation est faite conformément aux critères définis dans la demande de propositions par des évaluateurs qualifiés. Le rapport y relatif comprend cinq parties :

- un relevé des conclusions de l'évaluation des propositions techniques ;
- le rapport d'évaluation des propositions techniques, composé de divers formulaires;
- un relevé des conclusions de l'évaluation des offres financières ;
- le rapport d'évaluation des offres financières, composé de divers formulaires ;
- les annexes, constituées des évaluations individuelles et des évaluations individuelles du Personnel clé.

Le formulaire repris dans ces documents peut être utilisé pour tous les modes de sélections pratiquées: sélection fondée sur la qualité technique et le coût (sélection qualité - coût), sélection fondée sur la qualité technique, sélection dans le cadre d'un budget déterminé, ou sélection au moindre coût. Bien qu'il s'applique principalement à la sélection qualité-coût, chacune de ces sections indique, au moyen d'une note, les données et les formulaires à fournir pour les autres modes de sélection.

143. En vue de permettre le contrôle à priori par la DGCMP, l'Autorité contractante doit soumettre, le plus rapidement possible et conformément aux seuils de contrôle réglementaires, les demandes de propositions ou d'attribution, le rapport d'évaluation des offres et le procès-verbal d'attribution provisoire à cette autorité de contrôle. Elle doit le faire dans un délai suffisant avant l'expiration de la période de validité des propositions. Et, dès que l'Autorité contractante approuve la proposition d'attribution provisoire du marché, elle doit publier un avis d'attribution en utilisant le modèle lui communiqué par l'Autorité de Régulation des Marchés Publics. La publication d'un tel avis ouvre le délai de recours prévu à l'article 74 de la loi n°10/010 du 27 avril 2010 relative aux Marchés Publics. Les candidats dont les offres n'ont pas été retenues peuvent demander des explications à la personne responsable du marché de l'Autorité contractante en vertu de l'article 73 de la loi n°10/010 du 27 avril 2010 relative aux Marchés Publics.

5. Le document-type d'appel d'offres pour la passation des marchés de fournitures et de services d'un montant compris entre 50 et 100 millions de Francs congolais

144. Ce document-type d'appel d'offres est une version simplifiée préparée à l'intention des Autorités contractantes pour la passation des marchés de fournitures et des services courants par appel d'offres ouvert ou restreint, pour des marchés dont la valeur est comprise entre 50 et 100 millions de Francs congolais.

Il existe une autre version pour les marchés d'une valeur estimée supérieure à ce seuil et qui doit être utilisée à cette fin. Ce dossier standard comprend les pièces suivantes :

- l'Avis public d'appel d'offres ;
- les instructions aux candidats ;
- le modèle de soumission ;
- le modèle de bordereau descriptif et quantitatif ;
- le modèle de description technique des fournitures ou des services ;
- le modèle du formulaire de qualification ;
- le modèle de contrat ;
- le modèle de l'engagement à respecter les dispositions du Code en matière d'éthique.

145. L'Autorité contractante doit compléter avec soin l'Avis public d'appel d'offres ; elle doit aussi indiquer les quantités dans le bordereau descriptif et quantitatif, les spécifications techniques et les exigences de qualification dans les formulaires correspondants.

6. Le dossier-type d'appel d'offres pour la passation des marchés de travaux d'un montant compris entre 50 et 200 millions de Francs congolais

146. Ce Document type d'appel d'offres est également une version simplifiée préparée à l'intention des Autorités contractantes pour la passation des marchés de travaux par appel d'offres ouvert ou restreint, lorsque la valeur de ces marchés est estimée entre 50 et 200 millions de Francs congolais.

Le dossier standard dans la passation de marchés au seuil ci-dessus comprend les pièces suivantes :

- l'Avis public d'appel d'offres ;
- les instructions aux soumissionnaires ;
- les modèles de lettre de soumission et annexes ;
- le cahier des clauses administratives ;
- le modèle de Bordereau des prix unitaires (dans le cas d'un marché à prix unitaires) ou de devis estimatifs (dans le cas d'un marché à prix forfaitaires) ;
- les prescriptions techniques et plans (à préparer au cas par cas).

147. Il est entendu que tous ces documents constitutifs du dossier d'appel d'offres sont à remplir avec le plus grand soin par l'Autorité contractante, qui choisit entre le marché à prix unitaires et celui à prix forfaitaires, en fonction du degré de détail fourni par les études techniques. L'option des marchés à prix forfaitaires est conseillée pour les ouvrages simples et pour lesquels les quantités de travaux à réaliser sont facilement prévisibles et peu susceptibles de variation en cours d'exécution. Dans le cas contraire, le choix de marchés à prix unitaires est préférable. Dans ce dernier cas, les Cellules de Gestion des Projets et des Marchés Publics sont invitées à faire préparer les études techniques détaillées par un consultant adéquat.

7. Le dossier-type de demande de propositions pour la passation des marchés de prestations intellectuelles d'un montant compris entre 20 et 50 millions de Francs congolais

148. Le dossier-type de demande de Propositions (DTP) est aussi une version simplifiée préparée à l'intention des Autorités contractantes pour la passation de marchés de prestations intellectuelles, par appel d'offres ouvert ou restreint, pour des marchés dont la valeur est comprise entre 20 et 50 millions de Francs congolais. Il existe une version plus complète en cas de passation de ces marchés dont la valeur est supérieure au seuil retenu ici.

8. Le dossier-type de demande de propositions pour la passation des marchés de prestations intellectuelles

149. Ce dossier-type de Demande de Propositions Standard (DPS) pour la passation des marchés de prestations intellectuelles reprend, en les adaptant à l'environnement juridique de la République démocratique du Congo, les modèles des documents types élaborés par la Banque mondiale pour la passation des marchés de consultants, lesquels constituent la référence en la matière, notamment pour les pays en programme avec cette dernière institution.

9. Le guide d'évaluation des offres pour les marchés de fournitures ou de travaux

150. Le guide d'évaluation des offres a pour objectif d'aider les responsables de Cellules de Gestion des Projets et des Marchés Publics à évaluer les offres des travaux, des fournitures et des services courants, en se conformant aux dispositions de la loi relative aux Marchés Publics et à son Manuel de procédures ainsi qu'aux divers autres textes d'application. Il concerne aussi bien les offres présentées sur Appel d'Offres International (AOI) que celles par Appel d'Offres National (AON), que cet appel d'offres soit ouvert ou restreint, qu'il soit soumis ou non à la revue préalable de la Direction Générale du Contrôle des Marchés Publics.

10. Le dossier-type d'appel d'offres utilisé pour la passation des marchés de fournitures

151. Ce dossier-type a été préparé pour la passation des marchés de fournitures par appel d'offres ouvert (AOO) ou par appel d'offres restreint (AOR) dont le montant estimé est supérieur ou égal au seuil de contrôle à priori de la procédure de passation et d'attribution des marchés de fournitures et de services courants.

En vue de faciliter la préparation des dossiers d'appel d'offres pour un marché spécifique, le présent dossier-type d'appel d'offres comporte :

- des clauses et des articles ne devant être modifiés, et qui sont inclus dans la Section I (Instructions aux candidats), et dans la Section V (Cahier des Clauses administratives générales) ;
- des renseignements et des dispositions (clauses et articles) spécifiques à chaque marché qui doivent être précisés dans la Section II (Données particulières de l'appel d'offres), la Section IV (Bordereau des quantités, Calendrier de livraisons, Cahier des Clauses techniques, Plans, Inspections et Essais) ;
- enfin, des modèles de documents sont présentés dans la Section III (Formulaires de soumission) et dans la Section VII (Formulaires de marché).

152. Les instructions générales qui suivent doivent donc être respectées lors de l'utilisation de ce dossier standard. Les notes de la Section VII (Formulaires de Marché) doivent être conservées dans le dossier d'appel d'offres final, car celles-ci sont utiles aux candidats. Il s'agit de :

- détails spécifiques, tels que le « nom de l'Autorité contractante et l'adresse à laquelle doivent être envoyées les offres ». Doivent aussi figurer dans l'avis d'appel d'offres, les données particulières de l'appel d'offres et le cahier des clauses administratives particulières ;

- modifications éventuelles aux instructions aux candidats et au Cahier des clauses administratives générales qui doivent être incluses respectivement dans les données particulières de l'appel d'offres et dans le cahier des clauses administratives particulières;
- cahier des clauses administratives particulières, lequel comprend, à titre d'exemple, des dispositions que l'Autorité contractante doit rédiger pour chaque marché spécifique ;
- modèles présentés dans la Section VII, lesquels doivent être complétés par le candidat; les notes de bas de page de ces formulaires doivent être conservées dans le dossier final car elles contiennent des instructions à l'intention du candidat ;
- dossier standard qui prévoit la possibilité pour le candidat de présenter dans son offre des variantes dans le cadre des dispositions permises dans les instructions aux candidats et le cahier des clauses techniques. Il est, toutefois, recommandé que l'Autorité contractante limite les variantes à des aspects bien spécifiques des fournitures ou des ouvrages.

153. Ce dossier type est complété par une version simplifiée à utiliser pour la passation des marchés d'un montant estimé inférieur au seuil de contrôle à priori des procédures de passation et d'attribution des marchés de fournitures.

11. Le dossier-type d'appel d'offres utilisé pour la passation de marchés de travaux

154. Ce dossier-type a été préparé pour la passation des marchés de travaux par appel d'offres ouvert (AOO) avec ou sans pré-qualification, ou par appel d'offres restreint, d'un montant estimé supérieur ou égal au seuil de contrôle à priori des procédures de passation et d'attribution desdits marchés.

Pour des raisons de simplification de la préparation des dossiers d'appel d'offres pour un marché spécifique, le dossier d'appel d'offres standard doit respecter et contenir les mêmes instructions que celles mentionnées au point 10 ci-dessus.

12. Le projet d'édit portant organisation de la passation des marchés et des délégations de services publics en Province et dans les Entités territoriales décentralisées

155. La loi sur les Marchés Publics relève de la législation nationale et couvre, de ce fait, tout le territoire du pays, parce qu'elle régit tous les Marchés Publics passés par l'Etat, les Provinces, les Entités territoriales décentralisées ainsi que leurs entreprises et leurs établissements publics respectifs.

Néanmoins, parce que, selon l'article 3 de la Constitution, les provinces et les entités territoriales décentralisées sont dotées de la personnalité juridique et sont gérées par des organes locaux, il sied d'adapter les dispositions de la loi relative aux Marchés Publics à cette donne qui suggère la décentralisation politique des provinces et la décentralisation administrative de certaines entités locales bien spécifiées : la ville, la commune, le secteur et la chefferie.

156. Selon les prescrits de l'article 204, point 11, de la Constitution et ceux de l'article 35, point 6, de la loi n° 08/012 du 31 juillet 2008 portant principes fondamentaux relatifs à la libre administration des provinces, « *les travaux et Marchés Publics d'intérêt provincial et local sont de la compétence exclusive des provinces* ».

Par ailleurs, l'article 50, point 8, de la loi organique n° 08/016 du 07 octobre 2008 portant composition, organisation et fonctionnement des Entités territoriales décentralisées et leurs rapports avec l'Etat et les Provinces dispose que « *le Conseil communal délibère sur les matières d'intérêt communal notamment... l'aménagement, l'entretien et la gestion des Marchés Publics d'intérêt communal* ».

157. Pour cette raison, il revient donc à chaque province d'édicter un texte qui puisse régir certains aspects spécifiques des Marchés Publics d'intérêt provincial et d'intérêt local en ce qui concerne les entités territoriales décentralisées, à savoir, les villes, les communes, les secteurs et les chefferies.

158. Le présent modèle-type du projet d'édit vise la matérialisation de la volonté du législateur, exprimée à travers l'article 1, alinéa 2, de la loi relative aux Marchés Publics qui dispose que les édits provinciaux organisent les dispositions spécifiques relatives aux Marchés Publics passés par les provinces et les entités territoriales décentralisées. C'est, comme on peut le constater, une facilité mise à la portée des autorités provinciales pour permettre à celles-ci d'adapter leurs édits respectifs en matière de Marchés Publics.

Affirmons qu'à l'heure actuelle, les législateurs provinciaux ont déjà adopté des édits en la matière. Citons notamment les cas des provinces ci-après :

- **BANDUNDU :** Edit n° 002/ /2013 portant organisation de la passation des Marchés Publics en provinces et dans les entités territoriales décentralisées. C'est un texte de 36 articles ;

- **BAS CONGO :** Edit n° 001/013 du 01 juin 2013 fixant les règles spécifiques relatives aux Marchés Publics d'intérêt provincial et local. Il comprend 21 articles ;
- **EQUATEUR :** Edit n° 007/2013 du 02 septembre 2013 portant dispositions spécifiques relatives aux Marchés Publics et délégation des services publics passés par la province de l'Equateur et ses entités territoriales décentralisées. Ce texte comprend 68 articles ;
- **KASAI ORIENTAL :** Edit n° 003 du 09 janvier 2013 relatif aux Marchés Publics d'intérêt provincial et local. C'est le texte le plus élaboré qui compte 105 articles ;
- **KATANGA :** Edit n° 0001 du 05 juillet 2012 relatif à la passation des Marchés Publics d'intérêt provincial et local au Katanga. Il s'agit d'un texte de 38 articles ;
- **KINSHASA (VILLE DE-) :** Edit n° 002 du 19 octobre 2012 fixant les règles relatives aux Marchés Publics d'intérêt provincial et local. L'édit de Kinshasa compte 34 articles ;
- **MANIEMA :** Edit n° 002/2013 du 24 janvier 2013 relatif à la passation des Marchés Publics dans la province du Maniema qui comporte 34 articles ;
- **NORD KIVU :** Edit n° 001 du 22 juin 2012 portant dispositions spécifiques relatives aux marchés et aux délégations des services publics en province du Nord Kivu. Cet édit comporte 47 articles ;
- **ORIENTALE :** Edit n° 002/ /2012 portant organisation de la passation des Marchés Publics en Province Orientale. Un édit de 48 articles ;
- **SUD KIVU :** Edit n° 002 du 03 juin 2011 portant organisation de la passation des Marchés Publics en province et dans les entités territoriales décentralisées au Sud Kivu. Parmi les édits à notre disposition, celui du Sud-Kivu comportant 40 articles parait être le premier texte en antériorité ;

Relevons toutefois que, conformément à l'article 2, alinéas 1 et 2, de la Constitution du 18 février 2006, les 11 provinces de la République Démocratique du Congo (en ce compris la Ville de Kinshasa) devraient subir un démembrement pour constituer les 25 provinces. L'effectivité du démembrement a été accomplie alors que la rédaction du présent ouvrage était déjà arrivée à son terme. Cela permet d'en déduire que, hormis la Ville de Kinshasa et les trois provinces issues du grand Kivu (Maniema, Nord-Kivu et Sud-Kivu), les différents édits édictés ci-dessus tombent en désuétude. Chacune de nouvelles provinces issues du démembrement devra prendre un nouvel édit adapté à sa situation.

13. Les modèles de plan de passation des Marchés Publics

159. Le modèle de plan de passation des Marchés Publics est un tableau à plusieurs rubriques (entre 21 à 26) qui prévoit, pour l'année, les différents marchés que projette contracter une Autorité publique. Il doit être rempli soigneusement par la CGPMP instituée au sein de chaque autorité contractante.

Il est prévu, par ailleurs, un modèle de plan de passation pour chaque type de marché comportant généralement les rubriques ci-après:

- ***l'indication de l'exercice concerné.*** C'est l'année au cours de laquelle les marchés projetés sont passés et exécutés. Mais l'exécution d'un marché dont les besoins sont exprimés dans le PPM d'une année donnée peut s'étaler sur plusieurs années consécutives. Tout dépend de l'ampleur et de l'importance de l'ouvrage à réaliser. Par exemple, les travaux de construction d'un stade moderne pour les sports ou d'un barrage hydroélectrique (cas de Inga dans la province du Congo central) peuvent s'exécuter sur plusieurs années successives ;

- ***l'identification de l'Autorité contractante.*** C'est l'organisme (ministère, entreprise publique, établissement public, etc.) qui exprime ses besoins annuels au regard de ses missions et pour l'organisation et le fonctionnement du service ;

- ***l'identification des projets de marchés.*** Sous cette rubrique, l'Autorité contractante transcrit les intitulés des différents marchés projetés, le montant de chaque marché tel qu'il ressort du budget, le code du budget, les numéros d'Avis à Manifestation d'Intérêt (AMI) et les méthodes de passation de ces marchés;

- ***le préalable.*** Le plan de passation des marchés public doit recevoir l'Avis de Non Objection. Il doit être mentionné la date à laquelle l'ANO sera donné par l'autorité compétente en terme de prévision, mais aussi la date réelle à laquelle l'avis est effectivement donné ;

- ***la phase de présélection.*** Il y figure, en termes de prévisions et de réalisations, les dates auxquelles doivent être accomplies ou sont effectivement accomplies les différentes procédures, dans l'ordre suivant: l'Avis de non objection, la publication, le dépôt des dossiers, l'évaluation de MI et la Non objection ;

- ***la phase de l'appel d'offres.*** Le plan de passation reprend les dates de prévision et celles de réalisation effective auxquelles doivent être accomplies et celles auxquelles sont accomplies les procédures d'élaboration de TDR, l'obtention de la non objection, de l'envoi des lettres d'invitation et la date limite de dépôt ;

- ***la phase de l'évaluation des offres.*** Cette phase prévoit les dates d'évaluation des propositions, de la Non objection, de l'invitation et de l'ouverture ainsi que de l'évaluation combinée ;

- ***la phase de conclusion et de notification de marché.*** Cette dernière phase prévoit les dates de la négociation du contrat, de la Non objection, de l'approbation du contrat, de l'enregistrement, de la fixation du montant du contrat, la date de notification, celle d'entrée en vigueur et celle du début des prestations.

160. Tous ces documents standards sont élaborés pour faciliter l'application rigoureuse de la loi sur les Marchés Publics et de ses règlements d'exécution par les Autorités contractantes. Ils sont donc parfaitement compatibles avec les principes énoncés, notamment celui de l'égalité et de la transparence. Il se pourrait même qu'au moment de la rédaction de cet ouvrage, certains documents aient échappé à notre attention.
Toutefois, nous n'avons pas eu connaissance de l'existence de plusieurs autres actes dont l'édiction est pourtant prévue par la loi sur les marchés public; c'est notamment le cas des actes et des documents ci-après :

- ***le décret pour la création de la Commission prévue à l'article 19 de la loi sur les Marchés Publics***. Il y est dit que « *les commandes de l'Etat et des établissements publics peuvent être groupées et exécutées avec l'accord des autorités contractantes, par une Commission créée par décret du Premier ministre délibéré en conseil des ministres* ». Il est permis de s'interroger sur le caractère permanent ou saisonnier d'une telle commission. La première hypothèse paraît être la bonne car, le Premier Ministre ne pourrait prendre qu'un seul décret de création avec possibilité de modifications ultérieures, en cas de nomination, de remplacement ou de révocation des membres de ladite commission. Ce qui laisse suggérer que cette commission doit être placée sous tutelle d'un organisme bien déterminé (Primature, Ministère).

- ***le règlement particulier d'appel d'offres avec concours***. Il est dit à l'article 29 de la loi sur les Marchés Publics que « le règlement particulier d'appel d'offres avec concours prévoit : a) des primes, des récompenses ou des avantages à allouer aux soumissionnaires les mieux classés ; b) que les projets primés deviennent en tout ou en partie propriété de l'autorité contractante, ou que celle-ci se réserve le droit de faire exécuter par l'entrepreneur ou le fournisseur de son choix tout ou partie des projets primés, moyennant versement d'une redevance fixée dans le règlement particulier d'appel d'offres lui-même ou déterminée ultérieurement à l'amiable ou après expertise. Il indique en outre dans quelles conditions les hommes de l'art, auteurs des projets, sont appelés à coopérer à l'exécution de leur projet primé » ;

- ***le document-modèle pour l'avis de publicité***. Ce document-modèle est prévu à l'article 34, alinéa 2, de la loi sur les Marchés Publics ;

- ***le décret sur les marchés spéciaux***. L'article 45 de la loi sur les Marchés Publics spécifie que « *les marchés spéciaux ne concernent que l'acquisition des équipements ou des fournitures et les prestations de toute nature strictement liées à la défense nationale, à la sécurité et aux intérêts stratégiques de l'Etat. Ils font l'objet d'un décret du Premier Ministre délibéré en Conseil des ministres* » ;

- ***le décret sur les délégations de service public.*** Ce décret est prévu à l'article 46 de la loi sur les Marchés Publics, selon lequel les modes de la délégation de service public ainsi que les marchés à participation communautaire, les conditions de leur conclusion, notamment celles concernant la publicité, les délais de procédure, la pré qualification, la sélection des offres, sont fixés par décret du Premier Ministre délibéré en Conseil des ministres ;

- ***les règlements sur les garanties d'offres***. Les articles 52 et 53 de la loi sur les Marchés Publics disposent respectivement que « *les conditions de constitution de la garantie de l'offre et de la garantie de bonne exécution sont déterminées par voie réglementaire* » et, « *dans les conditions fixées par voie réglementaire, les titulaires des Marchés Publics peuvent être soumis à d'autres garanties, notamment celles en remboursement des avances ou des acomptes* » ;

- ***l'acte réglementaire portant modalités de règlement de Marchés Publics***. Il est prévu à l'article 70, alinéa 1, de la loi sur les Marchés Publics que « *les modalités de règlement des Marchés Publics sont déterminées par voie réglementaire* » ; cet acte réglementaire devra fixer les montants des avances concernant les opérations préparatoires à l'exécution des travaux, les fournitures ou les services qui font l'objet du marché, sous réserve de la constitution d'une garantie bancaire d'un montant équivalent ;

161. Le cadre normatif relatif aux Marchés Publics et aux délégations de service public qui vient d'être examiné, mais aussi l'ensemble des documents standards présentés dans ce paragraphe, offrent l'occasion de mettre dans la balance, les performances réalisées à l'issue de la réforme opérée dans ce secteur des Marchés Publics mais également les faiblesses devant être surmontées par l'ensemble des acteurs de la commande publique. Cet examen sera suivi par l'autopsie réalisée sur le cadre institutionnel des Marchés Publics.

§2. LE CADRE INSTITUTIONNEL

162. La mise en place du dispositif institutionnel du système de passation des Marchés Publics, après la réforme introduite par la loi de 2010, a connu un léger retard et, l'on ne pouvait véritablement envisager une revue approfondie de la mise en œuvre de cette réforme qu'à dater de son effectivité. C'est ainsi que, en vertu de ses prérogatives légales et réglementaires en tant qu'institution de contrôle à postériori, l'ARMP avait initié, à l'issue d'un contrat de services n° 001/ARMP/PRC GAP - IDA/PI 2012, qu'elle avait signé avec le groupement GRANT THORNTON / CKA Audit & Conseil, basé au Sénégal, un audit annuel des Marchés Publics passés dans la période du 28 octobre 2010 au 31 décembre 2011.

En nous fondant sur le rapport de cet audit, validé par l'ARMP lors d'une réunion de son Conseil d'administration, il y a lieu de formuler quelques observations quant au fond, quant à la forme et quant à la procédure suivie dans la passation des marchés conclus pendant la période couverte par l'audit, lequel audit a passé en revue un échantillon le plus représentatif de ces Marchés Publics.

Ce paragraphe fait un état des lieux concernant la mise en place des institutions qui interviennent dans le processus de préparation, de passation, de contrôle et d'exécution des Marchés Publics. Il s'agit bien des institutions définies à l'article 10 du décret portant manuel de procédures de la loi relative aux Marchés Publics, à savoir, l'Autorité de régulation des Marchés Publics (A), la Direction Générale de Contrôle des Marchés Publics (B), les autorités contractantes et maîtres d'ouvrages délégués (C) et les autorités approbatrices. Ces dernières sont connues et leur identification ne pose aucun problème[123].

---

[123] L'article 21 du Décret n° 10/22 du 02 juin 2010 portant Manuel de procédures de la loi relative aux Marchés Publics cite 3 autorités approbatrices: le Premier Ministre approuve les marchés conclus à l'issue des appels d'offres internationaux et ceux conclus par le Ministre du budget. Celui-ci approuve les marchés conclus à l'issue

A. LA MISE EN PLACE DES ORGANES DE L'ARMP

163. Les principaux animateurs de l'ARMP furent nommés par voie d'ordonnance présidentielle, notamment celles n° 11/024, du 24 mars 2011, n° 10/073, du 30 octobre 2010 et n° 11/030, du 02 avril 2011. La première ordonnance désignait le Directeur Général et le Directeur Général Adjoint actuellement en fonction ; tandis que les deux dernières ont mis en place les membres du Conseil d'Administration.

Les organes de gestion des Marchés Publics institués au sein de l'ARMP sont également mis en place : un Secrétariat permanent et une Commission d'attribution des marchés dont la présidence est confiée au Directeur Général.

164. Lors de l'audit sus évoqué, il a été observé, quant à l'organe régulateur des Marchés Publics, qu'aucune des acquisitions effectuées au cours de la période couverte par cet audit n'a respecté les dispositions réglementaires en matière de passation de marchés. Cette situation se justifie en raison de la tardiveté observée dans la mise en place de la Cellule de Gestion des Projets et de Marchés Publics, intervenue seulement en février 2012 (voir rapport d'audit, p. 28). Ce retard, qui est presque généralisé au niveau de la quasi-totalité des Autorités contractantes, est lié aux difficultés d'ordre matériel et financier que connaissent la plupart de ces structures.

B. LA MISE EN PLACE DE LA DIRECTION GENERALE DU CONTROLE DES MARCHES PUBLICS

165. Créé par le décret n° 10/27 du 28 juin 2010, cet organe de contrôle à priori n'a été pourtant opérationnel qu'à partir du mois d'avril 2011. Ceci justifie le fait qu'un nombre important de Marchés Publics passés pendant la période du 28 octobre 2010 au 31 décembre 2011, période couverte par l'audit, ait échappé à ce contrôle à priori et les marchés concernés furent ainsi, disons-le, entachés d'irrégularités.

---

des appels d'offres nationaux ; tandis que le Ministre de tutelle approuve les marchés par appel d'offres nationaux conclus par les entreprises et les établissements publics.

C. LE RECENSEMENT DES AUTORITES CONTRACTANTES ET MAITRES D'OUVRAGE DELEGUES

166. Les contrats des Marchés Publics peuvent être conclus par le pouvoir central, par ses services déconcentrés et par ses services auxiliaires. Les provinces, les entités territoriales décentralisées et leurs services auxiliaires respectifs peuvent aussi passer des Marchés Publics.

Les établissements et les entreprises publics ainsi que les sociétés commerciales à participation publique majoritaire appliquent aussi les dispositions de la loi sur les Marchés Publics ainsi que ses règlements d'exécution. Il en est aussi de tous les autres organismes créés par l'Etat et dont l'activité est financée ou garantie par l'Etat ainsi que les personnes morales de droit privé mandatées et bénéficiant du financement ou de la garantie des personnes de droit public.

167. Cette énumération, par l'article 3 du décret portant manuel de procédures de la loi relative aux Marchés Publics, ouvre largement la sphère des autorités contractantes et maîtres d'ouvrage délégués, à telle enseigne qu'il devient irréaliste de maîtriser, pour un exercice budgétaire donné, l'effectif exact de toutes les structures qui passent les Marchés Publics.

Dans le cadre de préparation de l'audit effectué par Grant Thornton, l'ARMP a pu recenser 115 autorités contractantes pour 878 marchés passés (voir rapport d'audit, p. 37), encore que ces statistiques pourraient être moins proches de la réalité. On peut espérer qu'avec le temps et, expérience aidant, l'ARMP parviendra à dresser une liste exhaustive des potentiels acheteurs publics dont les achats doivent se faire conformément à la loi sur les Marchés Publics.

SECTION 2. RESULTAT DE L'AUDIT

168. L'audit effectué avait un objectif principal, mais aussi des objectifs spécifiques. Les auditeurs devaient, principalement, vérifier la régularité des procédures de passation et d'exécution des Marchés Publics conclus entre le 28 octobre 2010 et le 31 décembre 2011 afin d'apprécier le degré du respect, par les autorités contractantes, les autorités approbatrices et les organes de contrôle des Marchés Publics, au regard des dispositions et de procédures édictées par la loi relative aux Marchés Publics et par ses textes d'application (voir rapport d'audit, p.10).

169. Quant aux objectifs spécifiques poursuivis, les auditeurs devaient:

- identifier les cas de non-conformité des procédures avec les dispositions de la loi sur les Marchés Publics, et en particulier les cas de rejet des offres moins-disantes, de fractionnement des marchés, de non-respect des dispositions préalables à la mise en concurrence, des éléments constitutifs du dossier d'appel d'offres, des seuils fixés pour les avenants, des règles de publicité, etc. ;
- exprimer leur opinion sur les procédures de passation des Marchés Publics adoptées pour les contrats sélectionnés, au regard des critères d'efficacité, d'équité et de transparence en formulant des recommandations pertinentes pour assurer la correction des dérapages qui seraient imputables aux textes eux-mêmes, à la pratique, au fonctionnement des institutions et aux ressources humaines (animateurs des organes de passation, de contrôle et de régulation);
- évaluer l'exhaustivité, l'efficacité et la pertinence du traitement des recours des soumissionnaires par l'organe compétent au regard de la réglementation en vigueur;
- apprécier la pertinence et la conformité à la réglementation, des avis de non objection et des autorisations spéciales délivrées par la Direction Générale de Contrôle des Marchés Publics, sur les marchés sélectionnés ;
- dégager et apprécier, pour les contrats sélectionnés, le niveau de décaissement par rapport au niveau d'exécution physique (voir rapport d'audit, p. 10).

170. Cette section présente quelques observations, les plus intéressantes, qui se dégagent du rapport d'audit sous examen. D'abord les observations liées aux dispositifs normatif et institutionnel (§1) et, ensuite, les observations concernant les marchés conclus (§2).

§1. OBSERVATIONS SUR LES DISPOSITIFS NORMATIF ET INSTITUTIONNEL

A. OBSERVATIONS QUANT AU DISPOSITIF NORMATIF

171. De l'opinion des auditeurs, le dispositif normatif relatif aux Marchés Publics présente quelques faiblesses, qu'il s'agisse de la partie législative ou de celle réglementaire.

I. LE CADRE LEGISLATIF

172. La loi sur les Marchés Publics comporterait-il quelques insuffisances ? C'est en tout cas ce que laisse croire le rapport d'audit examiné. Ce rapport fait aussi état des difficultés constatées dans l'interprétation de certaines dispositions de cette loi. Les auditeurs estiment que :

- nonobstant la définition qu'elle donne du concept « Marché Public », cette loi devrait mentionner les contrats administratifs passés par certaines autorités contractantes qui, bien que n'ayant pas les qualifications d'un Marché Public, seront régis par la loi relative aux Marchés Publics ;
- les modalités d'exclusion de certaines procédures d'acquisition du champ
  d'application de la réglementation des Marchés Publics doivent être clairement définies dans la loi afin de préserver la stabilité et la cohérence du dispositif ;
- cette loi laisse subsister quelques difficultés d'interprétation, notamment, en ses articles 3 et 82.

173. Les difficultés d'interprétation ne peuvent pas manquer surtout lorsque le texte peut lui-même contenir des dispositions obscures. Au-delà de ce rapport d'audit, il est constaté une certaine désarticulation du système des recours institués en faveur des candidats ou soumissionnaires. Il est également relevé un cas de disparité dans l'interprétation de certains concepts par les acteurs de la commande publique. On y reviendra ; mais, voyons d'abord les faiblesses du cadre législatif et les difficultés d'interprétation relevées par les auditeurs.

a) Faiblesses du cadre législatif et difficultés d'interprétation

174. La première inquiétude soulevée dans le rapport d'audit, à propos de la définition étroite du Marché Public, n'est pas suffisamment précisée quant à l'objet des contrats administratifs visés; à moins que ces contrats ne rentrent pas dans la définition légale de Marché Public, c'est-à-dire des contrats qui ne poursuivent pas la réalisation des travaux, ni la fourniture des biens ou des services, ni encore l'exécution des prestations intellectuelles. Nous avons vu que les achats publics peuvent être effectués à tous les échelons de l'organisation territoriale, voire, de l'organisation administrative du pays et à ces achats sont appliquées les dispositions de la loi relative aux Marchés Publics. L'article 3 du Décret portant manuel de procédures de ladite loi est explicite à ce sujet.

175. Le principe légal selon lequel tous les marchés passés par les autorités contractantes des structures visées aux articles 1 et 2 le sont en application de la loi sur les Marchés Publics (et l'article 3 du décret portant manuel de procédure) est assorti d'une exception tout aussi légale car, en vertu de la règle selon laquelle « seule la loi peut déroger à la loi », les marchés spéciaux définis aux articles 44 et 45 de la même loi échappent aux modalités ordinaires de passation de Marchés Publics. Ainsi, la deuxième inquiétude exprimée par les auditeurs semble justifiée. Mais si c'est uniquement ces marchés spéciaux qui font l'objet de cette inquiétude, l'on conviendra de ce que le législateur réserve expressément cette compétence au pouvoir réglementaire du Premier Ministre[124].

176. Les difficultés d'interprétation des articles 3 et 82 de la loi sur les Marchés Publics telles que relevées par l'audit sont réelles. En effet, concernant l'article 3, et l'interprétant à leur profit, certaines autorités contractantes bénéficiaires de financements extérieurs ou étrangers s'abstiennent délibérément de soumettre leurs marchés aux procédures édictées par la réglementation nationale, appliquant ainsi exclusivement les procédures des bailleurs de fonds. Cet article est ainsi libellé : « l*es marchés passés en application d'un accord de financement ou d'un traité international sont soumis aux dispositions de la présente loi, dans la mesure où celles-ci ne sont pas contraires aux stipulations de cet accord ou de ce traité* ».

Il s'ensuit donc que, normalement, l'accord de financement ou le traité international n'est applicable qu'en cas de contrariété avec la réglementation nationale. C'est aussi l'interprétation retenue par les auditeurs qui estiment que « *les dispositions de la loi n°10/010 et de ses textes corolaires, doivent en principe s'appliquer, sauf dans les situations où le bailleur de fonds a inséré des éléments divergents dans l'Accord de crédit. Il peut s'agir, notamment, de différences au niveau des seuils de passation ou de contrôle des marchés, des garanties à fournir, du pourcentage des avances de démarrage, des avenants, etc.* ». (voir rapport d'audit, pp. 23 et 54).

177. L'article 82 pose, quant à lui, une règle transitoire en ce que « *les marchés conclus antérieurement à la promulgation de la présente loi ou à conclure avant la mise en place des services et institutions visés à l'article 83 ci-dessous demeurent soumis à la législation antérieure pour ce qui concerne les règles de passation et d'exécution des marchés et des*

[124] Article 45, alinéa 2, de la loi n°10/010 du 27 avril 2010 relative aux Marchés Publics : « *les marchés spéciaux font l'objet d'un décret du Premier ministre délibéré en Conseil des ministres* ». Cependant, nous n'avons pas connaissance de l'existence d'un tel décret.

délégations de service public. Les procédures de recours prévues par la présente loi sont néanmoins ouvertes aux titulaires de ces marchés ».

Le retard observé dans la mise en place effective de l'ARMP et de la DGCMP justifie valablement le fait que l'audit effectué l'ait été sur la base de la loi ancienne, l'ordonnance-loi de 1969, pour les marchés conclus jusqu'au 10 mars 2011.

b. Disparité d'interprétation de certains concepts

178. Les difficultés relevées ici sont postérieures à l'audit. D'une part, l'on observera une certaine désarticulation du système des recours institués au profit des soumissionnaires évincés des procédures de passation des Marchés Publics. D'autre part, l'on fera état de ce que des difficultés, voire des disparités d'interprétation peuvent exister entre acteurs de la commande publique. Ce qui soulève l'épineuse question d'une production jurisprudentielle de nos cours et tribunaux qui doivent clairement se prononcer sur le sens et la portée de certains concepts utilisés par le législateur ou par le pouvoir réglementaire.

1. Désarticulation du système des recours : cas de recours contre la décision d'approbation ou de rejet

179. Telle que définie par le législateur, l'approbation est l'acte par lequel l'autorité compétente valide la décision d'attribution du marché ou de la délégation de service public prise par l'autorité contractante postérieurement à l'avis favorable de la Direction Générale du Contrôle des Marchés Publics.

Sur la nature juridique d'un tel acte, dès lors qu'il se situe avant même l'exécution du contrat du Marché Public signé par les parties, et au vu de la nature administrative des autorités compétentes (le Premier Ministre, le Ministre du Budget ou le Ministre de tutelle), on peut, sans hésitation, reconnaître à l'acte d'approbation, le caractère d'un acte administratif, mais un acte administratif détachable des autres opérations du contrat du Marché Public en cas de contentieux. Mais, si la décision d'approbation confère un avantage à l'un des soumissionnaires qui devient attributaire du marché, en revanche, cette même décision pourrait paraître illégale ou irrégulière pour un concurrent qui s'estime injustement évincé de la procédure et qui a, dès lors, intérêt à combattre cette décision. Comment devra-t-il s'y prendre ?

180. Le décret fixant les modalités d'approbation des Marchés Publics et des délégations de service public n'a pas prévu un recours spécifique contre la décision d'approbation au profit des concurrents évincés. Ceux-ci peuvent être des personnes physiques ou morales, des entreprises privées ou des personnes publiques qui ont pris part à la procédure d'attribution d'un Marché Public ou d'une délégation de service public mais qui n'ont pu gagner le marché. Aussi, « *cette qualité de concurrent évincé est reconnue à tout requérant qui aurait eu intérêt à conclure le contrat, alors même qu'il n'aurait pas présenté sa candidature, qu'il n'aurait pas été admis à présenter une offre ou qu'il aurait présenté une offre, inappropriée, irrégulière ou inacceptable* »[125]. C'est une première désarticulation qui doit être compensée en vertu d'un principe général du droit. Un recours pour excès de pouvoir doit être ouvert à ces concurrents évincés par l'acte d'approbation, étant entendu que cet acte émane d'une autorité administrative.

Par contre, ce décret prévoit à son article 13 que « *le refus d'accorder le visa d'approbation est exprimé par une décision motivée, rendue dans les dix jours calendaires de la transmission du dossier d'approbation par l'autorité contractante. Cette décision peut faire l'objet d'un recours devant l'autorité de régulation des Marchés Publics de la part de toute partie au contrat* ». Là se situe une seconde désarticulation du système des recours lorsqu'on sait que, en amont de l'étape de l'approbation, il est ouvert au soumissionnaire un recours administratif devant l'autorité contractante, avec possibilité d'en appeler devant le CRD, organe technique de l'ARMP. Soumettre encore la décision de rejet de l'autorité approbatrice à l'autorité de régulation serait ouvrir un cercle vicieux. Nous pensons que cette rédaction ne conforte pas et rendrait inefficace l'ensemble du système des recours construit en matière de passation des Marchés Publics.

La décision refusant l'approbation devait être considérée sur un même pied d'égalité avec celle qui accorde l'approbation, les deux décisions devant être soumises au même type de contrôle ou de recours.

2. Cas de disparité dans l'interprétation de la réglementation

181. En 2012, dans le cadre de passation d'un contrat de prestations intellectuelles par AOI, une autorité contractante nationale avait lancé un avis à manifestation d'intérêt pour la sélection d'un opérateur en vue de la conception, de la mise en œuvre et de la gestion d'une importante structure à l'échelon national. L'AMI lancé fut, conformément à la réglementation, publié dans une revue d'obédience internationale.

---

125 CE, avis contentieux, 11 avr. 2012, Société Gouelle, *BJCP* 2012, n°5, p.1 ; comm. Llorens et Soler-Couteaux ; *CP-ACCP* juill.-août 2012, note Cabanes et Neveu ; *DA* juill. 2012, p.23, note Brenet ; *RD* Imm. 2012. 398 Braconnier, cités par Marceau LONG et *alii, op.cit,* p.910.

Sur une procédure estimée régulière, c'est-à-dire, après publication d'un avis d'attribution provisoire dudit marché et après avoir porté l'information relative à cette attribution provisoire aux soumissionnaires non retenus, l'un des concurrents évincés y trouva l'occasion pour exercer son droit de réclamation administrative auprès de l'autorité contractante, en date du 05 juillet 2013, en réservant copie à l'autorité de régulation des Marchés Publics et ce, en vertu de l'article 73, alinéa 1, de la loi sur les Marchés Publics. La décision de l'autorité contractante ne lui ayant pas été favorable fut ensuite déférée en appel devant l'organe de régulation des Marchés Publics, précisément devant le CRD, constitué en commission de litiges le 11 juillet 2013. Le recours devant le CRD reçut la décision définitive le 21 août 2013.

Dans son dispositif, cette dernière décision a dit *recevable* et *fondé* le recours du concurrent évincé et a *annulé*, par conséquent, l'attribution provisoire du marché, invitant de ce fait l'autorité contractante concernée à reprendre toute la procédure de passation après avoir subdivisé ledit marché en trois marchés non cumulatifs. Signifiée à l'autorité contractante le 22 août 2013, cette autorité s'y opposa par sa lettre datée du 27 août 2013, en invoquant la forclusion parce que, d'après elle, le CRD aurait rendu sa décision hors le délai de 15 jours ouvrables tel que prescrit à l'article 158 du décret portant manuel de procédures de la loi relative aux Marchés Publics.

Quelle est alors la portée de l'autorité de chose jugée attachée à la décision du CRD rendue en pareil cas ? Cette décision est-elle exécutoire ou peut-on passer outre ? Qu'en dit le législateur et quelle interprétation en donne le juge ?

182. Les faits de cette cause doivent être confrontés aux normes, c'est-à-dire, aux différentes dispositions pertinentes de la réglementation en matière des Marchés Publics.

A l'état où elle se trouve, cette procédure contentieuse met en présence cinq parties :

- le concurrent évincé qui poursuit l'annulation de la décision d'attribution provisoire du marché et la reprise de toute la procédure ;
- l'attributaire du marché qui attend la décision d'approbation de l'autorité compétente ;
- l'autorité de régulation des Marchés Publics, par le biais de son organe technique de règlement des différends ;
- l'autorité contractante, ainsi que
- l'autorité approbatrice.

183. Les arguments et les interprétations qui sont résumés dans le présent paragraphe sont exclusivement ceux émanant de l'autorité de régulation des Marchés Publics et des experts de la commission *ad hoc* du Secrétariat Général du Gouvernement de la République Démocratique du Congo. Cette dernière commission livre sa position sur le projet du décret portant approbation du marché litigieux. Chacune des parties entend défendre une position favorable à la défense de ses intérêts.

184. Pour asseoir son argumentaire, l'ARMP prend appui au pied des articles 158 et 159 du décret n°10/22 du 02 juin 2010 portant manuel de procédures de la loi relative aux Marchés Publics qui disposent que « [***La décision du comité de règlement des différends est rendue dans les quinze (15) jours ouvrables à compter de la réception du recours, faute de quoi, l'attribution du marché ne peut plus être suspendue***][126] ; elle est définitive, opposable aux parties et immédiatement exécutoire. Cette décision ne peut avoir pour effet que de corriger la violation alléguée ou d'empêcher que d'autres dommages soient causés aux intérêts concernés ou de suspendre ou faire suspendre la décision litigieuse ou la procédure de passation ; mais elle n'annule pas la décision attaquée[127]. Par ailleurs, la décision du comité de règlement des différends peut faire l'objet d'un appel, sans effet suspensif, devant la juridiction compétente[128].

En invoquant ces deux dispositions, l'ARMP en tire des conséquences selon lesquelles :

- la décision du CRD est définitive, opposable et immédiatement exécutoire ;
- si les deux parties sont d'accord avec la décision du CRD, la partie concernée exécute la recommandation du CDR et le litige prend fin ;
- si une des parties n'est pas satisfaite par la décision du CRD, elle peut alors aller en appel auprès de la juridiction compétente, cela sans effet suspensif de la procédure, le délai pour aller en appel est fixé par le code civil. Dans le cas présent, et sans rentrer dans les considérations de fond, c'est l'autorité contractante qui conteste la décision du CRD qui devrait aller en appel auprès de la juridiction compétente ;
- étant donné que les textes sont muets quant au fait déclencheur de la levée de suspension de la procédure, l'inscription au rôle auprès de

[126] En se fondant sur l'article 158, l'ARMP n'a pas pourtant repris les termes de cette disposition inscrite en lettres italiques.
[127] Article 158 du décret n° 10/22 du 02 juin 2010 portant manuel de procédures de la loi relative aux Marchés Publics.
[128] Article 159 du décret n° 10/22 du 02 juin 2010 portant manuel de procédures de la loi relative aux Marchés Publics.

la juridiction compétente qui matérialise la saisine du tribunal, devrait être considérée comme fait déclencheur de la levée de suspension, et donc de la procédure d'approbation du contrat ;

- enclencher la procédure d'approbation du contrat sans être préalablement allé en appel serait une violation de l'article 159 sus évoqué.

185. Pour la commission d'experts du Secrétariat Général du Gouvernement, après qu'elle ait vérifié le fondement légal de son pouvoir d'examiner, à la demande de l'autorité contractante, le projet de décret d'approbation du marché en litige, a estimé que cette autorité contractante a bel et bien observé la procédure en la matière, conformément à l'article 127 du décret portant manuel de procédures de la loi sur les Marchés Publics et de l'article 13, alinéa 2, de la loi sur les Marchés Publics. Dans leur démarche, ces experts ont voulu préalablement saisir le sens du concept « ***jour ouvrable*** » utilisé dans les différents textes afin d'apprécier la pertinence de la forclusion alléguée par l'autorité contractante.

La définition adoptée par la commission d'experts du Secrétariat Général du Gouvernement est celle donnée à l'article 7, litera i, du code du travail selon laquelle, par jour ouvrable, il faut y entendre « ***chaque jour de la semaine à l'exception des jours de repos hebdomadaires et des jours fériés légaux*** ». Cette commission d'expert recourt, en outre, aux dispositions de l'article 2, litera c, de ce code du travail qui excluent de son champ d'application, les membres du personnel investis d'une autorité propre leur permettant d'organiser librement leur travail sans être soumis à un contrôle journalier[129] ; elle invoque aussi les dispositions de l'article 1er de l'ordonnance-loi n° 81-067 du 07 mai 1981 portant règlement d'administration relatif à la discipline de personnel de carrière des services publics, qui dispose que « l'horaire de travail dans les services publics est fixé comme suit : - de lundi à vendredi : de 7 heures 30' à 15 heures, - le samedi : de 7 heures[130] à 12 heures ».

Cette commission invoqua en plus, l'article 73, alinéa 1, du décret organique de l'ARMP, selon lequel, « ***le personnel de l'ARMP est régi par le code du travail et ses mesures d'application*** » ; l'article 50, alinéa 5, du même texte organique qui exclut du code du travail les membres du CRD en disposant que « ***les membres du Comité de Règlement des Différends ne sont pas***

---

[129] Les experts font allusion à l'article 2, point c, qui exclut du champ d'application du code du travail les membres du personnel investis d'une autorité propre.....mais ne donne pas la précision nécessaire sur le texte concerné car, l'article 2 du code du travail dit autre chose.

[130] Le samedi, l'heure de début du travail, c'est plutôt 7 heures 30' et non 7 heures.

employés de l'ARMP » ; l'article 73, alinéa 4, *in fine* du même décret organique qui consacre le principe de fonctionnement sans interruption du service public que l'ARMP doit assurer, ce qui la soumet à l'horaire de travail des services publics qui prévoit le travail de samedi.

Les experts de cette commission *ad hoc* ont cité, à cet effet, une décision avant dire droit n°010/13/ARMP/CRD du 30 juillet 2013 par laquelle le CRD avait prorogé le délai de « 15 jours ouvrables supplémentaires, à partir du 03 août 2013 », ce jour du point de départ étant un samedi, donc, jour ouvrable pour l'ARMP, selon les experts.

186. Ainsi, ces experts en arrivent à la conclusion que le samedi est un jour ouvrable pour l'ARMP, et c'est à la lumière de cette conclusion qu'ils se prononcèrent ensuite sur la question de savoir si l'autorité contractante pouvait passer outre la décision du CRD et poursuivre la procédure. La position de la commission d'experts du Secrétariat Général du Gouvernement est, à cet égard, tranchée :

- elle invoque d'abord les raisons tenant à la protection des intérêts essentiels de l'Etat tirées de l'article 157, deuxième tiret, du décret portant manuel de procédures de la loi relative aux Marchés Publics selon lequel « ***le recours entraîne la suspension de la procédure de passation du marché sur décision du Comité de Règlement des Différends s'il estime le recours recevable, sauf si l'autorité contractante certifie que l'attribution du marché doit être poursuivie pour des raisons tenant à la protection des intérêts essentiels de l'Etat…*** » ;

- elle invoque ensuite le dépassement du délai de 15 jours ouvrables à dater de la réception du recours par le CRD, tel que prévu par l'article 158, alinéa 1, du même décret aux termes duquel « ***la décision du Comité de Règlement de Différends est rendue dans les quinze (15) jours ouvrables à compter de la réception du recours, faute de quoi, l'attribution du marché ne peut plus être suspendue*** ».

Et, en supputant les délais, la commission *ad hoc* retient que le recours a été reçu le 11 juillet 2013, la décision portant prorogation des quinze jours ouvrables supplémentaires datant du 30 juillet 2013, lesdits quinze jours ouvrables supplémentaires avaient expiré le 20 août 2013 ; tandis que la décision du CRD n'a été rendue que le 21 août 2013, soit un jour après l'expiration du délai de quinze jours ouvrables supplémentaires. C'est donc, pour cette commission, une décision rendue hors délai.

Elle en tire finalement la conclusion que l'autorité contractante était en droit de poursuivre la procédure d'attribution du marché conformément à l'article 158 précité. Pour aller au bout de leur logique, les experts ont suggéré à la Commission des Lois et des Textes Réglementaires du Secrétariat Général du Gouvernement d'adopter le projet de décret portant approbation du marché en cause.

187. Des questions juridiques d'importance majeure restent posées dans ces débats. Il y a en premier lieu la question déjà invoquée (*voir supra,* n° 181) liée à l'effet attaché à la décision contentieuse de l'autorité de régulation des Marchés Publics, prise par son organe technique, le CRD. Il se pose en deuxième lieu la question de la régularité juridique de cette décision contentieuse qui doit intervenir « ***dans les quinze (15) jours ouvrables à compter du recours*** » ; l'on ne peut, en effet, passer sous silence la conséquence qui résulterait de la défaillance du CRD ; c'est l'hypothèse où le CRD, alors qu'il a été régulièrement saisi d'un recours, ne rend pas sa décision ou que celle-ci est intervenue hors le délai réglementaire. Et, finalement, dans cette impasse, quelle serait l'attitude du concurrent évincé qui avait pourtant introduit valablement son recours en appel devant le CRD ?

En l'absence d'une jurisprudence nationale sur l'ensemble de ces questions, l'interprète se doit d'interroger les textes pertinents de la réglementation en vigueur, en s'appuyant, le cas échéant, sur les principes généraux de droit et sur la doctrine conséquente. Comme on le verra, la jurisprudence en la matière est quasi-inexistante; pourtant, le contentieux sous examen vient de fournir l'unique décision jurisprudentielle par le juge administratif suprême, à travers l'arrêt RA 1401 rendu le 14 juin 2014. C'est un arrêt rendu par Cour suprême de justice, section administrative, siégeant en annulation en premier et dernier ressort. Nous reviendrons sur cet arrêt pour apprécier l'interprétation judiciaire de certaines règles applicables dans une procédure contentieuse relative à la passation des Marchés Publics.

188. Sur la première, mais aussi la deuxième question juridique soulevée, aucun doute n'est permis car, la décision du CRD « ***est définitive, opposable aux parties et immédiatement exécutoire*** » (voir décret n°10/22 du 02 juin 2010, article 158, alinéa 1, deuxième tiret). Cependant, le caractère définitif et l'opposabilité *erga omnes* d'une telle décision ne peuvent être acquis que lorsque cette décision est, elle-même, régulière eu égard à la condition du délai réglementaire de « ***quinze (15) jours ouvrables*** » imparti au CRD (voir décret n°10/22 du 02 juin 2010, article 158, alinéa 1, premier tiret).

189. Le débat sur le concept de « ***jours ouvrables*** », tel que soulevé et orienté par les experts de la commission *ad hoc*, ne devait autrement servir qu'à la computation du délai imparti au CRD. Celui-ci est-il fondé à proroger ce délai de 15 jours ouvrables ? La réponse à cet égard est affirmative car, la prorogation est possible en vertu de document dit « ***annexe 1*** » au décret n°10/22 du 02 juin 2010. La computation, dans ce cas, doit suivre le calendrier réglementaire établi à cet effet qui ne permet pas au CRD de proroger, comme il l'entendrait, le délai lui imparti.

Le point de départ étant le jour ***J*** (qui est la date d'envoi, par le réclamant, d'un mémoire au comité de règlement des différends par lettre recommandée avec accusé de réception, ou déposée contre récépissé), il s'en induit que, entre ***J et J+15***, le CRD doit procéder à l'audition de l'attributaire du marché et de la personne responsable du marché ou de leurs représentants et de toute personne qu'il juge utile de l'éclairer.

Dans l'hypothèse d'une éventuelle prorogation de délai, le calendrier réglementaire est fixé à ***J+30***, délai endéans lequel, après avoir auditionné les parties concernées, le CRD doit aussi notifier sa décision aux différentes parties en cause. C'est donc une computation réglementaire dans une matière aussi spéciale que sont les Marchés Publics et qui devrait s'imposer à tous : aux parties, aux administrations contentieuses et aux juges. Dès lors que le texte indique clairement la règle de la computation de délai en la matière, il convient simplement de l'appliquer au cas d'espèce pour savoir si le CRD a rendu sa décision et l'a notifiée régulièrement.

190. Si, comme constamment déclaré par les deux parties, le CRD avait été saisi du recours du concurrent évincé à la date du 11 juillet 2013, sa décision aurait été prise et notifiée, à l'issue d'une prorogation réglementaire, à la date du 10 août 2013 (soit 11+30 jours). Vérification faite dans le calendrier, cette dernière date tombe un samedi de la semaine.

En principe, nonobstant cette règle particulière de computation de délai en matière des Marchés Publics, et sauf stipulation différente prévue par un texte particulier, toute computation de délai en République Démocratique du Congo se fait conformément à l'article 195 du code de procédure civile : « ***le jour de l'acte qui est le point de départ d'un délai n'y est pas compris. Le jour de l'échéance est compté dans le délai, si celui-ci n'est pas qualifié de franc*** » (article 195.1° du code de procédure civile). Et « ***lorsque le dernier jour prévu pour accomplir un acte de procédure est un jour férié légal, le délai est prorogé jusqu'au plus prochain jour ouvrable*** » (article 195.2° du code de procédure civile).

Il s'ensuit donc qu'en ayant rendu sa décision que le 21 août 2013 (et non le 10 août au plus tard), le CRD l'a fait hors le délai réglementaire de prorogation autant que ladite décision fut notifiée, notamment à l'autorité contractante, hors ledit délai.

191. Le droit congolais de la computation de délai paraît, à ce point, assez rigide à l'égard de la personne tenue à l'obligation d'agir ou celle de procéder dans le délai. Certains droits étrangers sont beaucoup plus souples lorsque le délai est exprimé en termes de jours ouvrables[131]. C'est le cas des Directives européennes en matière de délai, qui stipulent que « *les délais comprennent les jours fériés, les dimanches et les samedis sauf si ceux-ci en sont expressément exclus ou si les délais sont exprimés en jours ouvrables* », « *si le dernier jour d'un délai exprimé autrement qu'en heures est un jour férié, un dimanche ou un samedi, le délai prend fin à l'expiration de la dernière heure du jour ouvrable suivant* »[132]. La Cour de cassation française dit qu'« *aux termes de l'article 642 du Nouveau Code de procédure civile, tout délai expire le dernier jour à 24 heures. Le délai qui expirerait normalement un samedi, un dimanche ou un autre jour férié ou chômé est prorogé jusqu'au premier jour ouvrable suivant* »[133].

En tout cas, le principe de prorogation automatique du délai jusqu'au premier jour ouvrable lorsque le dernier jour est un samedi, un dimanche, un jour férié ou un jour chômé, est presque généralisé dans tous les domaines, même dans le domaine des Marchés Publics. Ainsi, il est prévu que « *tout délai imparti dans le marché à la personne publique ou à la personne responsable du marché, ou au titulaire commence à courir le lendemain du jour où s'est produit le fait qui sert de point de départ à ce délai* », « *lorsque le délai est fixé en jours, il s'entend en jours de calendrier et il expire à la fin du dernier jour de la durée prévue* », mais « *lorsque le dernier jour d'un délai est un samedi, un dimanche ou un jour férié ou chômé, le délai est prorogé jusqu'à la fin du premier jour ouvrable qui suit* »[134].

---

[131] Les délais d'action ou de procédure dans la réglementation congolaise relative aux Marchés Publics sont souvent exprimés en termes de « jours ouvrables » ou « jours calendaires, ou jours calendrier ».

[132] *www. Marché-public.fr/ Marchés-publics/Déf-décompte des délais Marchés Publics*, consulté le 27 mars 2014 à 15 heures 50'.

[133] Cass. Soc. 09 juin 1999, Bull. v. n° 273, in *www. Marché-public.fr/ Marchés-publics/Déf-décompte des délais Marchés Publics*, consulté le 27 mars 2014 à 15 heures 50'.

[134] *www. Marché-public.fr/ Marchés-publics/Déf-décompte des délais Marchés Publics*, consulté le 27 mars 2014 à 15 heures 50'.

Même s'il fallait appliquer une telle règle, plus souple, de computation dans le cas sous examen, la défaillance du CRD serait, malgré tout, avérée. Cette défaillance est d'autant perceptible pour ne s'être pas conformé à l'exigence réglementaire du délai initial de l'article 158, alinéa 1, premier tiret, du décret portant manuel de procédures de la loi relative aux Marchés Publics, ni à celui de prorogation, prescrit au document dit « ***annexe 1*** » audit décret. Mais cette défaillance autorise-t-elle l'autorité contractante à passer outre une telle décision tardive et à poursuivre la procédure d'attribution du marché ? La réponse est certes affirmative car, faute d'une décision rendue dans les quinze (15) jours ou, en cas de prorogation, dans les trente (30) jours, « ***l'attribution du marché ne peut être suspendue*** ». Du coup se trouve affirmé un principe corollaire à celui posé à l'article 157, deuxième tiret, en combinaison avec celui de l'article 158, alinéa 1, premier tiret, du décret portant manuel de procédures de la loi sur les Marchés Publics : le recours du concurrent évincé des procédures de passation des Marchés Publics n'est suspensif de ces procédures qu'à la double condition que la décision du Comité de Règlement des Différends admette la recevabilité de ce recours et que cette décision intervienne dans le délai.

Dans ce cas, doit être écarté tout motif de poursuite des procédures d'attribution du marché par l'autorité contractante qui invoquerait la protection des intérêts essentiels de l'Etat, encore que le texte n'a pas défini ce qu'il entend par cette notion d'« *intérêt essentiel de l'Etat* ».

En clair, l'autorité contractante peut donc dans ces conditions, comme elle l'a déjà fait, poursuivre la procédure d'attribution définitive du marché par une demande de décision d'approbation adressée à l'autorité compétente. Pourtant, une telle décision d'approbation ne peut être exempte de critique devant la juridiction compétente lorsqu'elle est prise en violation de la réglementation ou en méconnaissance des droits et intérêts des tiers.

c. Eclosion de la jurisprudence consécutive

192. A la suite du contentieux né à l'occasion et dans le cadre de passation du contrat de prestations intellectuelles par AOI sus évoqué, la Cour suprême de justice, section administrative, siégeant en annulation en premier et dernier ressort, a rendu en date du 14 juin 2014 l' arrêt RA 1401 dont en voici le dispositif :

> ***« C'est pourquoi,***
> ***« La Cour Suprême de Justice, section administrative, siégeant comme « Conseil d'Etat en premier et dernier ressort ;***
> ***« Le Ministère public entendu ;***

« Dit la requête irrecevable ;
« Met les frais d'instance à charge de la demanderesse taxés à la somme « de 112.300 FC ».

193. La section administrative de la Cour suprême de justice n'a pas encore eu l'occasion de se prononcer sur des questions de fond soulevées par le droit de passation des Marchés Publics. L'une des parties au procès, en l'occurrence la partie requérante, ne lui a peut-être pas donné cette opportunité, la requête ayant été déclarée irrecevable sans possibilité de vérifier les moyens d'annulation invoqués par cette partie requérante.

L'irrecevabilité décrétée est consécutive à la motivation telle que la Cour l'a si bien agencée dans son œuvre. Mais, avant d'examiner cette motivation, voyons d'abord les différentes parties en cause ainsi que les faits tels qu'ils sont exposés dans l'arrêt.

1. Les parties en cause

194. La requérante en annulation est une société évincée lors de l'attribution provisoire du marché des prestations intellectuelles ouvert en 2012. Il s'agit de la Société WEBB FONTAINE GROUP. Cette dernière poursuit l'annulation de la décision du Ministre de l'Economie et du Commerce ayant signé un contrat portant sur la mise en place et la gestion d'un guichet unique du Commerce extérieur avec le groupe BIVAC-SOGET telle que reprise dans le communiqué de presse n° 43/10/13 de la réunion de la Troïka stratégique datée du dimanche 06 octobre 2013.

Bien qu'il s'agit d'un recours objectif, parce que dirigé contre une acte administratif, la partie défenderesse se trouve être bel et bien être le Ministre de l'Economie et du Commerce qui a pris l'acte administratif contesté et en la personne duquel est engagée la République Démocratique du Congo. La République agit, elle-même, en justice par le Ministre de la Justice et Droits Humains. D'où, la formulation généralement d'usage dans les mémoires, conclusions et dans les arrêts de justice : «*la partie défenderesse République démocratique du Congo, prise en la personne du Ministre de……* ». Il s'agit le plus souvent du Ministre chargé de l'exécution de la matière concernée. Dans le cas de l'arrêt sous examen, la République est partie défenderesse, mais elle est prise en justice en la personne des Ministres de l'Economie et du Commerce et celui de la Justice et Droits Humains.

La conséquence logique est que l'exploit, dans le cas présent, ainsi que la requête en annulation, doivent être signifiés aussi bien au Ministre de l'Economie et du Commerce qu'à celui de la Justice et Droits Humains, avec devoir, pour chacun, de réagir au regard des moyens de forme et de fond. Ils doivent le faire en prenant des mémoires en réponse à déposer au greffe de la Cour suprême de justice dans le délai légal.

2. Les faits de la cause

195. Il se dégage des faits de l'espèce qu'une réclamation administrative préalable de la requérante, la société WEBB FONTAINE GROUP, avait été introduite auprès de l'autorité contractante contre la décision d'attribution provisoire du Marché Public de la mise en place du guichet unique du commerce extérieur au Bureau Veritas Bivac-Soget. L'autorité compétente ayant rejeté cette réclamation, la demanderesse avait ensuite saisi en appel le Comité de Règlement des Différends, CRD en sigle, mais celui-ci s'est prononcé en dehors du délai prévu par l'article 158 du décret n° 10/22 du 02 juin 2010 portant manuel de procédures de la loi relative aux Marchés Publics (voir *supra*). Ce qui aura fondé l'autorité compétente à poursuivre le processus d'attribution du marché à l'entreprise précitée, par sa décision du 05 octobre 2013.

Ainsi, par sa requête du 04 mars 2014 réceptionnée au greffe de la Cour suprême de justice le 05 mars 2014, la société requérante poursuit l'annulation de cette décision du Ministre de l'Economie et du Commerce par laquelle il avait signé un contrat portant sur la mise en place et la gestion d'un guichet unique du Commerce extérieur avec le groupe BIVAC-SOGET telle que reprise dans le communiqué de presse n° 43/10/13 de la réunion de la Troïka stratégique datée du dimanche 06 octobre 2013.

Pour observer le principe du contradictoire et le droit de la défense, signification de ladite requête fut donnée à la République Démocratique du Congo, prise en la personne des Ministres de l'Economie et du Commerce et celui de la Justice et Droits Humains.

3. La motivation de la décision d'irrecevabilité

196. Dans son mémoire en réponse, la défenderesse, la République Démocratique du Congo, oppose à la requête trois fins de non-recevoir. Mais la Cour n'y trouve pas la nécessité d'examiner toutes les fins de non-recevoir opposées à la requête. Elle s'est appesantie uniquement sur la troisième, laquelle est tirée de la violation de l'article 89 de l'ordonnance-loi n° 82-017 du 31 mars 1982 relative à la procédure devant la Cour Suprême de justice pour forclusion du délai en ce que la demanderesse a introduit son recours en annulation le 05 mars 2014, soit huit mois à dater de l'introduction de son recours préalable émanant de Genève, le 05 juillet 2013.

Aux termes de l'alinéa 1 de l'article 89 de cette ordonnance-loi, « ***la requête en annulation doit être introduite dans les trois mois à compter du jour où***

le rejet total ou partiel de la réclamation a été notifié ». Cette disposition vient à la suite de la règle prescrite à l'article 88 du même texte qui dispose qu' « ***aucune requête en annulation n'est recevable si le requérant n'a pas au préalable introduit, dans les trois mois qui sui- vent la date de la publication à lui faite personnellement de l'acte entrepris, une réclamation auprès de l'autorité compétente tendant à voir rapporter ou modifier cet acte*** ».

La Cour considère que cette fin de non-recevoir est correctement invoquée car, elle fustige la violation, non seulement de l'article 88 de l'ordonnance-loi n° 82-017 du 31 mars 1982 relative à la procédure devant elle, mais aussi la violation des articles 20 et 21 du décret n°10/22 du 02 juin 2010 portant manuel de procédures de la loi relative aux Marchés Publics, 17 et 19, premier tiret, du décret n° 10/34 du 28 décembre 2010 fixant les seuils de passation, de contrôle et d'approbation des Marchés Publics.

197. Les articles 20 et 21 du décret n°10/22 du 02 juin 2010 portant manuel de procédures de la loi relative aux Marchés Publics sont ainsi libellés, d'une part, « *les contrats de Marchés Publics et de délégation de service public font l'objet d'une approbation conformément au décret fixant les modalités d'approbation des Marchés Publics et de délégation de service public. Conformément au décret susmentionné, le refus d'approbation des marchés est notifié à l'autorité contractante dans un délai ne dépassant pas dix jours calendaires. A défaut d'une décision expresse, le silence de l'autorité approbatrice vaut acceptation. L'acte d'approbation valide les marchés et leur confère le caractère définitif et exigible* » (article 20) et, d'autre part, « *l'autorité approbatrice des Marchés Publics et les délégations de service public est : - le Premier Ministre pour tous les marchés conclus à l'issue des appels d'offres internationaux et les marchés conclus par le ministre ayant le budget dans ses attributions ; - le ministre ayant le budget dans ses attributions, pour les marchés conclus à l'issue des appels d'offres nationaux ; - les ministres de tutelle pour les marchés conclus par les entreprises et établissements publics, à l'issue des appels d'offres nationaux* » (article 21).

Tandis que les articles 17 et 19, premier tiret, du décret n° 10/34 du 28 décembre 2010 fixant les seuils de passation, de contrôle et d'approbation des Marchés Publics disposent comme suit : « *les Marchés Publics et délégations de service public sont, quel qu'en soit le montant, soumis à l'approbation de l'autorité compétente*» (article 17) ; « *le marché public et la délégation de service public sont approuvés par : - Décret du Premier Ministre délibéré en Conseil des Ministres, pour tous les marchés et délégations de service public d'un montant égal ou supérieur au seuil de passation des Marchés Publics par appel d'offres international et pour tous les marchés passés par le Ministre ayant le budget dans ses attributions ; - le Ministre ayant le budget dans ses attributions, pour les Marchés Publics et délégations de service public d'un montant inférieur au seuil de passation des marchés par appel d'offres international ; - le Ministre de tutelle pour les marchés et délégations de service public d'un montant inférieur au seuil de passation de marchés par appel d'offres national, passés par les services, entreprises et établissements publics placés sous sa tutelle* » (article 19).

198. Ce à quoi la Cour dit que cette fin de non-recevoir est fondée. En effet, il découle de l'économie de l'article 88 de l'ordonnance-loi n° 82-017 du 31 mars 1982, dont la violation est invoquée, « qu'aucune requête en annulation n'est recevable si le requérant n'a pas, au préalable, introduit, dans les trois mois qui suivent la date de la publication à lui faite personnellement de l'acte entrepris, une réclamation auprès de l'autorité compétente tendant à voir rapporter ou modifier cet acte ».

Elle relève que, saisie du recours contre la décision d'attribution provisoire du Marché Public de la mise en place du Guichet unique du commerce extérieur au Bureau Veritas Bivac-Soget, l'autorité compétente a rejeté le recours de la demanderesse, qui avait alors saisi en appel le Comité de Règlement des Différends ; celui-ci s'étant prononcé en dehors du délai prévu par l'article 158 du décret n° 10/22 du 02 juin 2010 portant manuel de procédures de la loi relative aux Marchés Publics, ce qui amena l'autorité compétente à poursuivre le processus d'attribution du marché à l'entreprise précitée par sa décision du 05 octobre 2013 au regard de la disposition précitée.

La Cour note aussi que la preuve de la publication faite personnellement à la demanderesse de l'acte d'approbation du marché pris par l'autorité compétente, en l'espèce, le décret du Premier Ministre, fait défaut. Or, poursuit la Cour, il est évident que c'est l'acte d'approbation qui valide les marchés et leur confère le caractère définitif et exigible selon le prescrit de l'article 20, *in fine* du décret n° 10/22 du 02 juin 2010 portant manuel de procédures de la loi relative aux Marchés Publics.

Il s'ensuit que la requête en annulation introduite par la demanderesse contre la décision du 05 octobre 2013 du Ministre de l'Economie et de Commerce reprise dans le communiqué de presse n° 43/10/13 du 06 octobre 2013 de la troïka stratégique de la primature, ayant approuvé ledit marché, lequel n'est pas à confondre avec le décret du Premier Ministre, nonobstant la compétence de la Cour de céans au regard de l'autorité visée, est irrecevable pour prématurité.

199. En effet, la décision d'attribution provisoire du marché prise par l'autorité contractante, en l'occurrence, le Ministre de l'Economie et de Commerce, signée le 05 octobre 2013 en faveur du Bureau Veritas Bivac-Soget, attendait d'être entérinée par décret du Premier Ministre, s'agissant de l'approbation des Marchés Publics sur les prestations intellectuelles ayant fait l'objet d'appel d'offres international.

200. La pertinence de cette interprétation donnée par la Cour se situe à un double niveau. La Cour précise d'abord la philosophie même du système contentieux en matière de passation des Marchés Publics, telle que construite par le législateur mais aussi, elle vient, par ailleurs, de décanter la problématique autour de la nature et du contentieux des actes pris par les autorités intervenant dans une procédure de passation des Marchés Publics.

201. Nous avons précédemment fustigé une certaine désarticulation du système contentieux établi qui, lorsqu'on n'y prend pas garde, risque de déboucher sur un cercle vicieux (voir *supra,* n° 180), le réclamant devant, dans certaines hypothèses, revenir devant la même autorité compétente pour introduire son recours. Il y a lieu d'éviter la survenance des recours en cascade dans un même contentieux, entre les mêmes parties, et devant la même autorité car, faut-il le rappeler, tous les soumissionnaires ont un droit au recours devant l'autorité contractante lorsqu'une règle procédurale n'a pas été respectée ou lorsqu'un droit n'a pas été respecté. Cela se fait par voie d'une réclamation administrative préalable.

202. La loi sur les Marchés Publics introduit une procédure de réclamation administrative à double détente. Nous l'avons déjà signalé dans cet ouvrage (voir *supra*, n° 23). Premièrement, « *tout candidat ou soumissionnaire qui s'estime illégalement évincé des procédures de passation des Marchés Publics ou de délégations de service public peut introduire une réclamation auprès de l'autorité contractante* ».

Deuxièmement, la décision de l'autorité contractante, rendue sur réclamation du candidat ou du soumissionnaire, peut également être contestée devant l'autorité chargée de la régulation des Marchés Publics, par le biais du Comité de Règlement des Différends, qui est un organe technique de l'ARMP. Mais, la saisine de la Commission (des litiges ou de discipline) instituée au sein du Comité de Règlement des Différends fait obstacle à une saisine parallèle de la juridiction compétente tant que le Comité ne s'est pas encore prononcé. Cette saisine suspend les délais contentieux devant la juridiction compétente.

La réclamation administrative peut alors intervenir, selon les cas, lors de la phase d'attribution du marché ou en cours d'exécution dudit marché.

L'arrêt de la Cour suprême de justice sous le RA 1401 fait justement référence à cette réclamation administrative préalable que la société WEBB FONTAINE GROUP avait, en son temps, introduite devant l'autorité contractante contre la décision d'attribution provisoire du Marché Public de la mise en place du Guichet unique du commerce extérieur au Bureau Veritas Bivac-Soget ; réclamation qui fut pourtant rejetée et ayant ouvert la voie à l'action en appel devant le Comité de Règlement des Différends. En poursuivant le processus d'attribution du marché à l'entreprise précitée par sa décision du 05 octobre 2013, la société requérante n'avait d'autre choix que d'attendre l'issue de cette procédure qui devait se matérialiser par le Décret d'approbation du Premier Ministre, encore que ce décret doit être notifié à l'autorité contractante et il appartient à cette autorité de la publier.

203. Avant la fin de la rédaction du présent ouvrage, des informations vérifiées font état de ce qu'une nouvelle demande serait introduite par la société requérante devant la section administrative de la Cour suprême de justice siégeant comme Conseil d'Etat, contre le Décret du Premier Ministre portant approbation de la décision d'attribution provisoire du Marché Public de la mise en place du guichet unique du commerce extérieur au Bureau Veritas Bivac-Soget.

204. C'est donc ce décret d'approbation, comme le rappelle l'arrêt RA 1401, qui valide les marchés et leur confère le caractère définitif et exigible, selon le prescrit de l'article 20, *in fine* du décret n° 10/22 du 02 juin 2010 portant manuel de procédures de la loi relative aux Marchés Publics. Il est, dès lors, clair que ce décret, acte d'une autorité administrative centrale, peut être entrepris par voie de recours en annulation pour excès de pouvoir devant le Conseil d'Etat (en attendant l'installation du Conseil d'Etat, devant la section administrative de la Cour suprême de justice). Toutefois, la voie de recours juridictionnel ne sera pas fermée contre la décision d'attribution du marché prise par l'autorité contractante lorsque cette décision est, elle-même, devenue définitive par l'effet de l'approbation décrétale.

Pour une meilleure économie des moyens juridiques et des ressources, il serait même utile de conseiller que le requérant puisse attaquer en annulation, dans une même action, la décision d'attribution du marché qui est devenue définitive en même temps que le décret l'ayant approuvé. Les deux actes revêtent le caractère d'actes détachables du contrat administratif de Marché Public.

205. L'éclosion de la jurisprudence en matière du contentieux des Marchés Publics depuis la réforme du secteur est devenue effective. Il n'est guère possible pour le moment de dire combien d'actions sont actuellement pendantes devant les juridictions nationales. En ce sens, le tribunal de commerce de Lubumbashi devra se prononcer dans un proche avenir sur requête de la Société GPO Partners Congo Sarl dans une affaire inscrite sous le RAC 1336 dudit tribunal, dont en cause, ladite Société requérante contre la Société Nationale des chemins de Fer du Congo (SNCC) et la Société DELOITTE RDC Sarl, affaire faisant intervenir l'autorité de régulation des Marchés Publics.

206. Seuls les juges saisis ont la compétence pour départager les parties sur leurs prétentions réciproques car, il n'était pas indiqué d'influencer ou d'interférer dans les décisions judiciaires en proposant des solutions. C'est pourquoi, en l'absence d'une expédition régulière de la décision judiciaire qui vient d'être rendue en cette affaire, on se limitera à rappeler brièvement les faits de cette cause tels que relatés par les parties en vue de se faire une idée sur les questions pertinentes soumises aux juges.

207. En effet, en vue de déterminer la situation patrimoniale de la SNCC dans le cadre du processus de transformation de cette entreprise publique de l'Etat en société commerciale, un dossier d'appel d'offres avait été lancé au mois de février 2011 pour la sélection d'un cabinet de consultants afin d'auditer les comptes de la SNCC au 31 décembre 2010. Dans les instructions aux soumissionnaires contenues dans ce DAO, tout comme dans le cahier des charges élaboré par la SNCC, il est stipulé que « *les présents termes de référence sont élaborés en vue de procéder au recrutement d'un Cabinet d'audit international devant procéder aux travaux d'audit des comptes de la SNCC arrêtés au 31 décembre 2010*».

S'étant présentée comme un correspondant indépendant en République Démocratique du Congo de la société DELOITTE &Touche Tohmatsu, société de droit étranger, la société GPO Partners Congo Sprl avait soumis sa proposition technique à l'autorité contractante à la date du 04 février 2011. C'est donc en cette qualité de firme correspondante de DELOITTE &Touche Tohmatsu que la société GPO Partners Congo sprl signa le contrat de services avec la SNCC à la date de 16 mai 2011. Ainsi donc, la Société GPO Partners Congo sprl s'est reconnue comme étant attributaire du marché conclu avec la SNCC. Malheureusement pour elle, GPO Partners sera évincée, quant à l'exécution dudit marché, au bénéfice d'une autre société récemment constituée sous la dénomination de DELOITTE RDC SPRL.

Une lettre de protestation sera adressée à la SNCC et à laquelle cette dernière avait réservé une réponse non favorable aux prétentions de la société GPO Partners Congo Sprl, qui s'est alors avisée de saisir la justice aux fins d'obtenir réparation pour les préjudices qu'elle prétend avoir subis ;

208. A cette demande de réparation principalement pécuniaire, la société GPO Partners Congo Sprl en a adjoint d'autres, à titre subsidiaire, et tendant, d'une part, à la prise par l'ARMP, d'une décision de blacklistage de la société DELOITTE RDC SARL et, d'autre part, à la publication du jugement à intervenir à la diligence de l'ARMP par insertion dans trois journaux dont l'un à Lubumbashi et deux à Kinshasa.

Dans le cadre du contentieux des Marchés Publics, cette affaire soulève des questions assez pertinentes auxquelles les juges du tribunal de commerce de Lubumbashi devraient répondre. D'abord sur la compétence juridictionnelle, on peut se demander sur la nature de la décision attaquée : quelle est la nature juridique de la décision attaquée et dont l'illégalité avérée entrainerait ensuite la condamnation des parties défenderesses à la réparation ? Cette décision rentre-t-elle dans la compétence matérielle du tribunal de commerce ? Quel est ensuite l'impact d'une clause contractuelle sur la compétence territoriale d'une juridiction lorsque les parties ont entendu confier le règlement des litiges à une juridiction visée à l'avance ? En effet, selon l'article 17 du contrat de services signé le 16 mai 2011 entre la SNCC et GPO Partners Congo sprl au titre de firme correspondante de DELOITTE & TOUCHE TOHMATSU en République Démocratique du Congo, il est dit que « *tout litige né de l'interprétation ou de l'exécution du présent contrat, s'il n'a pu être réglé à l'amiable, sera porté devant les seuls tribunaux de Kinshasa* ».

209. Et, en tant que l'action sous le RAC 1336 du tribunal de commerce de Lubumbashi tendait également à voir les juges enjoindre l'ARMP, notamment, à prendre une décision de blacklistage de la société DELOITTE RDC SARL, c'est-à-dire, une sanction excluant cette dernière société du bénéfice de la commande publique, l'interprétation des dispositions pertinentes de la loi était attendue à ce sujet. Malheureusement, les juges n'ont pas eu l'occasion de se prononcer sur cette question, l'action ayant été déclarée irrecevable, a-t-on appris.

En cette matière, l'article 81, alinéa 1, de la loi n° 10/010 du 27 avril 2010 relative aux Marchés Publics autorise la sanction de l'exclusion temporaire de la commande publique ; Il aurait été intéressant que les juges fixent les parties en cause, pour dire à qui appartient effectivement cette compétence, et qui a qualité et intérêt à requérir une telle sanction.

Il va sans dire que ces questions ne pouvaient être examinées par les juges que lorsqu'ils auront admis leur propre compétence à statuer dans ladite affaire et après en avoir décrété la recevabilité[135].

On ne peut clore ce paragraphe sans évoquer une dernière espèce, encore pendante devant le tribunal de commerce de Kinshasa/Matete et dont le jugement est attendu dans les prochains jours car, la cause y relative a été prise en délibéré après que le Ministère public se soit prononcé sur le banc. Il s'agit de la cause enrôlée sous le RCE 1195 de ce tribunal et dont les faits sont résumés comme suit :

En date du 14 juillet 2014, l'Etablissement public Transports du Congo (Transco) avait émis un dossier d'appel à candidature pour le recrutement d'une agence de communication chargée de commercialiser ses espaces publicitaires (bus et abribus) en République Démocratique du Congo. A l'issue de cette procédure, les plis furent ouverts lors d'une séance publique du 23 août 2014, et deux soumissionnaires furent retenus, dont la demanderesse sous le RCE 1195, la société GUILGAL INVESTMENT GROUP SARL.

Un communiqué relatif à cette procédure fut transmis au journal officiel, le 29 septembre 2014, pour publication. A la même date, les sociétés attributaires furent notifiées de la décision d'attribution provisoire dudit marché. Quant à ce communiqué, il fut effectivement publié dans la production du Journal officiel de la République Démocratique du Congo, n° 20, du 15 octobre 2014. Ainsi donc, le marché susmentionné fut provisoirement attribué à ces deux agences soumissionnaires retenues et l'autorité contractante leur donna mandat, notamment par sa notification du 29 septembre 2014 adressée à la partie demanderesse, en vue de contacter les éventuels annonceurs et opérer les négociations à toutes fins utiles.

Cependant, avant même la signature du contrat par les parties, l'autorité contractante va, par le biais de son Directeur Général, notifier aux soumissionnaires retenus, un report *sine die* de cette notification. Cette attitude de l'autorité contractante fut perçue par les soumissionnaires retenus comme une grave irrégularité de la procédure entamée, au regard de la loi sur les Marchés Publics.

---

135 A la dernière minute, nous apprenons d'une source sûre que le tribunal de commerce de Lubumbashi vient de rendre son jugement dans l'affaire sous le RAC 1336. L'action de la Société GPO Partners Congo Sprl est déclarée irrecevable pour forclusion. N'ayant pas encore obtenu la copie de ce jugement, nous ne pouvons apprécier le raisonnement judiciaire tel que développé par ces juges.

Par ailleurs, en soumettant son plan de passation des Marchés Publics de l'exercice 2015 à la Direction Générale du Contrôle des Marchés Public, pour avis de non objection, l'autorité contractante y intégra le même marché de recrutement d'une agence de publicité destinée à commercialiser les espaces de ses bus et abribus. Aussi, elle va introduire une demande auprès de l'Autorité de Régulation des Marchés Publics, tendant à l'annulation de l'appel à candidatures du marché provisoirement attribué aux deux soumissionnaires retenus[136].

C'est contre cette attitude de l'autorité contractante que la demanderesse introduit un recours auprès du Comité de Règlement des Différends, structure de l'ARMP, mais la décision du CRD rendue en forme d'avis renvoie les deux parties dos à dos car, après avoir conclu qu'il n'existe aucun contrat de marché public entre parties, le CRD les invite par conséquent à régler ce litige à l'amiable. Cependant, les parties n'ayant pas trouvé un terrain d'entente, la société GUILGAL INVESTMENT GROUP SARL va, par la suite, saisir le tribunal de commerce de Kinshasa/Matete en vue d'obtenir un dédommagement pour les préjudices qu'elle a subis.

Ici, également, nous allons nous limiter à la présentation des prétentions réciproques des parties, étant entendu que seuls les juges devront les départager. Dans son exploit introductif d'instance, la société demanderesse sollicite du tribunal la condamnation de Transco au paiement des dommages-intérêts sur pied des articles 258 et suivants du Code civil congolais, Livre III. Elle sollicite du tribunal de dire exécutoire le jugement à intervenir nonobstant tout recours et sans caution.

Pour sa part, Transco soulève un moyen d'irrecevabilité tiré de l'incompétence matérielle du tribunal de commerce au regard de l'article 17 de la loi n°002/2001 du 03 juillet 2001 portant création, organisation et fonctionnement des tribunaux de commerce. Il rejette la qualification de « commerçant » que lui colle la demanderesse pour justifier la compétence matérielle du tribunal de commerce et se reconnaît plutôt la nature d'établissement public de l'Etat, telle que cela ressort du décret n° 13/001 du 10 janvier 2013 portant statuts d'un établissement public dénommé «Transports au Congo», en abrégé « TRANSCO ». La notion d'acte de commerce a été au centre des débats pour dire si l'objet social poursuivi par Transco, à savoir, « le transport » des personnes, constituait un acte de commerce. Pour la demanderesse, le transport est un acte de commerce par

---

[136] A bien observer, il est fort possible qu'une nouvelle procédure ait été lancée en 2015 pour le même marché et que ledit marché soit attribué à d'autres entreprises. L'observateur peut bien se rendre à l'évidence que, actuellement, presque tous les bus Transco arborent divers logos publicitaires.

nature au sens des articles 2 et 3 de l'Acte uniforme relatif au droit commercial général (AUDCG).

L'article 2 de l'AUDCG donne la définition de commerçant : « *est commerçant celui qui fait de l'accomplissement d'actes de commerce par nature sa profession* ». L'article 3 de l'AUDCG définit l'acte de commerce par nature : « *l'acte de commerce par nature est celui par lequel une personne s'entremet dans la circulation des biens qu'elle produit ou achète ou par lequel elle fournit des prestations de service avec l'intention d'en tirer un profit pécuniaire* » ; « ont, notamment, le caractère d'actes de commerce par nature : - les opérations de manufacture, de transport et de télécommunication ... »

Transco soutient plutôt le contraire pour dire que, n'étant pas commerçant, mais plutôt établissement public de l'Etat, le service de transport qu'il fournit à la population n'est pas un acte de commerce, mais c'est plutôt un service public, service public entendu au sens matériel.

Ainsi, entre « transport – acte de commerce par nature » et « transport – service public », fourni par Transco, il revient aux juges de donner la vraie nature de l'objet social de Transco. Mais, ce débat risque de dérouter et il apparaît comme une sorte de digression car, si les tribunaux de commerce ont reçu compétence pour connaître de « *contestations entre toutes personnes relatives aux actes de commerce...* », on peut se demander si la contestation élevée entre Guilgal Investment Group et Transco est relative au transport.

Les faits de la cause montrent que cette contestation est plutôt relative à la décision de l'autorité contractante reportant, *sine die,* la notification de l'attribution provisoire du marché en faveur des soumissionnaires retenus, dont la société Guilgal investment group. Si tel est le cas, quelle est alors la nature d'une telle décision, dès lors qu'elle est prise par l'autorité contractante, à fortiori par une autorité administrative ? Le débat reste ouvert jusqu'à la décision judiciaire à intervenir.

II. LE CADRE REGLEMENTAIRE

210. Le dispositif réglementaire n'a pas non plus échappé à la critique. L'audit a relevé notamment:

1. la limitation des compétences de l'ARMP au recours précontractuel par l'article 11 du décret portant manuel de procédures de la loi relative aux Marchés Publics, alors que la loi lui confère, en son article 75, des prérogatives étendues au domaine contractuel ;

2. des incohérences majeures sur les organes de l'ARMP au travers le décret portant manuel de procédures et celui organique de cette institution ;

3. le silence du décret relatif au manuel de procédures en cas de nombreuses autres violations procédurales, étant entendu que l'article 88 dudit décret s'est limité à sanctionner par la nullité, uniquement l'absence de la publicité;

4. l'existence des répétitions et peu de clarté dans la définition formelle ainsi que dans la portée de l'approbation invoquée à l'article 2 du décret relatif à l'approbation des Marchés Publics;

5. l'absence d'ouverture à une seconde réunion de la Commission de Passation des Marchés Publics qui pourrait se tenir à la majorité simple, étant donné que l'article 13, alinéa 3, du décret organique de la Cellule de Gestion des Projets et des Marchés Publics n'a prévu qu'un quorum à la majorité qualifiée.

211. La première critique portée à l'endroit du dispositif réglementaire fustige, en quelque sorte, l'illégalité du décret portant manuel de procédures de la loi relative aux Marchés Publics, en ce que ce décret réduit sensiblement, en son article 11, la portée de la compétence contentieuse de l'ARMP, la confinant au seul recours précontractuel. La critique semble moins pertinente parce que, concernant le contentieux de l'exécution des contrats de Marchés Publics, l'article 75, alinéa 2, de la loi sur les Marchés Publics renvoie à l'article 73, alinéa 2, de la même loi, reconnaissant ainsi à l'ARMP la compétence de connaître, au second degré, de la réclamation administrative en cas de contentieux survenu dans l'exécution d'un contrat.

La loi ayant elle-même réglé la question, la défaillance de l'acte réglementaire est inopérante. Le décret ne peut, sans violer le principe de légalité, restreindre l'étendue d'une compétence législative en la matière.

212. L'incohérence dans la nomenclature des organes de l'ARMP telle que relevée par l'audit est patente. Le décret organique cite, à l'article 13, trois organes qui sont le Conseil d'Administration, la Direction Générale et le Collège des Commissaires aux comptes. Le décret portant manuel de procédures de la loi sur les Marchés Publics mentionne à l'article 12, trois organes également : le Conseil d'Administration, le Comité de Règlement des Différends et la Direction Générale. Ce dernier texte fait litière de Collège des Commissaires aux comptes pour retenir plutôt le Comité de Règlement des Différends. Ironie du sort, les deux textes réglementairement ont été signés à la même date.

B. OBSERVATIONS QUANT AU DISPOSITIF INSTITUTIONNEL

213. Le cadre institutionnel mis en place présente aussi de nombreuses défaillances et insuffisances tant du point de vue des acteurs que du point de vue de l'organisation et du fonctionnement des entités intervenant dans la chaîne du processus de passation des Marchés Publics. A commencer par l'Autorité de régulation, elle-même, en passant par l'organe de contrôle à priori ou les Cellules de Gestion des Projets et des Marchés Publics, des insuffisances de divers ordres sont relevées et le rapport d'audit cite notamment :

1. des insuffisances substantielles quant aux conditions d'exécution des missions de la Direction de Régulation en rapport avec le traitement des recours (exemples : absence d'un dispositif d'enregistrement propre doté d'une traçabilité sans faille, absence de procédures internes d'instruction des recours traduites dans un manuel de procédures mis en cohérence avec le règlement intérieur du CRD, absence de définition de relations fonctionnelles entre le CRD et la Direction générale, etc.) ;

2. un positionnement flou du CRD au sein de l'ARMP de nature à compromettre l'efficacité dans le traitement des litiges. Il est constaté, par exemple, que les recours sont déposés au niveau du secrétariat de la Direction Générale de l'ARMP qui s'avise alors d'en assurer l'instruction sans impliquer les membres du CRD. Ce dernier organe technique ne dispose d'ailleurs pas d'un local ni d'une logistique adéquate de manière à faciliter l'exercice de ses missions.

3. le cumul de tâches incompatibles dans le chef d'une même personne. C'est le cas de cumul, dans la Cellule de Gestion des Projets et des Marchés Publics de l'ARMP de la part du Secrétaire permanent, lequel est à la fois membre de droit de la Commission d'attribution des marchés alors qu'il est aussi impliqué dans l'élaboration des dossiers et dans la Commission d'analyse qu'il préside même, dans certains cas, en violation de l'article 11 du décret organique de la CGPMP. C'est également la situation dans le Ministère de l'Enseignement Primaire, Secondaire et Professionnel où le secrétaire permanent de la Cellule cumule cette fonction avec celle du Président de la commission de passation des Marchés Publics, en violation de l'article 5, du décret n°10/32 du 28 décembre 2010.

214. Notons ici que, en violation de l'article 13 de la loi n° 10/010 du 27 avril 2010 relative aux Marchés Publics, des articles 17, 18 et 19 du décret n° 10/22 du 02 juin 2010 portant Manuel de procédures de la loi relative aux Marchés Publics, nombreuses sont les Autorités contractantes qui n'ont pas encore organisé en leur sein les Cellules de Gestion des Projets et de Marchés Publics, ou que les CGPMP existantes ne sont pas conformes aux textes susvisés. Il en est notamment du Ministère de la Défense nationale, de la REGIDESO, de l'OCC, de l'ICCN, du Ministère de la justice et droits humains ainsi que de la SCTP qui n'ont pas de Cellules. Pour leur part, bien qu'ayant organisé des Cellules, la BCECO, la Cellule des Infrastructures, l'UCOP, le PARSE et la RVA n'ont pas pourtant actualisé leurs anciennes Cellules conformément à la nouvelle réglementation sur les Marchés Publics.

En outre, la Direction Générale du Contrôle des Marchés Publics, bien que créée par décret du 28 juin 2010, n'a commencé d'être opérationnelle qu'à partir du mois d'avril 2011, avec la conséquence que plusieurs dossiers des marchés passés pendant la période couverte par l'audit ne purent pas être contrôlés par la DGCMP.

§2. OBSERVATIONS SUR LES MARCHES CONCLUS

215. Les violations de la réglementation sur les Marchés Publics sont consécutives à diverses causes pouvant être l'ignorance ou le peu de maîtrise des règles en la matière, la modicité ou l'absence de moyens, voire, les réticences de certains acteurs. Malgré ces violations, il faut reconnaître le fait que certains acteurs appliquent respectueusement ces règles et ces principes.

Avant de dresser quelques tableaux sur l'échantillon des marchés retenus pour l'audit, il sied de passer en revue certaines de ces règles de forme et de procédure.

A. OBSERVATIONS QUANT AUX REGLES DE FORME ET DE PROCEDURE

216. Le rapport d'audit met en exergue autant de faiblesses que de flagrantes violations des textes dans la passation des Marchés Publics à travers l'échantillon examiné. Les règles de forme et la procédure prévues n'ont pas été respectées par plusieurs autorités contractantes.

217. Sur l'échantillon de marchés passés, le rapport d'audit dénonce de graves violations de la réglementation sur les Marchés Publics par 27 autorités contractantes sur les 33 sélectionnées. Un satisfecit à l'égard de la

Cour suprême de justice, aux ministères de la santé publique et de l'enseignement primaire, secondaire et professionnel, lesquels sont sortis du lot et sont perçus comme ayant globalement respecté les dispositions réglementaires sur les Marchés Publics. Le Cabinet du Premier ministre, le Ministère du genre, famille et enfant et celui de l'urbanisme et habitat sont, eux, comptés dans la catégorie des autorités contractantes sélectionnées et dont l'audit a relevé quelques rapports de carence.

I. FORME DANS LA PASSATION DES MARCHES PUBLICS

218. L'exigence de la forme est une condition de la transparence et de la traçabilité dans les opérations de passation des Marchés Publics. Le respect de cette exigence assure la liberté d'accès à la commande publique et l'égalité de traitement des candidats. Parmi les règles formelles les plus à vue, on peut citer : l'établissement du plan de passation des marchés, la règle de publicité et l'archivage des dossiers relatifs aux Marchés Publics.

a) L'établissement du plan de passation des marchés

219. Les Autorités contractantes sont tenues d'évaluer le montant total des marchés de fournitures, de services, de travaux ou de prestations intellectuelles qu'elles envisagent de passer au cours de l'année concernée et d'établir un plan de passation des marchés comprenant l'ensemble de ces marchés, suivant un modèle-type fixé par l'ARMP[137]. Ces plans de passation des marchés doivent être communiqués à la Direction Générale du Contrôle des Marchés Publics « DGCMP », pour non objection, et à l'Autorité de Régulation des Marchés Publics pour leur publication sur son site internet[138].

L'obligation d'établissement du plan de passation des Marchés Publics, prévue par les articles 44 et 45 du décret n° 10/22 du 02 juin 2010, a été manifestement violée par de nombreuses autorités contractantes. Celles-ci ont passé des marchés sans les inscrire préalablement dans le plan annuel de passation des marchés. Soit qu'elles n'ont pas élaboré ces plans, soit encore qu'elles n'ont pas transmis leurs plans à la Direction Générale du Contrôle des Marchés Publics. Le taux des Autorités contractantes, auteurs de cette violation, est estimé à 57 %, pour celles qui ont passé des marchés sans les

[137] Voir article 44 du Décret n° 10/22 du 02 juin 2010 portant Manuel de procédures de la loi relative aux Marchés Publics.

[138] Voir article 45 du Décret n° 10/22 du 02 juin 2010 portant Manuel de procédures de la loi relative aux Marchés Publics. Toutefois, une urgence dûment motivée peut fonder une autorité contractante à passer outre cette exigence, mais avec l'autorisation de la Direction Générale du Contrôle des Marchés Publics.

inscrire préalablement dans le plan annuel de passation des marchés[139]. Tandis que 70 % de ces Autorités ciblées n'ont pas transmis leurs plans de passation à la Direction Générale du Contrôle des Marchés Publics pour avis de non objection, ni à l'ARMP pour publication. C'est le cas, à titre illustratif, du Ministère de la Défense Nationale et Anciens Combattants, de l'Office des Voiries et Drainage, du Fonds de Promotion de l'Education Nationale.

220. Les articles 44 et 45 du décret portant manuel de procédures de la loi relative aux Marchés Publics furent ainsi violés par les 27 autorités contractantes ci-après : le Bureau Central de Coordination (BCECO), le CEEC, la Cellule des Infrastructures, la Chancellerie des ordres nationaux, la Congolaise des Hydrocarbures (COHYDRO), le Fonds de Promotion de l'Education Nationale, l'Institut Congolais pour la Conservation de la Nature (ICCN), l'Institut National de Recherche Biomédicale (INRB), l'Institut National de Sécurité Sociale (INSS), les Lignes Aériennes Congolaises (LAC), les Lignes Maritimes Congolaises (LMC), les ministères de la Défense Nationale et Anciens Combattants, de l'Intérieur, de la Fonction Publique, de la Justice et Droits Humains, de l'Agriculture, du Budget, l'Office Congolais de Contrôle (OCC), l'Office des Routes (OR), l'Office des Voiries et Drainage (OVD), la Régie des Voies Aériennes (RVA), la Régie de Distribution d'Eau (REGIDESO), la Société Congolaise des Postes et Télécommunications (SCPT), la Société Commerciale des Transports et Ports (SCTP), la Société Nationale d'Electricité (SNEL), l'Unité de Coordination des Projets (UCOP) ainsi que l'Unité de Coordination et de Gestion du Projet-PARSE.

b) La règle de publicité

221. La règle de publicité découle de l'article 45 du décret portant manuel de procédures de la loi relative aux Marchés Publics qui dispose que « *les plans de passation des marchés doivent être communiqués à la direction du contrôle des Marchés Publics, pour non objection, et à l'autorité de régulation des Marchés Publics pour leur publication sur son site internet. Exceptés les cas urgents dûment motivés et autorisés par la direction générale du contrôle des Marchés Publics, cette obligation administrative est préalable à toute procédure de passation des Marchés Publics et de délégation de service public* ».

---

[139] Voir rapport d'audit annuel 2011, p.48.

La violation de cette règle de publicité consolide et entraîne, *ipso facto*, la violation de la règle de concurrence qui est le corollaire du principe de la liberté d'accès à la commande publique et celui de l'égalité de traitement des candidats énoncés à l'article 6 du décret n° 10/22 du 02 juin 2010 portant Manuel de procédures de la loi relative aux Marchés Publics. Ainsi, le rapport d'audit des Marchés Publics fait état des achats effectués directement avec les prestataires, en violation des procédures concurrentielles. C'est le cas de l'Office des Routes et du Ministère de l'Agriculture qui ont passé des marchés pour des montants respectivement de 2.444.901 USD et de 1.790.076, 35 USD.

c) L'archivage des dossiers relatifs aux Marchés Publics

222. Un audit n'est aisément effectué que si les opérations à vérifier sont disponibles de manière à permettre une meilleure traçabilité. Cette traçabilité fait cruellement défaut à cause de la carence observée dans l'archivage des dossiers des Marchés Publics. C'est en tout cas une carence quasi récurrente constatée au sein de toutes les Autorités contractantes, à l'exception de la Cour suprême de justice, du Ministère de l'Enseignement Primaire, Secondaire et Professionnel ainsi que du Ministère de la Santé Publique qui ont fourni gracieusement aux auditeurs les pièces et les documents relatifs aux Marchés Publics conclus.

Les cas du cabinet du Premier Ministre, des Ministères du Genre, Famille et Enfant et de l'Urbanisme et Habitat ne sont pas du tout encourageants car, ces autorités contractantes n'avaient pas simplement communiqué leurs dossiers aux auditeurs.

Dans certaines Cellules de Gestion des Projets et des Marchés Publics, les documents afférents aux marchés conclus sont simplement introuvables ou, à tout le moins, sont archivés de manière dispersée et difficilement retrouvables en cas de besoin.

II. PROCEDURES DE PASSATION DES MARCHES

223. Nombreux sont, par ailleurs, les cas de violation avérées, à l'endroit des formalités procédurales applicables en matière de passation des Marchés Publics. Parmi ces procédures, on peut citer la procédure de consultation des fournisseurs, l'approbation des marchés par l'autorité compétente, la soumission des marchés financés sur ressources extérieures à la loi congolaise sur les Marchés Publics.

a) Consultation des fournisseurs

224. L'article 38 du décret portant manuel de procédures de la loi relative aux Marchés Publics introduit une procédure de consultation des fournisseurs lorsqu'il s'agit des Marchés Publics et des délégations de service public d'un montant estimé inférieur aux seuils réglementaires d'appel d'offres fixés à l'article 37 du même décret.

Le rapport d'audit révèle 12 cas des Autorités contractantes ayant recouru à cette procédure mais qui, malheureusement, ne l'ont pas appliquée à la lettre. Les unes ont utilisé leurs propres procédures internes (cas de la REGIDESO, de la CEEC et de la SCTP) ; tandis que les autres ont péché pour n'avoir pas porté l'information aux fournisseurs non retenus de la décision de rejet de leurs offres ou pour n'avoir pas publié les résultats des opérations. La sanction qui découle de l'absence de publication et de l'information des fournisseurs non retenus est que le marché retenu est rendu sans effet.

Ici, exception faite du Ministère du Budget et la COHYDRO pour lesquels les demandes de consultation n'ont pas été revues par l'audit, aucun marché passé par cette procédure de consultation des fournisseurs n'a été jugé conforme à la réglementation en vigueur.

b) Approbation des Marchés Publics

225. Aux termes des articles 15 et 42 de la loi n° 10/010 du 27 avril 2010, les Marchés Publics et les délégations de service public doivent être approuvés par des autorités compétentes expressément désignées. Bien plus, un Marché Public ou une délégation de service public n'a d'effets que s'il est approuvé.

Il a été malheureusement constaté que presque tous les marchés examinés n'ont pas été systématiquement approuvés. C'est un constat général, sauf pour le Ministère de l'Intérieur, celui de l'Enseignement Primaire, Secondaire et Professionnel, celui de la Santé Publique, de la Cour suprême de justice ainsi que le Ministère du Budget, pour un des marchés examinés, et pour lesquels, les actes d'approbation furent communiqués aux auditeurs après le rapport provisoire.

c) Soumission des marchés financés sur ressources extérieures à la loi congolaise

226. « *Les marchés passés en application d'un accord de financement ou d'un traité international sont soumis aux dispositions de la présente loi, dans la mesure où celles-ci ne sont pas contraires aux stipulations de cet accord* *ou de ce traité* ». Il s'agit là d'une exigence légale découlant de l'article 3 de la loi sur les Marchés Publics.

Pourtant, l'audit révèle à cet effet que les Autorités contractantes ayant passé des marchés financés sur des ressources extérieures ne se sont pas soumises à la loi congolaise, notamment, en ce qui concerne le contrôle à priori par la DGCMP. Aucun marché bénéficiant des ressources extérieures n'a été soumis à ce contrôle, les Autorités contractantes concernées ont plutôt fait exclusivement application des procédures édictées par les bailleurs de fonds. C'est le cas de la Cellule des Infrastructures. A titre de rappel, le contrôle à priori vise le PPM, les DAO et tous les rapports d'évaluation ainsi que les procès-verbaux d'attribution des marchés.

B. RELEVE DE PRINCIPALES VIOLATIONS DE LA REGLEMENTATION

227. Un tableau dressé par les auditeurs et intitulé « tableau des non conformités » fait ressortir les principales violations de la réglementation sur les Marchés Publics par les autorités contractantes. Ces violations prennent diverses formes : soit que la CGPMP n'a pas été mise en place au sein d'une autorité contractante, soit que la CGPMP déjà en place est non conforme à la nouvelle réglementation ou qu'elle a été mise en place tardivement. La défaillance dans l'archivage, la non publication des résultats définitifs, la faible capacité des acteurs, la non élaboration de PPM 2011, des PPM non soumis à la DGCMP ou non approuvés, des marchés non-inscrits dans le PPM, le non-respect de l'article 38 du décret n°10/22, le non-respect de l'article 3 de la loi n°10/010 concernant le contrôle à priori de la DGCMP, existence des travaux en régie non justifiés et le défaut d'approbation des marchés.

228. Hormis le Cabinet du Premier Ministre, le Ministère du genre, Famille et Enfant ainsi que le Ministère de l'Urbanisme et Habitat, dont les dossiers n'étaient pas transmis aux auditeurs, la situation de non-conformité à la réglementation se présente globalement comme suit :

1. Du défaut de mise en place de la CGPMP

229. Il est difficile de contracter normalement un Marché Public sans le concours d'une CGPMP composée des animateurs qualifiés. La question de la mise en place effective de ces cellules a été soulevée dans une circulaire du Ministre du Budget portant n° 0441/CAB/MIN/BUDGET/2011, du 12 février 2011. Dans cette circulaire, le Ministre conviait tous les gestionnaires des crédits et les directeurs généraux des entreprises et des établissements publics à pouvoir rendre effective cette mise en place au plus tard le 25 février 2011. Il existe, à cet effet, des documents standards tels que le modèle de décision portant mise en place de la CGPMP et celui de la décision portant désignation des membres de cette cellule[140].

230. C'est en 2012 que le contrat de services avait été signé entre L'ARMP et le groupement Thornton Sénégal/CKA Audit & Conseil en vue de l'audit dont le rapport est exploité dans ce second chapitre. Ledit rapport a été signé le 30 mars 2013 ; c'est dire que jusqu'à cette date incluse, plusieurs autorités contractantes ont passé des marchés sans avoir organisé les CGPMP. L'on a cité 6 cas : l'Institut Congolais pour la Conservation de la Nature, le Ministère de la Défense Nationale et Anciens Combattants, le Ministère de l'Intérieur, l'Office Congolais de Contrôle, la Régie de Distribution d'Eau et la Société Commerciale des Transports et Ports.

2. Des CGPMP non conformes

231. Par CGPMP non conformes, on peut y voir celles qui existent effectivement, mais qui sont constituées et, voire même, fonctionnent en marge des règles d'organisation et de fonctionnement édictées par le décret n° 10/32 du 28 décembre 2010 portant création, organisation et fonctionnement de la Cellule de Gestion des Projets et des Marchés Publics. Dix CGPMP ont été jugées non conformes : les CGPMP du Bureau Central de Coordination, BCECO, en sigle, de la Cellule des Infrastructures, des Ministères (du Budget, de l'Enseignement Primaire, Secondaire et Professionnel, de l'intérieur), de l'Office des Routes, de la Régie des Voies Aériennes, de la Société Congolaise des Postes et Télécommunications, de l'Unité de Coordination des Projets et de l'Unité de Coordination et de Gestion du Projet-PARSE.

3. Des CGPMP mises en place tardivement

232. En considérant la délai buttoir du 25 février 2011, fixé par la circulaire précitée du Ministre du Budget pour la mise en place effective des cellules de Gestion des Projets et des Marchés Publics, et eu égard à la période couverte par l'audit, du 28 octobre 2010 au 31 décembre 2011, il y a lieu de croire que la majorité d'acheteurs publics n’ont organisé leurs CGPMP qu’après le 25 février 2011 ou à une autre date ultérieure, à telle enseigne que ces CGPMP ne pouvaient être impliquées dans la gestion des marchés soumis à l'audit. 18 cas ont été ciblés : le Centre d'Evaluation, d'Expertise et de Certification (C.E.E.C), la Chancellerie des Ordres Nationaux, la

---

[140] Ces modèles de décision sont publiés au Journal officiel de la République Démocratique du Congo, 53e année, numéro spécial, 14 janvier 2012, pp.174-180. Le numéro est exclusivement consacré aux textes édictés sur les Marchés Publics.

Congolaise des Hydrocarbures, le Fonds de Promotion de l'Education Nationale, l'Institut Congolais pour la Conservation de la Nature, l'Institut National de Recherche Biomédicale, l'Institut National de Sécurité Sociale, les Lignes Aériennes Congolaises, les Lignes Maritimes Congolaises, le Ministère de la Défense Nationale et Anciens combattants, le Ministère de la Fonction Publique, le Ministère de la Santé Publique, le Ministère de la Justice et Droits humains, l'Office Congolais de Contrôle, l'Office des Voiries et Drainage, la Régie de Distribution d'Eau, la Société Commerciale des Transports et Ports ainsi que et la Société Nationale d'Electricité.

4. Un archivage défaillant

233. Une CGPMP est appelée à remplir diverses missions selon qu'elle gère les projets de passation de marchés ou qu'elle gère les marchés en cours. Cela nécessite une traçabilité des opérations par la tenue des registres et des classeurs spécifiques pour les documents reçus tels que les dossiers d'appel d'offres, et pour les documents élaborés tels que les Plans de Passation des Marchés Publics. Un meilleur archivage garde, de tout le temps, son importance en cas de contestation, de contentieux, de contrôle ou pour servir de référence.

Le constat de l'audit sur cet aspect des choses n'est guère encourageant car, trois (03) autorités contractantes seulement ont été considérées comme ayant accompli cette exigence. C'est le Ministère de l'Enseignement Primaire, Secondaire et Professionnel, l'Institut National de Recherches Biomédicales et l'Unité de Coordination des Projets (UCOP).

5. La non publication des résultats définitifs

234. La publication des résultats est l'une des exigences qui favorisent le contrôle de l'impartialité des procédures d'attribution du marché par les candidats eux-mêmes. Elle procède du principe légal de la transparence des procédures. La méconnaissance de ce principe est sanctionnée par la nullité de la procédure de passation du marché entamée.

Huit autorités contractantes ont passé des Marchés Publics en méconnaissance de ce principe : il s'agit du Bureau Central de Coordination, de la Cellule des Infrastructures, de la Chancellerie des ordres nationaux, de la Congolaise des Hydrocarbures, du Ministère de la Fonction Publique, du Ministère de l'Enseignement Primaire, Secondaire et Professionnel, de l'Unité de Coordination des Projets ainsi que de l'Unité de Coordination et de Gestion du Projet-PARSE.

6. La faiblesse capacitaire des acteurs

235. Le Ministre ayant le Budget dans ses attributions a été chargé de l'exécution du décret organique de la CGPMP[141]. Etant pleinement conscient du fait que le bon fonctionnement de cette structure nécessitait le renforcement des capacités humaines et techniques, ce Ministre avait programmé le démarrage des activités de formation, en séminaires, qui devaient débuter à l'expiration de la date prévue pour la constitution des CGPMP, soit après le 25 février 2011.

Certainement, ce programme dût connaître un retard d'exécution car. En effet, il est constaté que, dans seize cas parmi les autorités contractantes de notre échantillon, les marchés ont été effectués par des personnes n'ayant pas encore acquis la maîtrise de la réglementation relative aux Marchés Publics. Il est cité, le Centre d'Evaluation, d'Expertise et de Certification, la Chancellerie des ordres nationaux, la Congolaise des Hydrocarbures, le Fonds de Promotion de l'Education Nationale, l'Institut National de Recherche Biomédicale, l'Institut National de Sécurité Sociale, les Lignes Maritimes Congolaises, le Ministère de la Défense Nationale et Anciens Combattants, le Ministère de la Fonction Publique, le Ministère de l'Agriculture, l'Office Congolais de Contrôle, l'Office des Routes, l'Office des Voiries et Drainage, la Régie de Distribution d'Eau, la Société Commerciale des Transports et Ports, la Société Nationale d'Electricité.

7. La non élaboration de PPM 2011

236. Une commande publique doit obéir à certains préalables indispensables, entre autres, l'intégration des besoins dans le cadre d'une programmation budgétaire. L'intégration s'opère par l'insertion de ces besoins annuels dans le document dénommé « plan de passation des marchés » dont le modèle-type est fourni par l'ARMP.

Comment alors conclure des Marchés Publics en dehors de toute prévision sans pouvoir du coup commettre un détournement de deniers publics? Pourtant, les faits témoignent de ce que certaines autorités n'ont pas élaboré les plans de passation des marchés pour l'année 2011 alors qu'elles ont eu à passer des marchés pour cette année. Elles sont au nombre de quinze (15), à savoir, le Centre d'Evaluation, d'Expertise et de Certification, la Congolaise des Hydrocarbures, le Fonds de Promotion de l'Education Nationale, l'Institut National de Recherche Biomédicale, les Lignes Aériennes Congolaises, les Lignes Maritimes Congolaises, le Ministère de la Défense

[141] Article 29 du Décret n° 10/32 du 28 décembre 2010 portant création, organisation et fonctionnement de la CGPMP.

Nationale et Anciens Combattants, le Ministère de la Fonction Publique, le Ministère de la Justice et Droits Humains, l'Office congolais de Contrôle, l'Office des Voiries et Drainage, la Régie de Distribution d'Eau, la Société Congolaise des Postes et Télécommunications, la Société Commerciale des Transports et Ports et la Société Nationale d'Electricité.

8. Des PPM non soumis à la DGCMP ou non approuvés

237. Prévue à l'article 15 de la loi sur les Marchés Publics, la procédure de l'approbation revêt une importance particulière. Un marché non approuvé par l'autorité compétente n'a aucun effet. L'article 45 du décret portant de la loi relative aux Marchés Publics soumet tout PPM à l'exigence d'un ANO préalablement donné par la DGCMP.

Les premières expériences de l'après réforme attestent que nombreux sont les Marchés Publics n'ayant obtenu ni approbation de l'autorité compétente, ni l'ANO de la DGCMP. 21 cas sont observés sur les 33 retenus : le Bureau Central de Coordination, le Centre d'Evaluation d'Expertise et de Certification, la Cellule des Infrastructures, la Congolaise des Hydrocarbures, le Fonds de Promotion de l'Education Nationale, l'Institut National de Recherche Biomédicale, les Lignes Aériennes Congolaises, les Lignes Maritimes Congolaises, le Ministère de la Défense Nationale et Anciens Combattants, le Ministère de la Fonction Publique, le Ministère de la Justice et Droits Humains, le Ministère de l'Intérieur, l'Office Congolais de Contrôle, l'Office des Voiries et Drainage, la Régie de Distribution d'Eau, la Régie des Voies Aériennes, la Société Congolaise des Postes et Télécommunications, la Société Commerciale des Transports et Ports, la Société Nationale d'Electricité, l'Unité de Coordination des Projets et l'Unité de Coordination et de Gestion au Projet-PARSE.

9. Marchés non-inscrits dans le PPM

238. Cette forme de violation s'apparente à la 7ème, la non élaboration des PPM ; mais, elle s'en distingue en ce que dans la première, il y a défaut ou absence totale d'un PPM annuel, tandis que dans la deuxième, un ou plusieurs marchés réellement conclus, n'émargent pas dans les prévisions budgétaires exprimées à travers le PPM.

Des pareilles situations ont été remarquées dans dix-sept autorités contractantes : le Centre d'Evaluation, d'Expertise et de Certification, la Congolaise des Hydrocarbures, le Fonds de Promotion de l'Education Nationale, l'Institut National de Recherche Biomédicale, les Lignes Aériennes Congolaises, les Lignes Maritimes Congolaises, le Ministère de la Défense Nationale et Anciens Combattants, le Ministère de la Fonction

Publique, le Ministère de la Justice et Droits Humains, le Ministère de l'Agriculture, Pêche et Elevage, l'Office congolais de Contrôle, l'Office des Voiries et Drainage, la Régie de Distribution d'Eau, la Régie des Voies Aériennes, la Société Congolaise des Postes et Télécommunications, la Société Commerciale des Transports et Ports et la Société Nationale d'Electricité.

10. Le non-respect de l'article 38 du décret n°10/22

239. Les Marchés Publics et les délégations de service public d'un montant estimé inférieur aux seuils visés à l'article 37 du décret n°10/22 sont passés par application des règles de bonne gestion de la commande publique. Ces règles de bonne gestion consistent notamment à :

1. la mise en concurrence d'au moins trois fournisseurs ou prestataires ayant les capacités techniques, financières et juridiques requises, en sollicitant simultanément par écrit, leur prix et en définissant la nature et les spécifications techniques de travaux, de fournitures ou de services recherchés ;

2. l'attribution de marché au candidat présentant l'offre conforme aux spécifications techniques, évaluées la *moins-disante* et attestée par un procès-verbal d'attribution provisoire ;

3. la publication de l'avis provisoire d'attribution de ces marchés par l'autorité contractante sur le site internet de l'Autorité de Régulation des Marchés Publics et dans la revue des Marchés Publics, publiée par l'Autorité de Régulation des Marchés Publics, ainsi que l'information aux fournisseurs non retenus, des raisons de leur rejet. Un délai de cinq jours calendaires est observé à dater de la publication de l'avis provisoire d'attribution et l'information des fournisseurs non retenus, avant de conclure les marchés.

L'absence de cette publication et de l'information des fournisseurs non retenus rend les marchés sans effets[142].

240. Il s'agit ici des marchés non soumis à l'appel d'offres national en raison de la modicité de leurs montants qui sont estimés en dessous des seuils réglementaires. A l'égard de ces marchés, les procédures de consultation des fournisseurs sont exigeantes. La règle de la concurrence à *minima* et de la transparence sont de mise, et vouloir procéder autrement serait perçu comme

---

[142] Article 38 du Décret n° 10/22 du 02 juin 2010 portant Manuel de procédures de la loi relative aux Marchés Publics.

une méprise de la réglementation. Neuf cas sont cités pour illustrer cette méprise de la réglementation existante : le Centre d'Evaluation, d'Expertise et de Certification, le Fonds de Promotion de l'Education Nationale, l'Institut National de Recherche Biomédicale, l'Institut National de Sécurité Sociale, le Ministère de l'Agriculture, Pêche et Elevage, la Régie de Distribution d'Eau, la Société Congolaise des Postes et Télécommunications, la Société Commerciale des Transports et Ports ainsi que l'Unité de Coordination et de Gestion du Projet-PARSE.

11. Le non-respect de l'article 3 de la loi n°10/010

241. Cet article institue le contrôle à priori de la DGCMP sur la passation des Marchés Publics à financement extérieur.

Six cas de ces marchés passés sans contrôle à priori sont dénoncés dans le rapport de l'audit, les autorités les ayant conclus justifient cette absence de contrôle au motif que ces marchés sont à financement extérieur et que seules trouvent application les procédures des bailleurs de fonds. C'est une interprétation qui s'écarte de la lettre et de l'esprit de l'article 3 de la loi sur les Marchés Publics qui soumet ces genres de marchés à la réglementation nationale et, par conséquent, au contrôle à priori de la DGCMP, excepté l'hypothèse où la réglementation nationale serait entrée en contradiction avec l'accord de financement ou le traité international de base, auquel cas ce dernier accord ou traité est d'office d'application. La primauté des dispositions communautaires ou internationales est ici conditionnée à l'absence de contrariété avec la réglementation nationale.

Le Bureau Central de Coordination, la Cellule des Infrastructures, l'Institut Congolais pour la Conservation de la Nature, la Régie des Voies Aériennes, l'Unité de Coordination des Projets et l'Unité de Coordination et de Gestion du Projet-PARSE sont les exemples donnés dans le rapport de l'audit pour ce cas de violation de l'article 3 de la loi n°10/010 sur les Marchés Publics.

12. Travaux en régie non justifiés

242. Il s'agit des dépenses en régie effectuées en marge de toutes procédures de passation des Marchés Publics. C'est l'exemple déjà cité des marchés passés par l'Office des Routes pour un montant de 6.414.675 USD et par l'Office des Voiries et Drainage. Pour ce dernier marché, aucun justificatif n'a été fourni aux auditeurs.

Par régie, on entend la gestion directe d'un service public par la collectivité publique dont il dépend[143]. Dans cette gestion, la collectivité publique assure directement le fonctionnement du service public concerné avec ses biens et son personnel propres. Mais le recours à ce mode n'est admis que lorsque surviennent certaines circonstances qui le justifient : la faute grave du titulaire du marché, le changement de son statut, pourvu que cette faute, ou ce changement, soit de nature à compromettre irrémédiablement l'exécution normale du marché concerné, après mise en demeure faite par l'autorité contractante.

C'est dans ces conditions que l'autorité contractante peut, soit substituer un autre prestataire au titulaire du marché et ce, à ses risques et périls, soit exécuter ledit marché en régie. Telles sont les exigences qui ressortissent de l'article 188 du Décret portant manuel de procédures de la loi relative aux Marchés Publics, lequel dispose qu' « *en cas de faute grave du titulaire ou de changement de statut de ce dernier, de nature à compromettre l'exécution normale du marché non remédiée après mise en demeure, l'autorité contractante peut substituer le titulaire du marché par un autre prestataire aux risques et périls du titulaire ou exécuter ledit marché en régie* ».

13. Défaut d'approbation des marchés

243. Des cas, du reste très nombreux, sont ceux des marchés qui n'ont pas été transmis à l'autorité habilitée pour l'approbation. Sur l'échantillon retenu par les auditeurs, il n'y a qu'un nombre très réduit des marchés conclus conformément à cette exigence d'approbation.

Il est cité six cas de conformité. Il s'agit des marchés passés par la Cour suprême de justice, le Ministère de la Santé Publique, le Ministère de la Justice et Droits Humains, le Ministère de l'Enseignement Primaire, Secondaire et Professionnel, le Ministère de l'Intérieur et par l'Office des Voiries et Drainage.

Les autres autorités contractantes qui ont pu méconnaître cette exigence d'approbation devraient, à l'avenir, se rendre compte de son importance, tant et si bien que :

143 Philippe FOILLARD, *Dictionnaire. Droit public*, Paris, Centre de publications universitaires, 2000, p.409 ; voir aussi, Philippe GEORGES et Guy SIAT, *Droit public*, 15e édition, Paris, SYREY, n° 209, p. 314.

- un Marché Public ou une délégation de service public n'a d'effets que s'il est approuvé[144] ;
- l'acte d'approbation valide les marchés et leur confère le caractère définitif et exigible[145] ;
- l'approbation confère un caractère définitif et exécutoire au marché et à la délégation de service signé par l'attributaire[146] ;
- tout marché ou toute délégation de service public signé, mais dont l'approbation est refusée, est nul[147].

---

[144] Article 15, alinéa 2, de Loi n° 10/010 du 27 avril 2010 relative aux Marchés Publics.

[145] Article 20, alinéa 3, du Décret n°10/22 du 02 juin 2010 portant manuel de procédures de la loi relative aux Marchés Publics.

[146] Article 2, alinéa 2, du Décret n° 10/33 du 28 décembre 2010 fixant les modalités d'approbation des Marchés Publics et des délégations de service public.

[147] Article 14 du Décret n° 10/33 du 28 décembre 2010 fixant les modalités d'approbation des Marchés Publics et des délégations de service public.

CONCLUSION

244. Plusieurs tempéraments au principe de passation des Marchés Publics par appel d'offres peuvent être exploités par certaines autorités contractantes, tenant compte de ce que leur fonctionnement exigerait, au plan opérationnel, de la souplesse, de la diligence et de l'efficacité.

Le premier de ces tempéraments se trouve dans le principe même en la matière : l'appel d'offres. En effet, parmi les différentes variantes de ce mode de passation des Marchés Publics, il peut être exploité l'appel d'offres restreint. Il suffira pour cela d'adresser une requête motivée préalable d'un avis de non objection auprès de la Direction Générale de Contrôle des Marchés Publics.

Le deuxième tempérament, c'est le gré à gré. Certaines Administrations, telles l'Armée et la Police nationale peuvent, en raison de la spécificité de leurs missions, recourir au mode de gré à gré, comme mode principal de passation des Marchés Publics. En effet, la fourniture d'armes de guerre, d'équipements ou de munitions, ne s'accommode pas au formalisme publicitaire. En tout cas, la conclusion de ce type de marché recommande quelque délicatesse autant que de la discrétion, surtout lorsque l'Etat concerné est sous le coup de l'embargo.

Pareils marchés requièrent:

- soit le recours à un prestataire déterminé pour des raisons techniques de fiabilité quasi-absolue, ou pour des raisons de cas de force majeure;
- soit le recours à des marchés dits spéciaux.

Aussi, dans ce dernier cas, les marchés concernant les services de sécurité, de l'Armée ou de la Police, peuvent-t-ils revêtir un caractère stratégique. Il suffira, dans tous ces cas, que les autorités contractantes concernées se concertent préalablement avec le Premier Ministre, le Vice-Premier Ministre, le Ministre du Budget et l'ARMP sur l'impérieuse nécessité de prendre en compte, la spécificité de leurs tâches respectives. Dans tous les cas, la prise du Décret relatif aux marchés spéciaux résoudra substantiellement cette question.

245. Le caractère d'urgence pourrait aussi être invoqué pour se soustraire à certaines exigences de forme ou de procédure, eu égard aux délais relativement courts et aux spécificités propres attachées à certaines opérations. Pour cela, le respect de la réglementation en la matière postule que l'Autorité contractante sollicite préalablement l'autorisation de la Direction Générale du Contrôle des Marchés Publics.

246. Enfin, il faut dire que la violation des règles formelles et procédurales en matière de passation des Marchés Publics n'est pas sans sanction. Il en est des règles en matière de publicité ; « *l'absence de publication de l'avis d'appel à la concurrence est sanctionnée par la nullité de la procédure* »[148].

La violation peut être une attitude, une omission ou une action de l'acheteur public. Celui-ci s'abstient d'élaborer le PPM annuel, mais il arrive quand même à passer quelques commandes publiques, encore qu'il le fait en marge des principes fondamentaux : la liberté d'accès à la commande publique, l'équité ou l'égalité dans le traitement des candidats, l'éthique et la transparence. La violation peut être aussi le fait des acteurs institutionnels tels l'ARMP, la DGCMP, la CGPMP, voire, les autorités approbatrices. Une procédure, un délai réglementaire non respecté, constitue un vice de nature à entacher l'ensemble de la procédure et peut susciter des contestations. La violation peut, enfin, provenir aussi, pendant l'exécution du marché, des cocontractants de l'Administration qui auraient une méprise des clauses réglementaires du contrat ou des clauses du cahier des charges.

247. Mais l'importance des Marchés Publics demeurera en tout cas capitale car, ces marchés favorisent le développement de la nation autant que le recours à ces marchés encourage et assure le développement du secteur privé local.

Pourtant, dans la pratique, la tentation a toujours été forte, de part et d'autre ; si certains concurrents ont pu nourrir l'intention de gagner des marchés par des manœuvres jugées improbes, de leur côté, des autorités administratives, voire politiques au sommet de l'Etat, ont été inculpées pour des actes contraires aux principes des Marchés Publics. Certaines autorités ont été inculpées pour avoir orienté l'attribution des marchés à leurs entreprises propres, aux entreprises où elles ont quelque intérêt, ou à celles appartenant à leurs proches. C'est pour décourager ces genres de pratique que la loi prévoit et punit sévèrement certains comportements tels le conflit d'intérêts[149], le délit

---

[148] Voir article 88, alinéa 1, du Décret n° 10/22 du 02 juin 2010 portant Manuel de procédures de la loi relative aux Marchés Publics.

[149] « *Il y a conflit d'intérêts lorsqu'un membre de l'autorité contractante ou délégante prend part à la prise de décision concernant le candidat ou le titulaire*

d'initié[150] et la prise illégale d'intérêts[151], commis dans le cadre d'un Marché Public et d'une délégation de service public. Ces comportements sont punis d'une peine d'amende de 25.000.000 à 50.000.000 de Francs congolais.

L'entrepreneur, le fournisseur ou le prestataire de services qui aura commis un acte d'improbité dans la passation ou dans l'exécution des Marchés Publics sera passible de l'une ou l'autre des sanctions prévues à l'article 81 de la loi sur les Marchés Publics, sans préjudice des peines définies pour les infractions à la loi pénale. Il s'agit, avant tout, des sanctions purement administratives telles l'exclusion temporaire de la commande publique ou le retrait de l'agrément et/ou du certificat de qualification. L'exclusion temporaire ne peut dépasser la durée de cinq années. Toutefois, en cas de récidive, la déchéance définitive peut être prononcée par la juridiction compétente, à la demande de l'établissement public chargé de la régulation des Marchés Publics.

248. Les irrégularités relevées à l'issue de l'audit effectué par les experts du groupement Thornton Sénégal, dans la pratique des Marchés Publics après la réforme opérée par la loi n°10/010 du 27 avril 2010, ne doivent pas paraître comme une fatalité, ni comme une dénonciation à l'endroit des autorités contractantes nommément citées à titre illustratif, mais, bien au contraire, ce constat devrait plutôt inciter à un peu plus d'effort en vue de donner aux achats publics l'attention qu'ils méritent dans la poursuite du développement de notre pays.

L'on doit reconnaître finalement que ce domaine des Marchés Publics se révèle très ardu, à cause de la complexité des règles de procédure produites par le législateur et par le pouvoir réglementaire en la matière. Seule une formation adéquate à ces règles procédurales, par

---

du marché public auquel il est lié par des intérêts incompatibles avec ceux de l'Etat », voir article 78, alinéa 2, de la loi sur les Marchés Publics.

150 « *Il y a délit d'initié lorsqu'un membre de l'autorité contractante ou délégante, une personne chargée d'un service public ou investie d'un mandat électif fournit ou fait usage des informations privilégiées détenues en raison de ses fonctions ou de son mandat, dans le but d'influencer l'attribution d'un marché public ou d'une délégation de service public »,* voir article 78, alinéa 3, de la loi sur les Marchés Publics.

151 « *Il y a prise illégale d'intérêts lorsqu'un fonctionnaire, un agent public ou un élu prend, reçoit ou conserve un intérêt dans une entreprise ou une opération dont il a, au moment de l'acte, la charge d'assurer la surveillance, l'administration ou la liquidation »,* voir article 78, alinéa 4, de la loi sur les Marchés Publics.

les différents opérateurs, permettra de redonner l'espoir pour arriver, enfin, à des achats publics respectueux des normes, pour la satisfaction de l'intérêt général.

249. Il en résulte que ces règles devront être correctement appliquées à l'occasion des procédures de passation des Marchés Publics, aussi bien par les parties aux contrats desdits marchés, par les Administrations contentieuses saisies des recours au premier degré ou en appel ; mais, il importe surtout que le juge congolais des contrats administratifs, ou celui des actes administratifs, donne clairement sa position au regard de certaines difficultés d'interprétation en cas d'incidents soulevés lors de la passation et de l'exécution des Marchés Publics ou des délégations de service public. Seule cette interprétation, attendue avec impatience, revêt l'autorité de la chose jugée et doit s'imposer *erga omnes.*

L'on doit, d'ores et déjà, féliciter la société WEBB FONTAINE GROUP, qui a pris les heureuses initiatives d'actions contentieuses aussi bien administratives (devant les administrations contentieuses) que juridictionnelles (devant la Cour suprême de justice). C'est grâce à ces initiatives que le droit de la passation des Marchés Publics vient de produire sa première décision, bien que limitée à la forme dans le cas relatif au contrat de marché de conception, de mise en œuvre et de la gestion du Guichet Unique Intégral du Commerce Extérieur en République Démocratique du Congo.

250. Mention spéciale et félicitations à l'actuelle Direction Générale de l'ARMP, qui s'attèle efficacement à cette formation au profit des acheteurs publics nationaux. Nous citerons le cas, très récent, de la formation d'initiation sur les nouvelles procédures de passation des Marchés Publics à l'intention de la CGPMP de l'Agence Congolaise des Grands Travaux, ACGT, en sigle, séminaire tenu du 04 au 08 novembre 2013 à Kinshasa.

Aussi, sur une subvention financière de la Banque Mondiale, l'ARMP vient par ailleurs d'organiser, en 2015, une formation spéciale sur les processus de préparation, de passation et d'exécution des Marchés Publics, à travers le Projet de Développement et de Compétitivité du Secteur Privé visant le renforcement des capacités des acteurs dudit secteur. Ceci, en vue d'opérer un réajustement des publics cibles bénéficiaires de ces formations.

Ainsi donc, de la théorie à la pratique, il n'y avait plus qu'un seul pas à franchir !

ANNEXES

I. **LEGISLATION ET REGLEMENTATION SUR LES MARCHES PUBLICS**[152]

II. **JURISPRUDENCE (ARRET RA 1401 DE LA COUR SUPREME DE JUSTICE)**

---

[152] **AVERTISSEMENT** : Les annexes concernant la réglementation sur les Marchés Publics sont puisées dans le journal officiel de la République Démocratique du Congo, 53e année, numéro spécial, du 14 janvier 2012. Il s'agit de 6 textes ci-après :

- Décret n° 10/21 du 02 juin 2010 portant création, organisation et fonctionnement de l'Autorité de régulation des Marchés Publics ;
- Décret n°10/22 du 02 juin 2010 portant manuel de procédures de la loi relative aux Marchés Publics ;
- Décret n° 10/27 du 28 juin 2010 portant création, organisation et fonctionnement de la Direction générale du contrôle des Marchés Publics ;
- Décret n° 10/32 du 28 décembre 2010 portant création, organisation et fonctionnement de la Cellule de gestion des projets et des Marchés Publics ;
- Décret n° 10/33 du 28 décembre 2010 fixant les modalités d'approbation des Marchés Publics et des délégations de service public ;
- Décret n° 010/34 du 28 décembre 2010 fixant les seuils de passation, de contrôle et d'approbation des Marchés Publics.

L'attention du lecteur est cependant attirée sur le fait que les textes compilés dans les annexes du présent ouvrage ne sont pas forcément identiques, dans certaines de leurs dispositions, avec ceux publiés dans le journal officiel, dans la mesure où les textes publiés comportent, à des divers endroits, des coquilles, des redites ou, voir même, des omissions importantes (notamment le Décret n°10/22 du 02 juin 2010 portant manuel de procédures de la loi relative aux Marchés Publics). Ces annexes ont été, autant que possible, corrigées en conformité avec les textes originaux tels que paraphés et signés par le Premier ministre, ou, par celui-ci et le Ministre du Budget.

I. LEGISLATION SUR LES MARCHES PUBLICS

A. LOI N° 10/010 DU 27 AVRIL 2010 RELATIVE AUX MARCHES PUBLICS[153]

Exposé des motifs

Le système de passation des marchés en République Démocratique du Congo mis en place par l'ordonnance-loi n° 69-054 du 5 décembre 1969 et ses mesures d'exécution n'est plus adapté aux exigences de transparence, de rationalité et d'efficacité qui caractérisent actuellement ce secteur vital à travers le monde.

Pour remédier à cette situation, la présente loi édicte de nouvelles règles fondamentales relatives à la préparation des projets, à la passation des Marchés Publics, à leur exécution et au contrôle de celle-ci, inspirées des systèmes modernes retenus par l'Organisation pour la coopération et le développement économique, OCDE en sigle.

Ainsi, les fonctions de gestion des Marchés Publics, celles de leur passation et de leur contrôle sont strictement séparées les unes des autres et les structures chargées de les exercer ne peuvent en aucun cas les cumuler.

Par ailleurs, les Marchés Publics sont passés par appel d'offres dont les variantes sont clairement définies. Ils peuvent exceptionnellement être attribués par la procédure de gré à gré dans les cas limitativement énumérés. Le choix du candidat est notamment déterminé par l'offre économiquement la plus avantageuse et par le critère de la préférence nationale et régionale.

Les Marchés Publics sont exécutés selon les stipulations du contrat dont les mentions essentielles sont fixées par la loi et conformément aux conditions contenues dans le cahier des charges.

Le contrôle des Marchés Publics est assuré par les établissements publics chargés du contrôle et de la régulation et par tout autre organe administratif compétent.

---

[153] Voir *Journal officiel de la République démocratique du Congo*, 51ème année, numéro spécial, du 30 avril 2010 ; Voir aussi *Journal officiel de la République démocratique du Congo*, 53ème année, numéro spécial, du 14 janvier 2012, pp.7-28.

Des sanctions spécifiques sont prévues pour réprimer les infractions et autres manquements.

Enfin, les litiges nés à l'occasion des Marchés Publics peuvent faire l'objet d'une réclamation auprès de l'autorité contractante ou de l'établissement public chargé de la régulation des Marchés Publics. En cas d'échec, la juridiction compétente peut être saisie.

La présente loi comporte sept titres :

Titre I : Des dispositions générales
Titre II : De la passation des Marchés Publics
Titre III : De l'exécution des Marchés Publics
Titre IV : Du contrôle de l'exécution et règlements des Marchés Publics
Titre V : Du contentieux des Marchés Publics
Titre VI : Des sanctions
Titre VII : Des dispositions transitoires et finales

Telle est l'économie générale de la présente loi.

Loi

L'Assemblée nationale et le Sénat ont adopté,
Le Président de la République promulgue la loi dont la teneur suit :

TITRE I : DES DISPOSITIONS GENERALES

Chapitre 1er : De l'objet et du champ d'application

Article 1er

La présente loi fixe les règles régissant la passation, l'exécution, le contrôle ainsi que le contentieux des marchés de travaux, de fournitures, de services et de prestations intellectuelles passés par l'Etat, les provinces, les entités territoriales décentralisées, les entreprises publiques et les établissements publics.

Des édits provinciaux organisent les dispositions spécifiques relatives aux marchés et délégations des services publics passés par les provinces et les entités territoriales décentralisées.

Cette loi fixe également les règles relatives aux conventions de délégations de service public.

Ces règles reposent sur les principes de liberté d'accès à la commande publique, de prise en compte de l'expertise et des compétences nationales, d'égalité de traitement des candidats, du respect des règles d'éthique et de transparence dans les procédures y relatives.

Article 2

La présente loi s'applique également aux marchés passés par les personnes morales de droit privé bénéficiant du financement ou de la garantie des personnes morales de droit public ou agissant en leur nom et pour leur compte.

Article 3

Les marchés passés en application d'un accord de financement ou d'un traité international sont soumis aux dispositions de la présente loi, dans la mesure où celles-ci ne sont pas contraires aux stipulations de cet accord ou de ce traité.

Article 4

Les dispositions de la présente loi ne sont pas applicables aux marchés conclus en application d'un accord international concernant le stationnement de troupes.

Chapitre 2 : Des définitions

Article 5

Aux termes de la présente loi, il faut entendre par :

Abattement : mesure qui consiste à réduire volontairement et de commun accord l'offre financière d'une soumission, d'un pourcentage autorisé par la présente loi et spécifié dans le cahier des charges, afin de permettre à un soumissionnaire se trouvant dans les conditions également prévues par la présente loi, d'être compétitif ;

Allotissement : division d'un marché de travaux, fournitures ou de services en plusieurs lots pouvant donner lieu à un marché distinct ;

Attributaire du marché : soumissionnaire dont l'offre a été retenue avant la notification de l'approbation du marché ;

Autorité contractante : personne morale de droit public ou personne morale de droit privé ou son délégué, chargée de définir les projets publics du secteur sous sa responsabilité, de les préparer et d'en planifier la réalisation suivant la procédure d'attribution des Marchés Publics, d'en suivre et d'en contrôler l'exécution ;

Autorité délégante : autorité contractante pour les conventions de délégation de service public ;
Avenant : acte contractuel modifiant certaines clauses du marché de base pour l'adapter à des événements survenus après son approbation ;

Cahier des charges : document établi par l'autorité contractante et définissant les exigences qu'elle requiert, les méthodes à utiliser, les moyens à mettre en œuvre, les préoccupations dont il faut tenir compte ainsi que les résultats escomptés ;

Candidat : personne physique ou morale qui manifeste un intérêt à participer ou qui est retenue par une autorité contractante pour participer à une procédure de passation de marché public ;

Cocontractant ou titulaire du marché : toute personne physique ou morale partie au contrat, en charge de l'exécution des travaux, des fournitures ou des prestations intellectuelles prévus dans le marché ;

Commande publique : ordre par lequel l'autorité contractante demande l'exécution des travaux, la fourniture des biens et services ou la réalisation des prestations intellectuelles en vue d'assurer, dans le cadre d'un marché public, la satisfaction d'un besoin d'intérêt général ;

Délégation de service public : contrat par lequel une personne morale de droit public ou de droit privé, dûment mandatée par une autorité publique compétente, confie la gestion d'un service public relevant de sa compétence à un délégataire dont la rémunération est liée ou substantiellement assurée par les résultats de l'exploitation du service ;

Dossier d'appel d'offres : ensemble de documents contenant les renseignements nécessaires à l'élaboration de la soumission, en vue de l'attribution et de l'exécution d'un marché public ;

Garantie de bonne exécution : toute garantie financière, bancaire ou personnelle constituée en vue d'assurer l'autorité contractante de la bonne réalisation du marché, tant du point de vue technique que du délai d'exécution ;

Garantie de l'offre : dépôt en espèces ou cautionnement bancaire fait par le soumissionnaire en vue de garantir sa participation à la concurrence jusqu'à l'approbation du marché ;

Groupement d'entreprises : groupe d'entreprises conjointes ou solidaires ayant souscrit un acte d'engagement unique et représentées par l'une d'entre elles qui assure une fonction de mandataire commun ;

Maître d'ouvrage : autorité contractante pour le compte de laquelle l'exécution des travaux ou la fourniture d'équipements est réalisée ;

Maître d'ouvrage délégué : personne exerçant, en qualité de mandataire du maître d'ouvrage, tout ou partie des attributions de ce dernier ;
Maître d'œuvre : personne physique ou morale de droit public ou de droit privé chargée par l'autorité contractante d'assurer la représentation et la défense de ses intérêts aux stades de la définition, de l'élaboration, de l'exécution et de la réception des prestations, objet du marché ;

Marché à participation communautaire : celui auquel participent des personnes, des associations ou des bénéficiaires futurs des prestations, jouissant d'une contribution ou d'une garantie financière de l'Etat ;

Marché public : contrat écrit par lequel un entrepreneur, un fournisseur ou un prestataire s'engage envers l'autorité contractante fournissant une contribution ou une garantie financière, soit à réaliser des travaux, soit à fournir des biens ou des services, soit à exécuter des prestations intellectuelles, moyennant un prix ;

Marché de gré à gré ou par entente directe : marché passé sans appel d'offres ;

Offre : proposition comprenant un ensemble d'éléments techniques et financiers, inclus dans le dossier de soumission, en vue de la conclusion d'un marché public ;

Ouvrage : résultat d'un ensemble de travaux de génie civil pouvant consister en des opérations de construction, reconstruction, démolition, réparation ou rénovation ;

Projet : toute initiative visant la satisfaction d'un besoin au niveau du maître d'ouvrage et pouvant nécessiter l'engagement des fonds publics en vue d'acquérir des fournitures, de faire exécuter des travaux ou de faire réaliser toute autre prestation ;

Régie intéressée : contrat par lequel l'autorité contractante confie la gestion d'un service public à une personne privée ou publique rémunérée par elle, tout en étant intéressée aux résultats d'exploitation du service, au regard des économies réalisées, des gains de productivité ou de l'amélioration de la qualité du service;

Soumission : acte d'engagement écrit au terme duquel un soumissionnaire fait connaître ses conditions et s'engage à respecter le cahier des charges applicables ;

Soumissionnaire : personne physique ou morale intéressée à la réalisation d'un marché public et qui en a fait l'offre ;

Termes de référence : ensemble d'indications, d'orientations et de directives succinctes contenues dans le cahier des charges en vue de la passation d'un marché public.

Chapitre 3 : Des préalables à la commande publique

Article 6

Toute commande publique obéit aux préalables suivants:
1. l'identification des projets;
2. l'évaluation de l'opportunité;
3. l'intégration des besoins dans le cadre d'une programmation budgétaire;
4. la disponibilité des crédits;
5. la planification des opérations de mise en concurrence ;
6. le respect des obligations de publicité et de transparence ;
7. le choix de l'offre économiquement la plus avantageuse.

Chapitre 4 : Des types de Marchés Publics

Article 7

Les différents types de Marchés Publics sont :
1. les marchés de travaux ;
2. les marchés de fournitures ;
3. les marchés de services ;
4. les marchés de prestations intellectuelles.

Article 8

Les marchés de travaux ont pour objet la réalisation au bénéfice d'une autorité contractante de tous travaux de bâtiment ou de génie civil ou la réfection d'ouvrages de toute nature.

Article 9

Les marchés de fournitures concernent l'achat, la prise en crédit-bail, la location ou la location-vente de produits ou matériels au bénéfice d'une autorité contractante.

Article 10

Les marchés de services ont pour objet la réalisation des prestations qui ne peuvent être qualifiées ni de travaux, ni de fourniture.
Ils recouvrent notamment :

1. les marchés de services courants qui ont pour objet l'acquisition par le maître d'ouvrage des services pouvant être fournis sans spécifications techniques exigées par le maître d'ouvrage ;
2. les marchés portant notamment sur des prestations de transport, d'entretien et de maintenance des équipements, des installations et de matériels, de nettoyage, de gardiennage des locaux administratifs et de jardinage.

Article 11

Les marchés de prestations intellectuelles ont pour objet des prestations à caractère principalement intellectuel. Ils incluent notamment les contrats de maîtrise d'ouvrage déléguée, les contrats de conduite d'opération, les contrats de maîtrise d'œuvre et les services d'assistance technique ainsi que les marchés de prestation, d'études et de maîtrise d'œuvre qui comportent, le cas échéant, des obligations spécifiques liées à la notion de propriété intellectuelle.

Article 12

Un marché relevant de l'une des quatre catégories mentionnées ci-dessus peut comporter, à titre accessoire, des éléments relevant d'une ou plusieurs autres catégories. Lorsqu'un marché a pour objet à la fois des services et des fournitures, il est un marché de services si la valeur de ceux-ci dépasse celle des produits à fournir, et inversement.
En cas d'égalité de valeurs, le marché est réputé marché de fournitures.

Chapitre 5 : Des organes de gestion des projets, de passation, de contrôle et d'approbation des Marchés Publics et de délégations de service public

Article 13

La gestion des projets et la passation des Marchés Publics sont assurées par l'autorité contractante qui dispose en son sein d'une cellule de gestion des Marchés Publics et de délégations de service public.

Le contrôle a priori, assuré par un service relevant du ministère ayant le budget dans ses attributions, porte sur le respect par les autorités contractantes des procédures de passation des marchés et de délégations de service public. Ce contrôle s'effectue par des avis de non objection, des autorisations et dérogations nécessaires.

Article 14

La régulation des marchés est assurée par une institution chargée notamment du contrôle a posteriori des Marchés Publics et de délégations de service public, de l'audit, de la formation et de renforcement des capacités.

La création, l'organisation et le fonctionnement de cette institution sont fixés par décret du Premier ministre délibéré en conseil des ministres.

Article 15

Les contrats des Marchés Publics et de délégations de service public sont approuvés par une autorité compétente selon les modalités fixées par le décret du Premier ministre délibéré en conseil des ministres.

Un marché public ou une délégation de service public n'a d'effets que s'il est approuvé.

Article 16

L'exercice cumulé par une même personne ou un même organisme des fonctions ci-avant est strictement prohibé. Il emporte nullité des actes pris en violation de cette disposition sans préjudice des sanctions qui pourront être prononcées à l'encontre du contrevenant.

TITRE II : DE LA PASSATION DES MARCHES PUBLICS

Chapitre 1er : Des principes

Article 17

Les Marchés Publics sont passés par appel d'offres.

Ils peuvent exceptionnellement être attribués selon la procédure de gré à gré dans les conditions définies dans la présente loi.

Article 18

En cas d'allotissement, le dossier d'appel d'offres fixe le nombre, la nature et l'importance des lots, les conditions imposées aux candidats ainsi que les modalités de leur attribution.

Si, dans le cadre d'un appel d'offres, un ou plusieurs lots ne sont pas attribués, l'autorité contractante doit entamer de nouvelles procédures d'appel à la concurrence pour les lots non attribués en modifiant, s'il y a lieu, la consistance de ces lots ou toute autre solution avalisée par l'établissement public chargé du contrôle a priori des Marchés Publics.

Article 19

Les commandes de l'Etat et des établissements publics peuvent être groupées et exécutées avec l'accord des autorités contractantes, par une Commission créée par décret du Premier ministre délibéré en conseil des ministres.

Chapitre 2 : Des marchés par appel d'offres

Article 20

L'appel d'offres est la procédure par laquelle l'autorité contractante choisit, sans négociation avec les candidats, l'offre économiquement la plus avantageuse, évaluée sur la base de critères objectifs préalablement portés à la connaissance des candidats et exprimés en termes monétaires.

Article 21

L'appel d'offres est ouvert, restreint ou sur concours.

Section 1ère : De l'appel d'offres ouvert

Article 22

L'appel d'offres est dit ouvert lorsque toute personne intéressée par le marché peut soumettre une offre.

Article 23

Les critères de choix du soumissionnaire incluent, notamment :

a. au titre de la qualification des candidats :
   - la situation juridique ;
   - la capacité professionnelle, technique et financière ;
   - les références ;
   - l'absence de disqualification ou de condamnation de l'entreprise candidate ou de ses dirigeants liée à la passation des Marchés Publics ou à leur activité professionnelle ;
   - la situation vis-à-vis des services d'impôts, des douanes et des organismes de protection sociale ;
   - la norme de qualité éventuelle sous laquelle le prestataire est inscrit ;

b. au titre de l'évaluation des offres des soumissionnaires, l'offre économiquement la plus avantageuse. Celle-ci est évaluée en fonction notamment de :
   - prix proposé ;
   - délai d'exécution ;
   - coût de fonctionnement des matériels ou infrastructures proposées ;
   - service après-vente ;
   - conditions et calendrier de paiement ;
   - garantie de la durée de vie ;
   - impact environnemental ;
   - utilisation plus ou moins accrue des compétences nationales.

Article 24

Pour certains types de marchés, notamment ceux du secteur de l'information et de manuels scolaires, un système d'évaluation basée sur le score peut être utilisé.

Section 2 : De l'appel d'offres restreint

Article 25

L'appel d'offres est dit restreint lorsque seuls peuvent remettre des offres, les candidats que l'autorité contractante a décidé de consulter. Le nombre et la qualité de candidats admis à soumissionner assurent une concurrence réelle. Il est ensuite procédé comme en matière d'appel d'offres ouvert.

Article 26

Il ne peut être recouru à la procédure d'appel d'offres restreint que lorsque les biens, les travaux ou les services, de par leur nature spécialisée, ne sont disponibles qu'auprès d'un nombre limité de fournisseurs, d'entrepreneurs ou de prestataires de services. Dans ce cas, tous les candidats potentiels sont invités.

Le recours à la procédure d'appel d'offres restreint est motivé et soumis à l'autorisation du service chargé du contrôle des Marchés Publics.

Section 3 : De l'Appel d'offres avec concours

Article 27

Lorsque des motifs d'ordre technique, esthétique, environnemental ou financier justifient des recherches particulières, l'appel d'offres peut être assorti d'un concours.

Le concours porte sur la conception d'une œuvre ou d'un projet architectural.

Il a lieu sur la base d'un programme établi par l'autorité contractante qui indique les besoins auxquels doit répondre la prestation et fixe le cas échéant le maximum de la dépense prévue pour l'exécution du budget.

Article 28

L'appel d'offres avec concours s'effectue selon la procédure d'appel d'offres ouvert ou restreint.

Article 29

Le règlement particulier d'appel d'offres avec concours prévoit :

a) des primes, récompenses ou avantages à allouer aux soumissionnaires les mieux classés ;
b) que les projets primés deviennent en tout ou partie propriété de l'autorité contractante, ou que celle-ci se réserve le droit de faire exécuter par l'entrepreneur ou le fournisseur de son choix tout ou partie des projets primés, moyennant versement d'une redevance fixée dans le règlement particulier d'appel d'offres lui-même ou déterminée ultérieurement à l'amiable ou après expertise.

Il indique en outre dans quelles conditions les hommes de l'art, auteurs des projets, sont appelés à coopérer à l'exécution de leur projet primé.

Article 30

Les projets des concurrents non retenus leur sont restitués à leurs frais endéans un mois.

Les projets retenus et/ou primés deviennent la propriété de l'autorité contractante.

Section 4 : Du dossier d'appel d'offres et des délais de remise des offres

Article 31

Le dossier d'appel d'offres comprend :

1) l'avis d'appel d'offres ;
2) le cahier des clauses administratives générales ;
3) le règlement particulier de l'appel d'offres;
4) le cahier des clauses administratives particulières ;
5) le cahier des clauses techniques générales ;
6) le cahier des clauses techniques particulières, les termes de référence ou le descriptif de la fourniture;
7) le cadre du bordereau des prix unitaires ;
8) le cadre du détail estimatif ;
9) le cadre du sous-détail des prix ;
10) les formulaires types relatifs notamment à la soumission et la caution ;

11) le cas échéant, les documents techniques (plans, dessins, notes de calcul) ou tout autre document jugé nécessaire par l'autorité contractante.

Article 32

Les cahiers des charges des marchés des travaux, fournitures et prestations de services sont élaborés par référence aux normes, spécifications ou agréments techniques nationaux, ou à défaut à des normes, spécifications ou agréments techniques internationaux.

Article 33

Les documents d'appel d'offres ou de consultation peuvent être mis à la disposition des candidats par voie électronique dans les conditions fixées par voie réglementaire, sous réserve que ces documents soient également mis à la disposition des candidats par voie postale, s'ils en font la demande.

Article 34

Les Marchés Publics dont le montant est supérieur ou égal au seuil réglementaire font l'objet d'un avis d'appel à la concurrence porté à la connaissance du public.

La publicité est faite par insertion, dans les mêmes termes, dans la presse nationale et/ou internationale et sous mode électronique, selon un document-modèle qui en fixe les mentions obligatoires. Cette obligation concerne également les avis de pré qualification.

L'absence de publicité entraîne la nullité de la procédure.

Article 35

Dans les procédures ouvertes ou restreintes, le délai de réception des candidatures ou des offres ne peut être inférieur à trente jours calendaires à compter de la publication de l'avis pour les marchés supérieurs aux seuils réglementaires.

Lorsque les avis et le dossier d'appel d'offres sont préparés et envoyés par des moyens électroniques, les délais de réception des offres peuvent être raccourcis de sept jours calendaires.

Article 36

En cas d'urgence dûment motivée, ne nécessitant toutefois pas une intervention immédiate, les délais visés à l'article précédent peuvent être ramenés à quinze jours calendaires maximum. La décision de recourir à la procédure d'urgence est autorisée par le service chargé du contrôle a priori des Marchés Publics.

Section 5 : De la préférence nationale et régionale

Article 37

Lors de la passation d'un marché public, soit par appel d'offres soit de gré à gré, une préférence est accordée à la soumission présentée dans l'ordre suivant par :

1) une personne physique de nationalité congolaise ;
2) une petite et moyenne entreprise congolaise dont le capital est détenu majoritairement par des personnes physiques de nationalité congolaise ou des personnes morales de droit congolais ;
3) une personne morale de droit congolais ;
4) des groupements d'entreprises associant des entreprises congolaises ou prévoyant une sous-traitance du marché aux nationaux dans les conditions de l'article 59 de la présente loi ;
5) une personne physique étrangère ou une personne morale de droit étranger, justifiant d'une activité économique sur le territoire congolais ;
6) une personne physique étrangère ou une entreprise de droit étranger, ressortissant d'un État partie avec la République Démocratique du Congo à un traité, un accord ou règlement aux termes duquel telle préférence lui est reconnue.

Cette préférence peut également être accordée à certaines catégories d'entreprises faisant l'objet d'une protection sociale résultant de la législation en vigueur.

Elle consiste en un abattement sur l'offre financière du soumissionnaire. Dans tous les cas, elle devra être indiquée et quantifiée dans l'appel d'offres.

Section 6 : Des marchés à bons de commande et marchés de clientèle

Article 38

Les marchés à bons de commande sont ceux qui ont pour objet de permettre à l'autorité contractante de couvrir ses besoins courants annuels de fournitures dont il n'est pas possible, au début de l'année, de prévoir l'importance exacte, ou bien qui excèdent les possibilités de stockage.

La durée de ces marchés ne peut excéder une année. Elle peut être renouvelée une fois.

Ces marchés indiquent les limites maximales et minimales de la prestation globale à fournir, ces limites pouvant être exprimées soit en quantité soit en valeur.

Article 39

Les marchés de clientèle sont ceux par lesquels l'autorité contractante s'engage à confier à certains contractants ou soumissionnaires prestataires, pour une période limitée, et qui ne saurait excéder une année, renouvelable une fois, l'exécution de tout ou partie de certaines catégories de prestations de services, définies par la réglementation en vigueur, suivant des commandes faites au fur et à mesure des besoins.

Section 7 : Des marchés de prestations intellectuelles

Article 40

Les marchés de prestations intellectuelles recouvrent les activités qui ont pour objet des prestations à caractère principalement intellectuel, dont l'élément prédominant n'est pas physiquement quantifiable. Ils incluent notamment les études, la maîtrise d'œuvre, les services d'assistance technique et de maîtrise d'ouvrage déléguée. Ils sont attribués après mise en concurrence des candidats pré qualifiés ; les critères étant définis dans le cahier des charges.

Chapitre 3 : Des marchés de gré à gré

Article 41

Un marché est dit de gré à gré lorsqu'il est passé sans appel d'offres après autorisation du service chargé du contrôle des Marchés Publics. La demande d'autorisation de recours à cette procédure décrit les motifs la justifiant.

Article 42

Il ne peut être passé de marché de gré à gré que dans l'un des cas suivants :

1. lorsque les besoins ne peuvent être satisfaits que par une prestation nécessitant l'emploi d'un brevet d'invention, d'une licence ou de droits exclusifs détenus par un seul entrepreneur, un seul fournisseur ou un seul prestataire ;
2. lorsque les marchés ne peuvent être confiés qu'à un prestataire déterminé pour des raisons techniques ou artistiques ;
3. dans les cas d'extrême urgence, pour les travaux, fournitures ou services que l'autorité contractante fait exécuter en lieu et place de l'entrepreneur, du fournisseur ou du prestataire défaillant ;
4. dans le cas d'urgence impérieuse motivée par des circonstances imprévisibles ou de force majeure ne permettant pas de respecter les délais prévus dans les procédures d'appel d'offres, nécessitant une intervention immédiate ;lorsqu'il s'agit des marchés spéciaux définis aux articles 44 et 45 de la présente loi.

Article 43

Le marché de gré à gré ne peut être passé qu'avec des entrepreneurs, fournisseurs ou prestataires de services qui ont l'expertise requise ou ont exécuté des travaux analogues dans le passé et acceptent de se soumettre à un contrôle des prix spécifiques durant l'exécution des prestations.

Il indique notamment les obligations comptables auxquelles l'attributaire est soumis.

Chapitre 4 : Des marchés spéciaux et de la délégation de service public

Article 44

Les marchés spéciaux sont ceux qui ne répondent pas, pour tout ou partie, aux dispositions relatives aux marchés par appel d'offres ou aux marchés de gré à gré. Ils comprennent les marchés relatifs à la défense nationale, à la sécurité et aux intérêts stratégiques de l'État.

Article 45

Les marchés spéciaux ne concernent que l'acquisition des équipements ou fournitures et les prestations de toute nature strictement liées à la défense nationale, à la sécurité et aux intérêts stratégiques de l'État.

Ils font l'objet d'un décret du Premier ministre délibéré en conseil des ministres.

Article 46

Les différents modes de la délégation de service public ainsi que les marchés à participation communautaire, les conditions de leur conclusion, notamment celles concernant la publicité, les délais de procédure, la pré qualification, la sélection des offres, sont fixés par décret du Premier ministre délibéré en conseil des ministres.

TITRE III : DE L'EXECUTION DES MARCHES PUBLICS

Chapitre 1er : Des généralités

Article 47

Tout marché public fait l'objet d'un contrat écrit dans lequel sont renseignées les mentions visées à l'article 48 de la présente loi.

Le contrat est conclu avant le commencement d'exécution.

Est, par conséquent, irrecevable toute réclamation portant sur l'exécution des prestations avant la conclusion du contrat.

Section 1ère : Du contenu du contrat

Article 48

Le contrat mentionne :

1) l'objet et le numéro du marché ;
2) les parties contractantes ;
3) les moyens de financement de la dépense et la rubrique budgétaire d'imputation ;

4) le cas échéant, le maître d'œuvre délégué ;
5) la qualité de la personne signataire du marché et de la partie cocontractante ;
6) les pièces constitutives du dossier d'appel d'offres ;
7) le montant du marché, assorti des modalités de sa détermination et, éventuellement, de celles de sa révision ;
8) les obligations fiscales et douanières ;
9) le délai et le lieu d'exécution ;
10) les conditions de constitution des cautionnements ;
11) la date de notification ;
12) la domiciliation bancaire du cocontractant;
13) les conditions de réception ou de livraison des prestations ;
14) les modalités de règlement des prestations;
15) le comptable chargé du paiement ;
16) les modalités de règlement des litiges ;
17) les conditions de résiliation ;
18) la juridiction compétente en cas d'appel d'offres international.

Section 2 : Du cahier des charges

Article 49

Le cahier des charges détermine les conditions d'exécution du marché. Il comprend les documents généraux et les documents particuliers suivants :

a) le cahier des clauses administratives générales qui fixent les dispositions relatives à l'exécution et au contrôle des Marchés Publics, applicables à toute catégorie de marchés ;
b) le cahier des clauses administratives particulières qui fixent les dispositions administratives et financières propres à chaque marché ;
c) tous autres documents définissant les caractéristiques des travaux, des fournitures, des services ou des prestations intellectuelles.

Section 3 : Des garanties

Article 50

Pour être admis à présenter une offre, les candidats sont tenus de fournir une garantie lorsque la nature des prestations le requiert. Il n'est pas demandé de garantie pour les marchés de fournitures simples et pour les marchés de prestations intellectuelles.

Article 51

A l'exception des titulaires des marchés de prestations intellectuelles, tout titulaire d'un marché public est tenu de fournir une garantie de bonne exécution.

Article 52

Les conditions de constitution de la garantie de l'offre et de la garantie de bonne exécution sont déterminées par voie réglementaire.

Article 53

Dans les conditions fixées par voie réglementaire, les titulaires des Marchés Publics peuvent être soumis à d'autres garanties, notamment celles en remboursement des avances ou des acomptes.

Chapitre 2 : Du prix et des avenants

Article 54

Le prix rémunère le titulaire du marché. Il est censé lui assurer un bénéfice et couvrir toutes les dépenses qui sont la conséquence nécessaire et directe des travaux, fournitures ou services, et notamment les impôts, droits et taxes applicables sauf lorsqu'ils sont exclus du prix du marché en vertu du terme de commerce retenu.

Article 55

Les prestations faisant l'objet du marché sont réglées, soit par des prix forfaitaires appliqués à tout ou partie du marché quelles que soient les quantités, soit par des prix unitaires appliqués aux quantités réellement livrées ou exécutées.

La fixation d'un prix forfaitaire est imposée dès lors que les prestations sont bien définies au moment de la conclusion du marché ; celle d'un prix unitaire est appliquée à une prestation élémentaire, à une fourniture ou à un élément d'ouvrage dont les quantités ne sont indiquées qu'à titre prévisionnel.

Article 56

Les marchés sont conclus à prix ferme ou à prix révisable.

Le prix est ferme lorsqu'il ne peut être modifié en cours d'exécution du marché en raison des variations des conditions économiques.

Les marchés ne sont conclus à prix ferme que lorsque l'évolution prévisible des conditions économiques n'expose ni le titulaire du marché, ni l'autorité contractante à des aléas importants.

Le prix ferme est actualisable entre la date limite de remise des offres et la date de notification du marché.

Le prix est révisable lorsqu'il peut être modifié durant l'exécution des prestations aux conditions de révision expressément prévues au contrat.

Les modalités d'actualisation et de révision du prix sont prévues dans le cahier des charges.

Article 57

Le prix est susceptible d'ajustement lorsqu'il est calculé par référence à une mercuriale, un catalogue, un barème, une série, ou lorsqu'il fait l'objet d'une mise à jour périodique.

Le contrat peut prévoir une clause d'actualisation du prix, indépendamment de celle de révision dudit prix.

Article 58

Les stipulations d'un marché public peuvent être modifiées par voie d'avenant dans la limite de quinze pourcent de la valeur totale du marché de base.

L'avenant ne peut modifier ni la monnaie de règlement ni la formule de révision des prix.

La conclusion d'un avenant est soumise à l'autorisation du service chargé du contrôle a priori des marchés publics.

Chapitre 3 : De la sous-traitance, de la co-traitance et du nantissement

Article 59

Le titulaire d'un marché public de travaux ou de services peut en sous-traiter l'exécution de certaines parties à condition :

1. que cette possibilité soit prévue dans le dossier d'appel d'offres ;
2. d'avoir obtenu de l'autorité contractante l'acceptation de chaque sous- traitant et l'agrément de ses conditions de paiement.

Le soumissionnaire a l'obligation d'indiquer dans son offre, la nature et le montant de la partie des prestations qu'il envisage de sous-traiter.

Est interdite, la sous-traitance de plus de quarante pourcent de la valeur globale d'un marché.

Article 60

La sous-traitance ne peut en aucun cas conduire à une modification substantielle de la qualification du titulaire après attribution du marché.

Article 61

Le candidat étranger qui aura prévu de sous-traiter trente pourcent de la valeur globale du marché de travaux, de fournitures ou de services à une entreprise congolaise ou d'aligner quarante pourcent d'experts congolais dans l'équipe clé des experts pourra bénéficier d'une marge de préférence sous forme d'abattement qui ne pourra être supérieure à cinq pourcent.

Article 62

En cas de sous-traitance, le titulaire du marché demeure personnellement responsable de son exécution.

Article 63

Sans préjudice des dispositions de l'article 70 de la présente loi, le sous-traitant est payé, à sa demande, directement par l'autorité contractante après accord du titulaire du marché.

Article 64

Les entrepreneurs, fournisseurs et prestataires de services peuvent présenter leur candidature ou leur offre sous forme de groupement solidaire ou de groupement conjoint.

Il est interdit aux candidats et soumissionnaires de présenter pour le même marché ou un de ses lots, plusieurs offres en agissant à la fois en qualité de candidats individuels ou de membres d'un ou plusieurs groupements.

Article 65

Tout marché public peut être donné en nantissement conformément au droit commun.

TITRE IV : DU CONTROLE DE L'EXECUTION ET REGLEMENT DES MARCHES PUBLICS

Article 66

L'exécution des Marchés Publics fait l'objet de contrôle par :

a) l'autorité contractante selon les modalités précisées dans le cahier des clauses administratives générales ;
b) l'Institution chargée de régulation des Marchés Publics;
c) tout autre organe administratif compétent prévu par les lois et règlements en vigueur.

Article 67

Le dépassement des délais contractuels donne lieu à des pénalités telles que fixées dans le cahier des charges.

Article 68

L'autorité contractante peut ordonner l'ajournement des travaux, fournitures ou prestations, objet du marché, avant leur achèvement, dans les conditions et aux conséquences prévues dans le contrat.

Article 69

Les Marchés Publics peuvent faire l'objet d'une résiliation dans les conditions stipulées au cahier des charges.

Article 70

Les modalités de règlement des Marchés Publics sont déterminées par voie règlementaire.

Des avances peuvent être accordées en raison des opérations préparatoires à l'exécution des travaux, fournitures ou services qui font l'objet du marché, sous réserve de la constitution d'une garantie bancaire d'un montant équivalent. Leur montant total ne peut en aucun cas excéder :

- trente pour cent du montant du marché initial pour les travaux et prestations intellectuelles ;
- vingt pour cent du montant du marché initial pour les fournitures et autres services.

Article 71

Les prestations qui ont donné lieu à un commencement d'exécution du marché ouvrent droit au versement d'acomptes, à l'exception des marchés prévoyant un délai d'exécution inférieur à trois mois pour lesquels le versement d'acomptes est facultatif.

Le montant des acomptes ne peut excéder la valeur des prestations auxquelles ils se rapportent, une fois déduites les sommes nécessaires au remboursement des avances, le cas échéant.

Article 72

Le défaut de paiement par l'autorité contractante dans les délais réglementaires donne lieu au paiement des intérêts moratoires au bénéfice du titulaire du marché.

TITRE V : DES CONTENTIEUX DES MARCHES PUBLICS

Chapitre 1er : Du contentieux de l'attribution

Article 73

Tout candidat ou soumissionnaire qui s'estime illégalement évincé des procédures de passation des Marchés Publics ou de délégations de service public peut introduire une réclamation auprès de l'autorité contractante.

La décision de cette dernière peut être contestée devant l'Institution chargée de la régulation des Marchés Publics.

Article 74

La réclamation est introduite, sous peine d'irrecevabilité, soit par lettre recommandée avec accusé de réception, soit par tout autre moyen de communication électronique, dans les cinq jours ouvrables de la publication de la décision d'attribution du marché ou de la délégation du service public, ou dans les dix jours ouvrables précédant la date prévue pour la candidature ou la soumission.

Elle est suspensive de la procédure d'attribution définitive.

Chapitre 2 : Du contentieux de l'exécution

Article 75

Tout cocontractant qui s'estime lésé dans l'exécution d'un contrat de marché public ou de délégation de service public peut introduire une réclamation auprès de l'autorité contractante.
Les dispositions de l'article 73, alinéa 2 de la présente loi s'appliquent mutatis mutandis au contentieux de l'exécution.

Article 76

Tout litige non réglé après la réclamation prévue aux articles 73 à 75 de la présente loi sera tranché par la juridiction compétente.

TITRE VI : DES SANCTIONS

Chapitre 1er : Des dispositions pénales

Article 77

Toute infraction commise à l'occasion de la passation de Marchés Publics ou de délégations de service public sera punie du double de la servitude pénale prévue pour cette infraction.

L'amende sera portée à un montant ne dépassant pas 50.000.000 de francs congolais.

Article 78

Le conflit d'intérêts, le délit d'initié et la prise illégale d'intérêts commis dans le cadre d'un marché public et d'une délégation de service public sont punis d'une amende de 25.000.000 à 50.000.000 de francs congolais.

Il y a conflit d'intérêts lorsqu'un membre de l'autorité contractante ou délégante prend part à la prise de décision concernant le candidat ou le titulaire du marché public auquel il est lié par des intérêts incompatibles avec ceux de l'Etat.

Il y a délit d'initié lorsqu'un membre de l'autorité contractante ou délégante, une personne chargée d'un service public ou investie d'un mandat électif fournit ou fait usage des informations privilégiées détenues en raison de ses fonctions ou de son mandat, dans le but d'influencer l'attribution d'un marché public ou d'une délégation de service public.

Il y a prise illégale d'intérêts lorsqu'un fonctionnaire, un agent public ou un élu prend, reçoit ou conserve un intérêt dans une entreprise ou une opération dont il a, au moment de l'acte, la charge d'assurer la surveillance, l'administration ou la liquidation.

Article 79

En condamnant les personnes chargées de la direction d'une entreprise de travaux, fournitures ou prestations de services publics ou les délégataires d'un service public pour une infraction commise à l'occasion de la passation d'un marché public, le tribunal prononcera, en outre, la confiscation des garanties constituées par l'entreprise et l'exclusion de celle-ci de la commande publique pour une durée ne dépassant pas cinq années.

L'exclusion de la commande publique sera définitive en cas de récidive.

Chapitre 2 : Des sanctions administratives

Article 80

L'entrepreneur, le fournisseur ou le prestataire de services qui aura commis un acte d'improbité dans la passation ou dans l'exécution des Marchés Publics sera passible de l'une ou des sanctions prévues à l'article 81 ci-dessous, sans préjudice des peines définies pour les infractions à la loi pénale.

Aux termes de la présente loi, constitue notamment un acte d'improbité, le fait, pour l'entrepreneur, le fournisseur, le prestataire de services ou le délégataire de service public :

1. de se rendre coupable de collusion avec des tiers aux fins d'établir des offres de prix à des niveaux artificiels et non concurrentiels, au préjudice de l'autorité contractante ;
2. de procéder à la surfacturation et/ou à la fausse facturation ;
3. de tenter d'influencer l'évaluation des offres ou les décisions d'attributions, notamment en proposant un paiement ou tout autre avantage indu ;
4. d'être reconnu, par un jugement coulé en force de chose jugée, responsable d'un manquement à ses obligations contractuelles lors de l'exécution des marchés antérieurs ;
5. de fournir des informations fausses, de faire des déclarations mensongères ou de faire usage d'informations privilégiées et/ou confidentielles dans le cadre de la procédure d'appel d'offres ;
6. de se livrer à des actes de corruption et aux manœuvres frauduleuses.

Article 81

Les sanctions ci-après seront prononcées, de façon séparée ou cumulative, par l'Institution chargée de la régulation des Marchés Publics, à l'endroit de l'entrepreneur, du fournisseur ou du prestataire de services qui se sera rendu coupable d'un des actes d'improbité énumérés à l'article précédent :

1. l'exclusion temporaire de la commande publique ;
2. le retrait de l'agrément et/ou du certificat de qualification.

L'exclusion temporaire ne peut dépasser la durée de cinq années.
Toutefois, en cas de récidive, la déchéance définitive peut être prononcée par la juridiction compétente, à la demande de l'établissement public chargé de la régulation des Marchés Publics.

L'Institution dresse périodiquement la liste des personnes physiques ou morales déchues du droit de concourir au marché public. Cette liste est régulièrement mise à jour, communiquée aux autorités contractantes et publiée au journal des Marchés Publics.

TITRE VII : DES DISPOSITIONS TRANSITOIRES ET FINALES

Article 82

Les Marchés Publics conclus antérieurement à la promulgation de la présente loi ou à conclure avant la mise en place des services et institutions visés à l'article 83 ci- dessous demeurent soumis à la législation antérieure pour ce qui concerne les règles de passation et d'exécution des marchés et de délégations de service public. Les procédures de recours prévues par la présente loi sont néanmoins ouvertes aux titulaires de ces marchés.

Article 83

Les services et institutions dont la création est prévue par la présente loi sont mis en place dans un délai de six mois à compter de sa promulgation.

Article 84

Sous réserve des dispositions de l'article 82 de la présente loi, l'Ordonnance-loi n° 69/054 du 5 décembre 1969 relative aux Marchés Publics est abrogée.

Article 85

La présente loi entre en vigueur à la date de sa promulgation.

Fait à Kinshasa, le 27 avril 2010

Joseph KABILA KABANGE

B. DECRET N° 10/21 DU 02 JUIN 2010 PORTANT CREATION, ORGANISATION ET FONCTIONNEMENT DE L'AUTORITE DE REGULATION DES MARCHES PUBLICS, EN SIGLE « ARMP»

Le Premier Ministre,

Vu la Constitution, spécialement en son article 92 ;
Vu la loi n°08/009 du 07 juillet 2008 portant dispositions générales applicables aux établissements publics, spécialement en son article 5 ;
Vu la Loi n° 10/010 du 27 avril 2010 relative aux Marchés Publics, spécialement en son article 14;
Vu l'Ordonnance n°08 /064 du 10 octobre 2008 portant nomination du Premier Ministre, Chef du Gouvernement;
Vu l'Ordonnance n°08/073 du 24 décembre 2008 portant organisation et fonctionnement du Gouvernement, modalités pratiques de collaboration entre le Président de la République et le Gouvernement ainsi qu'entre les membres du Gouvernement, spécialement en ses articles 9, 10 et 11 ;
Vu l'Ordonnance n°08/74 du 24 décembre 2008 fixant les attributions des Ministères, spécialement en son article 1er litera B point 11 ;
Vu l'Ordonnance n° 10/025 du 19 février 2010 portant nomination des Vice-premiers Ministres, des Ministres et des Vice ministres;
Considérant la nécessité d'assurer la régulation du système de passation des Marchés Publics et des conventions de délégations de service public en République Démocratique du Congo;
Considérant la nécessité de fixer les statuts de l'Autorité de Régulation des Marchés Publics ;
Sur proposition du Ministre du Budget;
Vu l'urgence;
Le Conseil des Ministres entendu;

D E C R E T E

TITRE I : DES DISPOSITIONS GENERALES : DE LA CREATION, DU SIEGE SOCIAL, DES MISSIONS ET DES ATTRIBUTIONS

CHAPITRE 1 : DE LA CREATION

Article 1er :

Il est créé un Etablissement public à caractère administratif, doté de la personnalité juridique dénommé « AUTORITE DE REGULATION DES MARCHES PUBLICS », en sigle « ARMP ».

Outre les dispositions de la Loi n° 10/010 du 27 avril 2010 relative aux Marchés Publics et celles de la Loi n° 08/009 du 07 juillet 2008 portant dispositions générales applicables aux Etablissements Publics, l'ARMP est régie par le présent Décret.

CHAPITRE 2 : DU SIEGE SOCIAL

Article 2 :

Le siège social de l'ARMP est établi à Kinshasa.

Il peut être transféré en tout autre lieu de la République Démocratique du Congo par Décret du Premier Ministre à la demande du Conseil d'Administration.

Des agences, des succursales et des bureaux peuvent être établis à l'intérieur et/ou à l'extérieur du pays par décision du Conseil d'Administration, après approbation du Premier ministre.

CHAPITRE 3 : DES MISSIONS

Article 3 :

L'ARMP jouit d'une totale indépendance dans l'accomplissement de ses missions et dans l'exercice de ses attributions telles que fixées aux articles 4 à 9 du présent Décret.

Article 4 :

L'ARMP a pour mission d'assurer, en République Démocratique du Congo, la régulation du système de passation des Marchés Publics et des conventions de délégations de service public.

Elle est chargée notamment de :

1. émettre des avis conformes, propositions ou recommandations dans le cadre de la définition des politiques, de l'élaboration ou de la mise à jour de la législation en matière des Marchés Publics et de délégations de service public, A ce titre, l'ARMP jouit de la prérogative exclusive de validation et de mise à jour de la législation et de tous documents standard relatifs aux Marchés Publics et délégation de service public, quelle soumet à l'autorité compétente ;

2. conduire des réformes pour la modernisation des procédures et des outils de passation des Marchés Publics et de délégations de service public;
3. examiner les recours précontractuels et procéder au règlement non juridictionnel des litiges survenus à l'occasion de passation des Marchés Publics et de délégations de service public ;
4. de promouvoir la mise en œuvre, par l'ensemble des acteurs de la commande publique, des dispositifs d'éthique et des pactes d'intégrité visant à proscrire la corruption :
5. assurer, par des audits indépendants, le contrôle à postériori des procédures de passation des Marchés Publics et délégations de service public et prendre, le cas échéant, des sanctions à l'endroit des violations avérées de la réglementation en la matière ;
6. de procéder à des missions de suivi et d'évaluation périodique en tenant compte des indicateurs de performance en matière de passation, de contrôle et d'exécution des Marchés Publics et de délégations de service public ;
7. assurer l'information et la formation de l'ensemble des acteurs de la commande publique, le développement du cadre professionnel et l'évaluation des performances des acteurs du système de passation, de contrôle et d'exécution des Marchés Publics et de délégations de service public ;
8. assister, en tant qu'organe de liaison, les organisations internationales et régionales, dans le cadre de surveillance des procédures de passation des Marchés Publics ou de délégations de service public.

CHAPITRE 4 : DES ATTRIBUTIONS

Section 1 : En matière de régulation des Marchés Publics

Article 5 :

Au titre de dispositif légal et réglementaire des Marchés Publics, l'ARMP est chargée notamment de :

1. conduire les réformes et la modernisation des règles, procédures et outils de passation des Marchés Publics et de délégations de service public :

    - en identifiant, au moyen d'une évaluation annuelle des capacités des institutions en charge des Marchés Publics et délégations de service public, les faiblesses

éventuelles de la loi relative aux Marchés Publics et de ses textes d'application, et en proposant, à l'autorité compétente, toutes mesures législatives et/ou réglementaires de nature à améliorer le système, dans un souci d'économie, de transparence et d'efficacité ;
- en donnant des avis conformes et en proposant des mesures d'amélioration des documents standards relatifs aux Marchés Publics, qu'elle soumet à l'autorité compétente.

2. promouvoir la mise en œuvre, par l'ensemble des acteurs du système, de dispositifs d'éthique et de pactes d'intégrité visant à proscrire la corruption ;

3. veiller, par ses avis et recommandations, à l'application de la réglementation et des procédures relatives à la passation des Marchés Publics et délégations de service public, des documents-types et contribuer à la promotion d'un environnement transparent favorable au jeu de la saine concurrence et au développement des entreprises et de compétences nationales stables et performantes ;

4. élaborer et diffuser les documents types, manuels de procédures et progiciels dont elle assure une mise à jour régulière.

Article 6:

Au titre de recours précontractuels, l'ARMP est chargée notamment de :

1. recevoir et statuer sur les recours relatifs à l'attribution des marchés, aux conditions de publication des avis d'appel d'offres, à la participation des candidats, aux capacités et garanties exigées de ceux-ci, au choix du mode de passation du marché et à procédure de sélection retenue, à la conformité des documents d'appel d'offres à la réglementation et aux spécifications techniques retenues, ainsi que sur tes litiges relatifs aux critères d'évaluation ;
2. se prononcer sur le refus d'approbation du marché par l'autorité compétente.

Article 7 :

Au titre des audits et enquêtes, l'ARMP est chargée notamment de :

1. initier toute investigation relative à des irrégularités ou violations à la réglementation commises en matière de Marchés Publics et

délégations de service public et saisir les autorités compétentes de toute infraction constatée ;

2. ester en justice dans le cadre de sa mission visant à s'assurer du respect de la législation en matière de Marchés Publics et délégations de service public, par l'ensemble des acteurs du système, en vue de proscrire la corruption ;
3. saisir ou assister, en tant qu'organe de liaison, les organisations internationales et régionales, dans le cadre de la surveillance des procédures de passation des Marchés Publics ou de délégations de service public ;
4. réaliser ou faire réaliser des audits techniques et/ou financiers en vue de contrôler la mise en œuvre de la réglementation en matière de passation, d'exécution et de contrôle des Marchés Publics et conventions de délégation de service public ;
5. commander, à la fin de chaque exercice budgétaire, un audit indépendant sur un échantillon aléatoire de Marchés Publics et délégations de service public ;
6. établir des rapports circonstanciés sur l'exécution des Marchés Publics et délégations de service public sur la base des enquêtes et audits réalisés et dont elle assure la publication et la transmission aux autorités compétentes ;
7. participer à l'élaboration de la réglementation générale de la certification, à l'élaboration des normes, spécifications techniques, systèmes de management de la qualité applicables aux Marchés Publics et délégations de service public en adéquation avec les règles d'harmonisation communautaire adoptées au sein des organisations régionales auxquelles la République Démocratique du Congo fait partie.

Article 8:

Au titre des sanctions, l'ARMP est chargé notamment de prononcer des sanctions administratives à l'encontre de tout candidat ou soumissionnaire ayant violé la réglementation applicable en matière de passation et d'exécution des Marchés Publics et délégations de service public.

Section 2: En matière d'information et de formation des acteurs des Marchés Publics

Article 9:

Au titre de l'information des acteurs des Marchés Publics, l'ARMP est chargée notamment de :

1. diffuser l'ensemble de la législation et de la réglementation relatives aux Marchés Publics et délégations de service public ;
2. promouvoir la transparence du système des Marchés Publics et des délégations de service public, des procédures de passation, de contrôle et d'audit par l'édition et la publication d'une revue périodique ayant pour objet d'informer le public des activités des Marchés Publics ;
3. mettre en place et gérer, dans l'intérêt du public, un site internet dédié à la publication de l'information pertinente sur la réglementation et la pratique de la passation des Marchés Publics et délégations de service public ;
4. garantir l'information des opérateurs économiques sur les procédures de passation des Marchés Publics et délégations de service public, en publiant, dans ses propres supports d'information, les plans de passation des marchés et délégations de service public, les avis d'appel d'offres, les procès-verbaux d'ouverture des plis et d'attribution provisoire et définitive des marchés, les recours et les conclusions relatives au traitement de ces derniers, les Marchés Publics et délégation de service public approuvés ;
5. procéder à la collecte et à la centralisation de toute la documentation et toutes les données pertinentes relatives à l'attribution, l'exécution et au contrôle des Marchés Publics et délégations de service public, en vue de la constitution d'une banque de données dont elle assure la tenue ainsi que la conservation par un système d'archivage adéquat.

Article 10 :

Au titre de la formation et du renforcement des capacités des acteurs des Marchés Publics, l'ARMP est chargée de programmer et d'organiser la formation initiale et continue des acteurs du système de passation des Marchés Publics et délégations de service public en se mettant en relation avec les centres ou écoles de formation mis en place, au niveau national, sous régional ou international, spécialisés dans le domaine de la pratique des Marchés Publics et délégations de service public.

TITRE II : DU PATRIMOTNE ET DES RESSOURCES

Article 11 :

Le patrimoine de l'ARMP est constitué par une dotation initiale que l'Etat lui apporte pour la réalisation de son objet social.

Il est constitué également de tous équipements, matériels et autres biens acquis dans le cadre de l'exécution de sa mission

Article 12 :

Sans préjudice des dispositions de l'article 21 de la Loi n° 08/009 du 07 juillet 2008 portant dispositions générales applicables aux établissements publics, les ressources de l'ARMP sont constituées notamment :

1. d'une taxe parafiscale sur le montant hors taxe des Marchés Publics passés au niveau des institutions centrales de l'Etat, des entreprises et établissements publics, et du chiffre d'affaires réalisé par les titulaires des délégations de service public ;
2. des produits de toutes autres prestations en relation avec les missions de l'ARMP, notamment la vente des publications au secteur privé et des revenus générés par la publicité ;
3. des contributions ou subventions exceptionnelles des organismes internationaux ;
4. toutes autres ressources attribuées à l'ARMP.

TITRE III : DES STRUCTURES, DE L'ORGANISATION ET DU FONCTIONNEMENT

Article 13:

Les structures organiques de l'ARMP sont :

- le Conseil d'Administration ;
- la Direction Générale ;
- le Collège des Commissaires aux Comptes.

CHAPITRE 1 : DU CONSEIL D'ADMINISTRATION

Article 14 :

Le Conseil d'Administration est l'organe de conception, d'orientation, de contrôle et de décision de l'ARMP. Il dispose des pouvoirs les plus étendus pour définir et orienter la politique générale de l'ARMP et évaluer sa gestion dans les limites fixées par ses missions et attributions.

Il est chargé, notamment de :

- déterminer de manière générale, les perspectives de développement de l'ARMP ;
- examiner et approuver, chaque année le programme d'activités, le budget de fonctionnement et d'investissement de l'ARMP pour l'exercice à venir ;

- recevoir de la Direction Générale, communication des rapports périodiques, annuels et tous autres rapports ;
- évaluer, selon une périodicité qu'il détermine, le respect des orientations, le niveau de réalisation des objectifs et l'accomplissement des performances ;
- adopter toute recommandation, projet de réglementation, document standard, manuel de procédures dans le domaine des Marchés Publics et délégations de service public en vue de sa transmission aux autorités compétentes ;
- ordonner les enquêtes, contrôles et audits ;
- arrêter de manière définitive, les comptes et états financiers annuels et les rapports d'activités, et en transmettre copie à la Cour des Comptes ;
- adopter le règlement intérieur de l'ARMP, l'organigramme, les manuels de procédures internes sur le plan administratif, financier, comptable, de recrutement et de gestion des ressources humaines ;
- approuver le recrutement et la nomination du personnel d'encadrement ;
- accepter tous dons, legs et subventions dans le respect de la réglementation en vigueur;
- approuver les contrats d'un montant supérieur ou égal à deux cent cinquante millions de francs congolais (CDF 250.000.000) ou toutes autres conventions, y compris les emprunts proposés par le Directeur Général et ayant une incidence sur le budget ;
- approuver les projets d'organigramme et de règlement intérieur ainsi que la grille des rémunérations et des avantages du personnel de la Direction Générale ;
- autoriser l'aliénation des biens meubles ou immeubles, corporels ou incorporels, conformément à la loi ;
- autoriser la participation de l'ARMP aux activités des associations, groupements ou autres organismes professionnels, liées à ses missions ;
- déléguer certains de ses pouvoirs au Directeur Général qui rend compte de la gestion de ladite délégation.

Article 15:

Le Conseil d'Administration est composé de cinq membres au maximum, en ce compris le Directeur Général.

La composition du Conseil d'Administration tient compte de la représentativité du secteur public, du secteur privé et de la société civile.

Les membres du Conseil d'Administration sont choisis parmi les cadres ayant un diplôme universitaire, de réputation morale et professionnelle établies dans les domaines juridique, technique, économique ou financier.

Article 16 :

Les membres du Conseil d'Administration sont nommés, relevés de leurs fonctions et, le échéant, révoqués par Ordonnance du Président de la République, sur proposition du Gouvernement délibérée en Conseil des Ministres.

Le Président de la République nomme, parmi les membres du Conseil d'Administration, un Président autre qu'un membre de la Direction Générale.

Le mandat des membres du Conseil d'Administration est de cinq ans, renouvelable une fois.

Le mandat d'un Administrateur peut également prendre fin par démission volontaire ou décès.

L'Administrateur nommé en remplacement d'un autre dont le mandat a pris fin par suite de décès, de démission ou de révocation, ne demeure en fonction que pendant le temps restant courir sur le mandat de son prédécesseur.

Nul ne peut détenir plus d'un mandat d'Administrateur.

Article 17:

Constitue une faute grave, au sens de l'article 16 du présent Décret :

- le non-respect du secret des délibérations et décisions ;
- la corruption active ou passive et toute autre infraction assimilable ;
- la violation des dispositions des textes législatifs et réglementaires régissant les Marchés Publics et délégations de service public.

Article 18 :

Le Conseil d'Administration se réunit une fois par trimestre en session ordinaire sur convocation de son Président.

Les convocations et les documents de travail sont adressés à chaque membre et au Premier Ministre huit jours francs au moins avant la tenue de la réunion.

Les convocations sont faites par télex, télégramme, télécopie, lettre, courrier électronique ou tout autre moyen laissant une trace écrite et indiquent la date, le lieu et l'ordre du jour de la réunion.

L'ordre du jour des réunions est arrêté par le Président et peut être complété par tout sujet dont la majorité des membres du Conseil d'Administration demande l'inscription.

L'ordre du jour est mis à la disposition de chaque membre avant la réunion, avec en annexe les dossiers à examiner.

Le Conseil peut être convoqué en séance extraordinaire par son Président ou à la demande du Premier Ministre, sur un ordre du jour déterminé chaque fois que l'intérêt de l'ARMP l'exige.

Article 19 :

Le Conseil d'Administration ne peut valablement délibérer que si le trois cinquième de ses membres sont présents,

Lorsque le quorum n'est pas atteint, le Président fait dresser un procès-verbal de carence et convoque une autre réunion. Lors de cette nouvelle réunion, aucun quorum n'est requis,

Les décisions sont prises à la majorité simple des membres présents. En cas d'égalité des voies, celle du Président est prépondérante.

Article 20 :

Le Conseil d'Administration peut faire appel à toute personne physique ou morale dont la compétence est jugée nécessaire pour l'examen des dossiers spécifiques. Les procédures d'utilisation des services extérieurs sont définies dans un manuel de procédures élaboré par le Directeur Général et approuvé par le Conseil d'Administration.

Article 21 :

Les délibérations du Conseil d'Administration sont formalisées à travers des procès-verbaux consignés dans un registre spécial tenu au siège de l'ARMP et signés par tous les membres présents ou représentés.

Ce procès-verbal mentionne les noms des membres présents ainsi que celui de la personne ressource invitée à titre consultatif. Il est lu et approuvé par le Conseil d'Administration lors de la session suivante.

Le Secrétariat du Conseil d'Administration est assuré par un haut cadre de la Direction Générale.

Arlicle22:

Un règlement intérieur adopté par le Conseil d'Administration et dûment approuvé par le Premier Ministre, détermine les règles d'organisation et de fonctionnement du Conseil d'Administration.

Article 23 :

Le Premier Ministre fixe, par voie de Décret délibéré en Conseil des Ministres, les du Président du conseil d'Administration et des autres Administrateurs.

CHAPITRE 2 : DE LA DIRECTION GENERALE

Article 24 :

La Direction Générale de l'ARMP est assurée par un Directeur Général, éventuellement assisté d'un Directeur Général Adjoint, tous recrutés sur concours organisé par le Conseil d'Administration, sur la base de critères d'intégrité morale, de qualification technique et d'expérience professionnelle dans les domaines juridique, technique, économique ou de gestion, des Marchés Publics et délégations de service public.

Le Directeur Général et le Directeur Général Adjoint sont nommés, sur base d'un rapport motivé du Conseil d'Administration établi à l'issue de la procédure concurrentielle de recrutement, par Ordonnance du Président de la République sur proposition du Gouvernement délibérée en Conseil des Ministres pour un mandat de cinq ans renouvelable une fois.

Ils sont relevés et, en cas de faute constatée dans l'exercice de leurs fonctions, révoqués par Ordonnance du Président de la République sur proposition du Gouvernement délibérée en Conseil des Ministres.

Ils ne peuvent être suspendus à titre conservatoire que par Décret du Premier Ministre.

Article 25 :

La Direction Générale est l'organe de gestion de l'ARMP.

A ce titre, elle exécute les décisions du Conseil d'Administration et assure la gestion journalière de l'ARMP. Elle exécute le budget, élabore les états financiers, et dirige l'ensemble des services techniques et administratifs.

Elle représente l'ARMP vis-à-vis des tiers. A cet effet, elle a tous les pouvoirs nécessaires pour assurer la bonne marche de l'ARMP et pour agir en toute circonstance en son nom.

Article 26 :

En cas d'absence ou d'empêchement, l'intérim du Directeur Général est assumé par le Directeur Général Adjoint, ou, à défaut, par un Directeur en fonction désigné par le Premier Ministre sur proposition de la Direction Générale.

Article 27 :

Sans préjudice des dispositions de l'article 33 du présent Décret et en exécution des missions de l'ARMP, la Direction Générale est chargée notamment :

a. au titre d'assistance aux missions de l'ARMP de :

- assurer la préparation technique des dossiers à soumettre au Conseil d'Administration, préparer ses délibérations, assister, en qualité de Secrétaire Rapporteur du Conseil, aux réunions de celui-ci et exécuter ses décisions ;
- soumettre à l'adoption du Conseil d'Administration, les projets d'organigramme et de règlement intérieur, ainsi que la grille des rémunérations et des avantages du personnel;
- élaborer, dans le cadre des missions de l'Autorité de Régulation des Marchés Publics, le programme annuel d'activités, les recommandations, le projet de

réglementation, les documents type d'appel d'offres, le manuel de procédure, le programme de formation ou de développement du cadre professionnel dans le domaine des Marchés Publics et délégations de service public ;

- proposer au Conseil d'Administration de diligenter les enquêtes, contrôles et audits sur les procédures de passation et d'exécution des Marchés Publics et délégations de service public ;
- exécuter toute mission relevant des compétences générales de l'Autorité de Régulation des Marchés Publics, sous réserve des prérogatives spécifiques dévolues, aux termes du présent décret, au Conseil d'Administration.

b. au titre de l'administration quotidienne de l'ARMP de :

- assurer quotidiennement la gestion technique, administrative et financière de l'Autorité de Régulation des Marchés Publics ;
- préparer, les rapports d'activités, ainsi que, sous l'autorité du Président du Conseil d'Administration, les comptes et les états financiers à soumettre au Conseil pour approbation et arrêté des comptes ; à ce titre, sur délégation du Président du Conseil d'Administration, il engage, liquide et ordonne les dépenses de l'Autorité de Régulation des Marchés Publics, et liquide, ordonne et met en recouvrement, les ressources de l'Autorité de Régulation des Marchés Publics ;
- recruter, nommer et licencier les membres du personnel et fixer leurs rémunérations et avantages, sous réserve des prérogatives reconnues au Conseil d'Administration. A ce titre, il a la qualité d'employeur au sens du Code du Travail ;
- procéder aux achats, passer et signer les marchés, contrats et conventions liés au fonctionnement de l'Autorité de Régulation des Marchés Publics, sous réserve de l'approbation du Président du Conseil d'Administration pour les acquisitions et contrats dont le montant est supérieur ou égal à cinq cent millions de francs congolais constants (500.000.000 FC), en assurer l'exécution et le contrôle, dans le strict respect du budget, conformément aux dispositions législatives et réglementaires en vigueur ;

- prendre, dans les cas d'urgence, toute mesure conservatoire nécessaire à la bonne marche de l'Autorité de Régulation des Marchés Publics, à charge pour lui, d'en rendre compte au Conseil d'Administration.

Article 28 :

La Direction Générale diligente des enquêtes et audits sur les procédures de passation des Marchés Publics et soumet les conclusions de l'enquêteur au Comité de règlement des différends siégeant en formation disciplinaire.

Pour réaliser ces enquêtes et audits, la Direction Générale recourt à son personnel technique et à défaut, à des consultants spécialisés, recrutés sur concours.

Article 29 :

La rémunération et les autres avantages du Directeur Général et du Directeur Général Adjoint sont fixés par Décret du Premier Ministre délibéré en Conseil des Ministres sur proposition du Conseil d'Administration.

Article 30 :

Le Directeur Général peut déléguer une partie de ses attributions aux cadres occupant des postes de direction.

Article 31 :

La Direction Générale comprend :

- un service rattaché au Directeur Général ;
- des directions techniques et administratives.

Section 1 : Du service rattaché au Directeur Général

Article 32:

Le Directeur Général est assisté d'un Secrétariat dirigé par un cadre recruté sur concours chargé notamment de :

- gérer l'agenda du Directeur Général ;
- gérer les communications téléphoniques et le courriel en direction ou en partance du Directeur Général ;
- veiller à l'utilisation rationnelle des équipements et fournitures de bureau mis à sa disposition ;

- rédiger, saisir et collationner le courrier, conformément aux instructions du Directeur Général ;
- recevoir, enregistrer, traiter et expédier le courrier ordinaire et le courrier confidentiel ;
- assister le Directeur Général dans ses fonctions de Secrétaire Rapporteur du Conseil d'Administration de l'Autorité de Régulation des Marchés Publics, notamment dans la préparation des documents, états et rapports que le Directeur Général doit soumettre à l'approbation du Conseil d'Administration ;
- et d'une manière générale, exécuter toutes instructions du Directeur Général.

Section 2 : Des Directions Techniques et Administratives

Article 33 :

La Direction Générale de l'Autorité de Régulation des Marchés Publics, outre le service visé à l'article 41 ci-dessus, comprend :

- une Direction de la Régulation ;
- une Direction des Statistiques et de la Communication ;
- une Direction de la Formation :
- une Direction Administrative et Financière.

Chaque direction est subdivisée en divisions.

Chaque direction est animée par un Directeur recruté sur concours par le Directeur Général.

Article 34 :

L'organisation des divisions et la définition détaillée de leurs attributions ainsi que la mise en place de leurs animateurs font l'objet d'une note de service du Directeur Général délibérée au Conseil d'Administration.

Sous-section 1 : De la Direction de la Régulation

Article 35 :

La Direction de la Régulation est chargée notamment de :

- procéder, en concertation avec les autres directions de l'Autorité de Régulation des Marchés Publics et la Direction Générale du Contrôle des Marchés Publics, à une évaluation qualitative périodique du système de passation des Marchés Publics, afin d'identifier les faiblesses ou incohérences du système et proposer les mesures correctives requises ;

- proposer la mise à jour des règles et procédures de passation des Marchés Publics chaque fois que nécessaire ;
- analyser, au premier degré, les dossiers de recours et contentieux reçus et soumettre ses avis juridiques et techniques au Directeur Général ;
- préparer l'organisation matérielle des audits et enquêtes ponctuels diligentés par le Comité des Audits et Enquêtes ainsi que les audits et enquêtes annuels des Marchés Publics ;
- préparer les éléments des rapports périodiques ou circonstanciés de son ressort, à l'attention du Directeur Général et ceux à publier dans la revue périodique et sur le site internet des Marchés Publics ;
- exécuter toutes missions confiées par le Directeur Général ;
- assister le Directeur Général dans l'accomplissement de ses prérogatives de Secrétaire du Conseil d'Administration.

Article 36 :

La Direction de la Régulation est composée de trois divisions :

- une division de recours chargée de procéder à une première analyse des dossiers de recours et litiges soumis à l'Autorité de Régulation des Marchés Publics et d'émettre ses avis juridiques et techniques, et d'assister techniquement et administrativement le Comité de règlement des différends ;
- une division de la réglementation chargée d'évaluer l'applicabilité des textes légaux et réglementaires régissant les Marchés Publics ainsi que les manuels de procédures et les documents type d'appel d'offres et d'en proposer les mises à jour et toutes autres mesures susceptibles d'en améliorer l'efficacité ;
- une division des audits et enquêtes chargée de d'identifier les opportunités et d'organiser la réalisation des enquêtes et audits ponctuels et annuels des Marchés Publics, et d'assister techniquement et administrativement le Comité des Audits et Enquêtes.

Sous-section 2: De la Direction des Statistiques et de la communication

Article 37 :

La Direction des Statistiques et de la communication est chargée notamment de :

- constituer et gérer, sur base des documents provenant des Cellules de gestion des Marchés Publics et de la Direction Générale du contrôle des Marchés Publics, la documentation et les statistiques des marchés reprenant les éléments pertinents en rapport avec la passation et l'exécution des Marchés Publics ;
- rédiger les documents de synthèse des statistiques des Marchés Publics à publier dans la revue périodique et sur le site internet des Marchés Publics ;
- gérer les archives et toute documentation pertinente en rapport avec les Marchés Publics et les tenir à la disposition du public ;
- consolider et harmoniser tous documents à publier dans la revue et sur le site internet des Marchés Publics et procéder à leur publication ;
- coordonner et veiller à la production matérielle de la revue périodique des Marchés Publics ;
- superviser l'organisation et la gestion du site internet de l'Autorité de Régulation des Marchés Publics.

Article 38 :

La Direction des Statistiques et de la Communication est composée de trois divisions :

- une division des statistiques et de la documentation chargée de collecter et archiver la documentation, constituer et analyser les données statistiques des Marchés Publics et d'identifier les éléments pertinents pour la publication dans la revue périodique et sur le site internet de l'Autorité de Régulation des Marchés Publics ;
- une division de la communication chargée de mettre en forme tous les éléments destinés à la publication et d'en organiser la production matérielle ;
- une division informatique chargée de gérer le parc matériel et logiciel ainsi que le site internet de l'Autorité de Régulation des Marchés Publics et d'assister les services usagers de l'outil informatique.

Sous-section 3 : De la Direction de la Formation

Article 39 :

La Direction de la Formation est chargée notamment de :

- identifier et collecter les besoins en formation de l'ensemble des acteurs des Marchés Publics et élaborer, en collaboration avec eux, les plans et programmes de formation et voyages d'études, et en organiser l'exécution ;
- participer à la rédaction ou à la mise à jour des modes opératoires simplifiés, destinés à faciliter l'application des règles et procédures de passation des Marchés Publics ;
- effectuer des enquêtes sur l'environnement et les conditions matérielles de travail et proposer aux acteurs des Marchés Publics le renforcement des capacités techniques à opérer afin d'améliorer les conditions ergonomiques ;
- apporter l'assistance technique aux acteurs des Marchés Publics qui en ont besoin dans les diverses activités liées à la passation et à l'exécution des Marchés Publics ;
- préparer les éléments des rapports périodiques ou circonstanciés de son ressort, à l'attention du Directeur Général et ceux à publier dans la revue périodique et sur le site internet des Marchés Publics ;
- être en relation régulière avec les centres et écoles de formation, au niveau national, sous régional et international spécialisés dans le domaine de la passation des Marchés Publics et délégations de service public ;
- exécuter toutes missions, à lui, confiées par le Directeur Général.

Article 40 :

La Direction de la Formation est composée de deux divisions :

- une division de la formation chargée de planifier et d'organiser la formation du personnel et des acteurs des Marchés Publics ;
- une division des appuis techniques chargée d'apporter de l'assistance aux structures impliquées dans le processus de passation et d'exécution des Marchés Publics et d'assurer la production du matériel didactique.

Sous-section 4 : De la Direction Administrative et Financière

Article 41 :

La Direction Administrative et Financière est chargée notamment de :

- assurer la gestion de la trésorerie et la tenue à jour de la comptabilité ;
- élaborer et gérer les budgets annuels de fonctionnement et d'investissement et en établir les rapports d'exécution ;
- animer la procédure de recrutement du personnel et assurer la gestion des dossiers administratifs des cadres et agents de l'Autorité de Régulation des Marchés Publics ;
- gérer le patrimoine meuble et immeuble et en assurer l'entretien et la maintenance ;
- assurer l'approvisionnement des services de l'Autorité de Régulation des Marchés Publics en équipements, biens, logiciels et divers consommables ;
- assister le Directeur général dans les négociations des contrats ;
- préparer les éléments des rapports périodiques ou circonstanciés de son ressort, à l'attention du Directeur général ;
- apprêter les éléments pertinents à publier dans la revue périodique et sur le site internet des Marchés Publics et les soumettre au Directeur général ;
- exécuter toutes missions reçues du Directeur général.

Article 42 :

La Direction Administrative et Financière comprend trois divisions :

- une division financière et comptable chargée de la gestion des ressources financières et de la tenue des comptes ;
- une division des ressources humaines chargée de l'administration du personnel ;
- une division des services généraux chargée de la gestion du patrimoine et de la logistique.

Article 43 :

Les actions judiciaires tant en demande qu'en défense sont introduites et/ou soutenues au nom de l'ARMP, par le Directeur Général et, à défaut, par son remplaçant, ou par toute autre personne dûment mandatée à cette fin par lui.

CHAPITRE 4: DU COLLEGE DES COMMISSAIRES AUX COMPTES

Article 44:

Le contrôle des opérations financières de l'ARMP est assuré par un Collège des Commissaires aux Comptes. Celui-ci est composé de deux personnes issues de structures professionnelles distinctes, et justifiant de connaissances techniques et professionnelles éprouvées.

Les Commissaires aux Comptes sont nommés par Décret du Premier Ministre délibéré en Conseil des Ministres pour un mandat de cinq ans non renouvelable.

Ils peuvent être relevés de leurs fonctions ou révoqués pour faute constatée dans l'exécution de leur mandat.

Ils ne peuvent prendre individuellement aucune décision.

Article 45 :

Les Commissaires aux Comptes ont, en collège ou séparément, un droit illimité de surveillance et de contrôle sur toutes les opérations de l'ARMP. A cet égard, ils ont mandat de vérifier les livres, la caisse, le portefeuille et les valeurs de l'Institut, de contrôler la régularité et la sincérité des inventaires et des états financiers ainsi que l'exactitude des informations données sur les comptes de l'ARMP dans les rapports du Conseil d'Administration.

Ils peuvent prendre connaissance, sans les déplacer, des livres, de la correspondance, des procès-verbaux et, généralement, de toutes les écritures de l'ARMP. Ils rédigent, à cet égard, un rapport annuel à l'attention du Premier Ministre.

Dans ce rapport, ils font connaître le mode d'après lequel ils ont contrôlé les inventaires, et signalent les irrégularités et inexactitudes éventuelles. Ils font toutes propositions qu'ils jugent convenables.

Article 46 :

Les Commissaires aux Comptes reçoivent, à charge de l'ARMP, une allocation fixe dont le montant est déterminé par Décret du Premier Ministre délibéré en Conseil des Ministres.

TITRE IV: DES INCOMPATIBILITES

Article 47 :

Le Directeur général et/ou le Directeur général adjoint, ainsi que les Administrateurs ne peuvent prendre part, directement ou indirectement, aux Marchés Publics conclus avec l'ARMP, à leur propre bénéfice ou au bénéfice des entreprises dans lesquelles ils ont des intérêts.

Les membres du Conseil d'Administration ne peuvent détenir des intérêts dans les entreprises bénéficiant de la commande publique. Ils doivent également, lors de leur entrée en fonctions et à la fin de celles-ci, faire sur l'honneur, une déclaration écrite de tous leurs biens patrimoines adressée au Président de la Cour des Comptes.

Lorsque le Conseil d'Administration examine des questions liées aux entreprises qu'ils représentent ou dans lesquelles ils ont des intérêts directs ou indirects, les Administrateurs représentant du secteur privé ou de la société civile concernés, ne peuvent participer aux délibérations ni prendre part au vote. De même, le représentant de l'Administration Publique peut participer aux délibérations lorsque l'affaire examinée concerne son administration d'origine.

Article 48 :

Dans l'exercice de leur mission, les Commissaires aux Comptes sont soumis aux conditions et aux mêmes incompatibilités que celles prévues pour les sociétés commerciales.

TITRE V : DU REGLEMENT DES DIFFERENDS

Article 49 :

L'ARMP est dotée d'un organe technique chargé de remplir les missions et les attributions lui dévolues par les articles 4 à 9 du présent Décret dénommé « Comité de Règlement des Différends ».

Article 50 :

Le Comité de Règlement des Différends est composé de six membres repartis comme ci-dessous :

- deux représentants de l'Administration Publique ;
- deux représentants la Société Civile ;
- deux représentants le Secteur Privé.

Les membres du Comité de Règlement des Différends sont désignés par leur structure d'origine, parmi les cadres ayant un diplôme universitaire, de réputation morale et de notoriété professionnelle avérée dans les domaines juridique, technique, économique et financier, et reconnus pour leur expertise dans le domaine des contrats publics.

Ils sont nommés par Décret du Premier Ministre délibéré en Conseil des Ministres pour un mandat de cinq ans renouvelable une fois.

A l'occasion des réunions, les membres du Comité de Règlement des Différends perçoivent, à charge de l'ARMP, un jeton de présence dont le montant est déterminé par Décret du Premier Ministre délibéré en Conseil des Ministres.

Les membres du Comité de Règlement des Différends ne sont pas employés de l'ARMP.

Article 51 :

Le Comité de Règlement des Différends est présidé par un des représentants de la Société Civile élu par les membres dudit Comité.

Article 52 :

Le Comité de Règlement des Différends siège, en fonction des faits dont il est saisi, soit sous forme d'une commission des litiges ou, soit sous forme d'une commission disciplinaire.

Article 53 :

Le Comité de Règlement des Différends est chargé de :

- recevoir les dénonciations des irrégularités constatées par les parties intéressées ou celles connues de toute autre personne avant, pendant et après la passation ou l'exécution des Marchés Publics et délégations de service public. Si ces faits caractérisent des violations de la réglementation relative à la passation des Marchés Publics, le Directeur Général saisit, soit la Commission des litiges, soit la Formation disciplinaire, selon le cas ; si ces faits caractérisent également des violations de la réglementation relative à l'exécution des Marchés Publics, le Directeur Général saisit le Comité en Formation disciplinaire ; s'ils constituent une infraction, l'Autorité de Régulation des Marchés Publics saisit les juridictions compétentes ;

- recevoir, enregistrer et examiner les recours exercés par les candidats et soumissionnaires aux Marchés Publics et délégations de service public relatifs à la procédure de passation des Marchés Publics et délégations de service public, qui n'ont pas connu un aboutissement satisfaisant auprès des Autorités contractantes.

Article 54:

La Commission des litiges est saisie des litiges relatifs à la procédure de passation, mentionnés au deuxième alinéa ci-dessous, dans le délai prévu par les dispositions du décret portant manuel de procédures de la loi relative aux Marchés Publics, et ayant pour objet de contester :

1. les décisions d'attribuer ou de ne pas attribuer le marché ou la convention de délégation de service Public ;
2. le contenu des dossiers d'appel d'offres notamment :

   - les règles relatives à la participation des candidats, aux capacités et garanties exigées ;
   - le mode de passation et la procédure de sélection retenus ;
   - la conformité des documents d'appels d'offres à la réglementation ;
   - les spécifications techniques retenues ;
   - les critères d'évaluation.

La Commission des litiges a pour mission de :

- statuer sur les irrégularités et violations des réglementations nationales qu'elle constate ;
- ordonner toute mesure conservatoire, corrective, ou suspensive de l'exécution de la procédure de passation, l'attribution définitive du marché étant suspendue jusqu'au prononcé de la décision de la commission ;

- rendre des avis dans le cadre de la procédure de règlement amiable des litiges relatifs à l'exécution des Marchés Publics et délégations de service public.

Les décisions de la commission des litiges sont exécutoires et ont force contraignante pour les parties. Elles sont définitives, sauf en cas de recours devant les juridictions compétentes. Ce recours n'a pas d'effet suspensif. Le Directeur général peut également saisir la commission à l'effet de statuer sur toute irrégularité de procédure dont l'Autorité de régulation des Marchés Publics aurait été saisie.

Article 55 :

La saisine de la Commission des litiges fait obstacle à une saisine parallèle de la juridiction compétente tant que le Comité de Règlement des Différends ne s'est pas encore prononcé. Elle suspend les délais contentieux devant cette juridiction.

Toutefois, le recours judiciaire peut être engagé en cas d'absence de décision de la Commission des litiges, dans un délai de quinze jours.

Article 56 :

Les modalités pratiques de fonctionnement de la Commission des litiges sont fixées dans un règlement intérieur.

Article 57 :

Le Comité de Règlement des Différends statuant en commission disciplinaire a pour mission de prononcer les sanctions prévues par la loi à l'encontre des soumissionnaires, candidats ou titulaires des Marchés Publics ou de délégations de service public, en cas de violation avérée de la réglementation sur la passation et l'exécution des Marchés Publics et délégations de service public.

Ces sanctions peuvent également être prononcées par la Commission des litiges statuant en matière de recours.

Le Comité de Règlement des Différends informe les autorités administratives compétentes ainsi que les autorités judiciaires des fautes commises par les agents de l'Etat à l'occasion de la passation ou de l'exécution des Marchés Publics et délégations de service public, en vue de poursuites éventuelles.

Article 58 :

Lorsqu'elle constate l'un ou plusieurs des cas mentionnés au premier alinéa de l'article 80 de la loi relative aux Marchés Publics et, en conséquence, décide de prononcer l'une ou plusieurs des sanctions prévues à l'article 81 de ladite loi, la formation disciplinaire procède comme indiqué à l'article 31 du présent décret.

TITRE VI : DE LA TUTELLE

Article 59 :

L'ARMP est placée sous l'autorité directe du Premier Ministre.

La tutelle du Premier Ministre s'exerce sur les matières administratives et financières.

Article 60 :

Sans préjudice des dispositions de l'article 3 du présent décret, le Premier Ministre exerce son pouvoir de tutelle visée à l'article 58 du présent décret par voie d'autorisation préalable, par voie d'approbation ou par voie d'opposition.

Article 61 :

Sont soumis à l'autorisation préalable :

- les acquisitions et aliénations immobilières ;
- les emprunts à plus d'un an de terme ;
- les prises et cessions de participations financières ;
- l'établissement d'agences et bureaux à l'étranger ;
- les marchés d'un montant égal ou supérieur à Francs congolais cinq cents millions (CDF 500.000.000).

Le montant prévu à l'alinéa précédent peut être actualisé par Arrêté du Ministre ayant les Finances dans ses attributions.

Article 62 :

Sans préjudice d'autres dispositions du présent décret, sont soumis à l'approbation :

- le cadre organique ;

- le budget de l'ARMP arrêté par le Conseil d'Administration, sur proposition de la Direction Générale ;
- le statut du personnel fixé par le Conseil d'Administration, sur proposition de la Direction générale ;
- le barème de rémunération du personnel ;
- le Règlement intérieur du Conseil d'Administration ;
- le rapport annuel d'activités.

Article 63 :

Le Premier Ministre reçoit les convocations aux réunions du Conseil d'Administration et, dans les conditions qu'il fixe, les copies des délibérations du Conseil d'Administration.

TITRE VII : DE L'ORGANISATION FINANCIERE

Article 64:

L'exercice comptable de l'ARMP commence le 1er janvier et se clôture le 31 décembre de la même année.

Article 65:

Les comptes de l'ARMP seront tenus conformément à la législation comptable en vigueur en République Démocratique du Congo.

Article 66 :

Le budget de l'ARMP est arrêté par le Conseil d'Administration et soumis à l'approbation du premier Ministre conformément à l'article 33 du présent décret. Il est exécuté par la Direction Générale.

Article 67 :

Le budget de l'ARMP est divisé en budget d'exploitation, d'investissement et de trésorerie.
Le budget d'exploitation comprend :

1. En recettes :

   - les ressources d'exploitation ;
   - les ressources diverses et exceptionnelles.

2. En dépenses :

- les charges d'exploitation ;
- les charges du personnel, y compris les dépenses de formation professionnelle et toutes autres dépenses faites dans l'intérêt du personnel ;
- toutes autres charges financières.

Le budget d'investissement comprend :

1. En dépenses :

- les frais d'acquisition, de renouvellement ou de développement des immobilisations affectées aux activités professionnelles ;
- les frais d'acquisition des immobilisations de toute nature non destinées à être affectées à ces activités, notamment les participations financières et les immeubles d'habitation.

2. En recettes :

- les ressources prévues pour faire face à ces dépenses, notamment les apports nouveaux de l'Etat ;
- les subventions d'équipement de l'Etat ;
- les emprunts ;
- l'excédent des recettes d'exploitation sur les dépenses de même nature et les revenus divers ;
- les prélèvements sur les avoirs placés ;
- les cessions des biens et toutes autres ressources autorisées à cet effet par le Conseil d'Administration.

Le budget de trésorerie comprend :

1. En recettes : les recettes d'exploitation diverses et exceptionnelles.

2. En dépenses : les dépenses d'exploitation, hors exploitation, du personnel et diverses.

Article 68 :

Conformément au calendrier d'élaboration du projet de budget de l'Etat arrêté par le Gouvernement, chaque année, au plus tard le 15 juillet, le Directeur général soumet un projet de budget des recettes et des dépenses pour l'exercice suivant, à l'approbation du Conseil d'Administration et par la suite, à celle du Premier Ministre au plus tard le 15 août de l'année qui précède celle à laquelle il se rapporte.

Article 69 :

La comptabilité de l'ARMP est organisée et tenue de manière à permettre de :

1. connaître et contrôler les opérations des charges et pertes, des produits et profits ;
2. connaître la situation patrimoniale de l'ARMP ;
3. déterminer les résultats de l'exercice.

Article 70 :

A la fin de chaque exercice, la Direction Générale élabore :

1. un état d'exécution du budget, lequel présente, dans des colonnes successives, les prévisions des recettes et des dépenses, les réalisations des recettes et dépenses, ainsi que les différences entre les prévisions et les réalisations ;
2. après inventaire, un tableau de formation de résultat et un bilan ;
3. un rapport dans lequel il fournit tous les éléments d'information sur l'activité de l'ARMP au cours de l'exercice écoulé.

Ce rapport doit indiquer le mode d'évaluation des différents postes de l'actif du bilan et, le cas échéant, les motifs pour lesquels les méthodes d'évaluation précédemment adoptées ont été modifiées. Il doit, en outre, contenir les propositions du Conseil d'Administration concernant l'affectation du résultat.

Article 71 :

L'inventaire, le bilan, le tableau de formation de résultat et le rapport de la Direction générale sont mis à la disposition des commissaires aux comptes, au plus tard le 15 mai de l'année qui suit celle à laquelle ils se rapportent.

Les mêmes documents sont transmis, accompagnés du rapport des commissaires aux Comptes, au Premier Ministre, au plus tard, le 30 mai de la même année.

TITRE VIII : DE L'ORGANISATION DES MARCHES

Article 72 :

Les marchés de l'ARMP sont passés conformément à la législation en vigueur en la matière.

TITRE IX : DU PERSONNEL

Article 73 :

Le personnel de l'ARMP est régi par le Code du Travail et ses mesures d'application.

Le cadre et le statut du personnel de l'ARMP sont fixés par le Conseil d'Administration sur proposition de la Direction Générale.

Le statut détermine notamment, les grades, les conditions de recrutement, la rémunération, les règles d'avancement, la discipline et les voies de recours. Il est soumis à l'approbation du Premier Ministre.

Dans la fixation du statut du personnel, le Conseil d'Administration est tenu de veiller à la sauvegarde de l'intérêt général et à assurer le fonctionnement sans interruption du service public.

Article 74 :

Le personnel de l'ARMP exerçant un emploi de commandement est nommé, affecté, promu et, le cas échéant, licencié ou révoqué par le Conseil d'Administration sur proposition de la Direction générale ; tandis que le personnel de collaboration et d'exécution est nommé, affecté, promu et, le cas échéant, licencié ou révoqué par le Directeur général.

Le personnel de l'ARMP est recruté sur concours par le Directeur général.
La qualité de membre du personnel de l'ARMP est incompatible avec celle de fonctionnaire de l'Etat en activité de service.

TITRE X : DU REGIME DOUANIER, FISCAL ET PARAFISCAL

Article 75 :

Sans préjudice des dispositions légales contraires, l'ARMP bénéficie du même traitement que l'Etat pour toutes ses opérations, en ce qui concerne les impôts, droits et taxes effectivement mis à sa charge.

Toutefois, l'ARMP est tenue de collecter les impôts, droits, taxes et redevances dont elle est redevable et de les reverser au Trésor public ou à l'entité compétente.

TITRE XI : DE LA DISSOLUTION

Article 76 :

L'ARMP est dissoute par Décret du Premier Ministre délibéré en Conseil des ministres conformément aux dispositions des articles 32 et 33 de la Loi n° 08/009 du 07 juillet 2008 portant dispositions générales applicables aux Etablissements Publics.

TITRE XII : DES DISPOSITIONS FINALES

Article 77 :

Sont abrogées, toutes les dispositions antérieures contraires au présent Décret.

Article 78 :

Le présent Décret entre en vigueur à la date de sa signature.

Fait à Kinshasa, le 02 juin 2010

Adolphe MUZITO

C. DECRET N°10/22 DU 02 JUIN 2010 PORTANT MANUEL DE PROCEDURES DE LA LOI RELATIVE AUX MARCHES PUBLICS

Le Premier Ministre,

Vu la constitution, spécialement en son article 92 alinéa 1, 2 et 4 ;
Vu la loi n°10/010 du 27 avril 2010 relative aux Marchés Publics ;
Vu l'ordonnance n°08/064 du 10 octobre 2008 portant nomination du Premier Ministre, Chef du Gouvernement ;
Vu telle que modifiée et complétée à ce jour, l'ordonnance n°08/073 du 24 décembre 2008, portant organisation et fonctionnement du Gouvernement, modalités pratiques de collaboration entre le Président de la République et le Gouvernement ainsi qu'entre les membres du Gouvernement, spécialement en ses articles 9,10 et 11 ;
Vu l'ordonnance n°08/074 du 24 décembre 2008 fixant attributions des Ministères, spécialement en son article 1er ;
Vu l'ordonnance n°10/025 du 19 février 2010 portant nomination des Vice-Premiers Ministres, des Ministres et des Vice-ministres ;
Vu le décret n°10/21 du 02 juin 2010 portant création, organisation et fonctionnement de l'autorité de régulation des Marchés Publics ;
Considérant la nécessité de mettre en place les procédures d'application de la loi n° 10/010 du 27 avril 2010, relative aux Marchés Publics ;
Sur proposition du Ministre du budget ;
Le Conseil des Ministres entendu,

D E C R E T E

TITRE 1 : DES DISPOSITIONS GÉNÉRALES

CHAPITRE 1er : DE L'OBJET, DU CHAMP D'APPLICATION ET DES PRINCIPESFONDAMENTAUX

Article 1er :

Le présent Décret fixe les procédures d'application de la loi relative aux Marchés Publics.

Section 1 : Des textes régissant les Marchés Publics

Article 2 :

Outre les textes auxquels se réfère le présent décret, les principaux textes régissant les Marchés Publics sont, notamment :

- les traités en rapport avec les Marchés Publics ratifiés par la République Démocratique du Congo ;
- les accords de financement conclus entre la République Démocratique du Congo et les bailleurs de fonds ;
- la loi financière n°083-003 du 23 février 1983 telle que modifiée par l'ordonnance-loi n°087-004 du 10 janvier 1987 ;
- la loi n°08/016 du 16 octobre 2008 portant composition, organisation et fonctionnement des entités territoriales décentralisées et leurs rapports avec l'Etat et les Provinces ;
- l'ordonnance loi n°68-248 du 10 juillet 1968 portant code d'organisation et compétences judiciaire ;
- l'ordonnance n°34/242 du 10 juillet 1952 portant règlement général sur la comptabilité publique ;
- les divers arrêtés, circulaires et notes de services précisant l'un ou l'autre aspect du secteur des Marchés Publics.

Section 2 : Du champ d'application

Article 3 :

Les dispositions de la loi relative aux Marchés Publics s'appliquent aux marchés conclus par :

- le pouvoir central, ses services déconcentrés et ses services auxiliaires ;
- les Provinces et les entités territoriales décentralisées et leurs services auxiliaires ;
- les établissements et entreprises publics ainsi que les sociétés commerciales à participation publique majoritaire ;
- tous autres organismes créés par l'Etat et dont l'activité est financée ou garantie par l'Etat ;
- les personnes morales de droit privé mandatée et bénéficiant du financement ou de la garantie des personnes de droits public.

Section 3 : Des principes fondamentaux

Article 4 :

Les principes fondamentaux applicables aux achats publics se rattachent, d'une part, aux notions d'efficacité des procédures et d'économie budgétaires et, d'autre part, aux notions d'égalité des citoyens et de liberté du commerce. En matière de Marchés Publics, tout échange, instruction ou rapport se fait obligatoirement par écrit.

Article 5 :

Une évaluation précise des besoins, par l'acheteur public préalablement à tout lancement de la procédure de passation d'un marché, constitue une condition pour que le marché soit passé et réalisé dans les meilleures conditions économiques. La réalisation des études d'avant projets sommaires ou d'avant projets détaillé sera nécessaire dans certains cas.

Article 6 :

Les principes de liberté d'accès à la commande publique et d'égalité de traitement des candidats sont complémentaires. Ils résultent du principe constitutionnel d'égalité des citoyens devant la loi et du principe de libre concurrence.

Ces principes reposent sur :

- la possibilité, pour toute personne remplissant les conditions administratives et techniques requises et non exclue au terme de l'article 81 de la loi relative aux Marchés Publics, de se porter candidate à un marché public ;
- la possibilité donnée à tout soumissionnaire de pouvoir se plaindre et que la dite plainte soit examinée en toute impartialité selon les dispositions de la loi et de ses textes d'application ;
- l'interdiction des dispositions qui, par leurs exigences particulières, écartent certaines catégories de candidats en se fondant sur d'autres considérations que celles des dispositions de la loi relative aux Marchés Publics.

Article 7 :

La transparence des procédures est nécessaire pour assurer leur intégrité. Elle se traduit notamment par :

- la publication suffisante et largement à l'avance des besoins de façon à garantir l'accès aux marchés du plus grand nombre de candidats ;
- la possibilité de prendre connaissance des règles effectivement appliquées à travers des textes clairs, y compris l'usage des documents types, qui facilitent le contrôle a priori et a posteriori du respect de ces règles ;
- l'ouverture publique des plis et la publication des résultats permettant le contrôle de l'impartialité des procédures d'attribution du marché par les candidats eux-mêmes ;

- un droit de recours effectif des candidats en cas de non-respect des règles de passation des marchés ;
- le bannissement de toute forme de fraude et de corruption dans la passation et l'exécution des Marchés Publics et des délégations de services publics.

Article 8 :

La méconnaissance des principes d'égalité de traitement des candidats et de transparence par les Autorités contractantes est sanctionnée par la nullité de la procédure de passation du marché. Cette nullité peut être demandée par toute personne intéressée au déroulement normal de la procédure.

Article 9 :

Les règles d'éthique et les sanctions en matière de Marchés Publics fixées aux articles 1, 80 et 81 de la loi relative aux Marchés Publics sont de stricte application.

CHAPITRE 2 : DES ACTEURS INTERVENANT DANS LA PASSATION DES MARCHES PUBLICS

Article 10

Quatre types d'organes interviennent dans le processus de préparation, de passation, de contrôle et d'exécution des Marchés Publics ;
- un organe de régulation et de contrôle à posteriori : l'Autorité de régulation de Marchés Publics, en abrégé, ARMP ;
- un organe de contrôle à priori : la direction générale du contrôle des Marchés Publics, en abrégé, DGCMP ;
- des Autorités contractantes et maîtres d'ouvrages délégués dotés des cellules de gestion des Marchés Publics, en abrégé, CGMP ;
- les autorités approbatrices.

Section 1. De l'autorité de régulation des Marchés Publics

Article 11 :

Instituée auprès de la primature conformément à l'article 14 de la loi relative aux Marchés Publics et créée par un Décret du premier ministre, l'autorité de régulation des Marchés Publics a la mission d'assurer la régulation du système de passation des Marchés Publics et des conventions de délégation de service public.

En outre, elle est chargée notamment de :

1. émettre des avis conformes, propositions ou recommandations dans le cadre de la définition des politiques, de l'élaboration ou de la mise à jour de la législation en matière des Marchés Publics et de délégations de service public. A ce titre, l'ARMP jouit de la prérogative exclusive de validation et de mise à jour de la législation et de tous documents standards relatifs aux Marchés Publics et délégation de service public, qu'elle soumet à l'autorité compétente ;
2. conduire des réformes pour la modernisation des procédures et des outils de passation des Marchés Publics et de délégations de service public ;
3. examiner les recours précontractuels et procéder au règlement non juridictionnel des litiges survenus à l'occasion de la passation des Marchés Publics et de délégations de service public ;
4. promouvoir la mise en œuvre, par l'ensemble des acteurs de la commande publique, des dispositifs d'éthiques et des pactes d'intégrité visant à proscrire la corruption ;
5. assurer, par des audits indépendants, le contrôle à postériori des procédures de passation des Marchés Publics et délégations de service public et prendre, le cas échéant, des sanctions à l'endroit des violations avérées de la réglementation en la matière ;
6. procéder à des missions de suivi et d'évaluation périodique en tenant compte des indicateurs de performance en matière de passation, de contrôle et d'exécution des Marchés Publics et de délégations de service public ;
7. assurer l'information et la formation de l'ensemble des acteurs de la commande publique, le développement du cadre professionnel et l'évaluation des performances des acteurs du système de passation, de contrôle et d'exécution des Marchés Publics et de délégations de service public ;
8. assister, en tant qu'organe de liaison, les organisations internationales et régionales, dans le cadre de la surveillance des procédures de passation des Marchés Publics ou délégations de service public.

En tant qu'autorité de régulation des Marchés Publics, elle supervise tout le système de passation des Marchés Publics et délégation de services public ;

Article 12 :

L'Autorité de régulation des Marchés Publics comprend : le conseil d'administration, le comité de règlement des différends et la Direction générale.

a. Le conseil d'administration est l'organe suprême, de politique, d'orientation et de décision, composé de cinq membres comprenant un représentant de l'administration publique, un représentant du secteur privé, un représentant de la société civile et le Directeur général. Le conseil d'administration définit et oriente la politique générale de l'Autorité de régulation des Marchés Publics.
b. Le comité de règlement des différends est l'organe technique de l'autorité de régulation des marchés chargé d'examiner les recours précontractuels relatifs à la passation des marchés et de prendre, le cas échéant, des sanctions à l'encontre des violations avérées de la législation en vigueur. Il est composé de six membres dont deux représentant l'administration publique, deux représentant la société civile et deux représentant la Fédération des entreprises du Congo.
c. La Direction générale est chargée de l'application de la politique générale de l'autorité de régulation des Marchés Publics

Le Directeur général assure quotidiennement la gestion technique, administrative et financière de l'Autorité de régulation des Marchés Publics et prend, en cas d'urgence, toutes mesures conservatoires nécessaires à la bonne marche de l'Autorité de régulation des Marchés Publics ;

Article 13 :
A l'exception du Président du conseil d'administration dont la nomination détermine la situation administrative de détachement, et du Directeur général, les autres membres du conseil gardent leurs fonctions dans leur structure d'origine. Les membres du conseil d'administration sont nommés pour un mandat de cinq ans renouvelable une seule fois. Ils ne sont pas employés de l'Autorité de régulation de Marchés Publics.

Section 2 : De la direction générale du contrôle des Marchés Publics.

Article 14 :

Placée sous la tutelle du ministère en charge du budget, la Direction générale du contrôle des Marchés Publics assure le contrôle à priori de l'application de la réglementation des Marchés Publics et délégation s de service public.

Elle est notamment chargée de :

- émettre, en fonction de seuils, un avis de non objection sur les dossiers d'appel d'offres avant le lancement de l'appel à la concurrence ;

- émettre, en fonction de seuils, un avis de non objection sur le rapport d'analyse des offres avant l'attribution provisoire des marchés ;
- accorder aux Autorités contractantes ou maîtres d'ouvrage délégués, toutes autorisations et dérogations prévues par la réglementation en vigueur.

La Direction générale du contrôle des Marchés Publics est tenue de réserver systématiquement copie à l'Autorité de régulation des Marchés Publics, de toutes les demandes de non objection et d'autorisations spéciales ou de dérogations reçues des autorités contractantes et des suites y réservées.

Article 15 :

La Direction générale du contrôle des Marchés Publics procède à un contrôle à priori de la procédure de passation et d'attribution des Marchés Publics et délégations de service public pour les contrats d'un montant égal ou supérieur aux seuils suivants :

- deux cent millions (200.000.000) de francs congolais pour les marchés de travaux ;
- cent millions (100.000.000) de francs congolais pour les marchés de fournitures de biens ou de services ;
- cinquante millions (50.000.000) de francs congolais pour les marchés de prestations intellectuelles.

Article 16 :

La Direction générale du contrôle des Marchés Publics procède à une revue préalable des dossiers d'appel d'offres et de demandes de propositions pour les marchés d'un montant estimé supérieur ou égal à :

- trois cent millions (300.000.000) de francs congolais pour les marchés de travaux;
- deux cent millions (200.000.000) de francs congolais pour les marchés de fourniture des biens et services ;
- cent millions (100.000.000) de francs congolais pour les marchés de prestations intellectuelles.

Section 3 : Des autorités contractantes et maitres d'ouvrage délégués.

Article 17 :

Les autorités contractantes comprennent les institutions et organes visés à l'article 3 du présent décret. Chaque autorité contractante dispose en son sein, d'une cellule de gestion des projets et des Marchés Publics, CGMP, chargée de :

- planifier les marchés à passer en fonction des besoins exprimés et des ressources budgétaires affectées ;
- choisir et mettre en œuvre la procédure de passation des Marchés Publics ou délégations de service public ;
- préparer les dossiers inhérents à la passation des marchés ;
- appliquer les dispositions du présent décret et tous les documents types adoptés par le conseil d'administration de l'Autorité de régulation des Marchés Publics et diffusés par la direction générale de cette dernière.

Article 18 :

La cellule de gestion des projets et des Marchés Publics est placée sous l'autorité d'une personne responsable des marchés public, nommée par l'autorité contractante. Elle est chargée de conduire la procédure de passation des Marchés Publics et délégation de service public, notamment en ce qui concerne :

- le choix de la méthode de passation des marchés ;
- le montage des dossiers d'appel d'offres, par l'intégration, dans les dossiers types d'appel édités par l'Autorité de régulation des Marchés Publics, des éléments des dossiers techniques reçus des services compétents des autorités contractantes ;
- le processus de passation des marchés, de l'élaboration des dossiers d'appel d'offres jusqu'à la notification des marchés, laquelle intervient après l'approbation dudit marché par l'autorité compétente

Article 19 :

La cellule de gestion des projets et des Marchés Publics comprend une commission de passation des marchés, CPM, chargée de conduire la procédure de passation depuis le choix de cette dernière jusqu'à la désignation de l'attributaire du marché public ou de la délégation de service public et à l'approbation du marché public ou de la délégation de service public par l'autorité compétente.

La commission de passation des marchés met en place une sous-commission d'analyse des offres chargée d'évaluer et de classer les offres suivant des critères objectifs fixés par le dossier d'appel d'offres.

La cellule de gestion des projets et des Marchés Publics comprend également un secrétariat permanent chargé notamment de la préparation des dossiers d'appel d'offres et autres documents inhérents à la passation des marchés ainsi que de l'exécution des tâches administratives quotidiennes, en rapport avec les Marchés Publics.

Section 4 : de l'autorité approbatrice des Marchés Publics

Article 20 :

Les contrats de Marchés Publics et de délégation de service public font l'objet d'une approbation conformément au décret fixant les modalités d'approbation des Marchés Publics et délégations de service public.

Conformément au décret susmentionné, le refus d'approbation des marchés est notifié à l'autorité contractante dans un délai ne dépassant pas dix jours calendaires. A défaut d'une décision expresse, le silence de l'autorité approbatrice vaut acceptation.

L'acte d'approbation valide les marchés et leur confère le caractère définitif et exigible.

Article 21 :

L'autorité approbatrice des Marchés Publics et délégations de service public est :

- le Premier Ministre pour tous les marchés conclus à l'issue des appels d'offres internationaux et les marchés conclus par le ministre ayant le budget dans ses attributions ;
- le ministre ayant le budget dans ses attributions, pour les marchés conclus à l'issue des appels d'offres nationaux ;
- les ministres de tutelle pour les marchés conclus, par les entreprises et établissements publics, à l'issue des appels d'offres nationaux.

CHAPITRE 3 : DES MODES DE PASSATION ET TYPES DE MARCHES PUBLICS

Article 22 :

La loi relative aux Marchés Publics distingue les modes de passation des marchés suivants :

- La passation des marchés par appel d'offre ouvert, restreint ou avec concours ;
- La passation des marchés de gré à gré.

Section 1 : Des marchés passés sur appel d'offres

Article 23 :

Les marchés sur appel d'offres sont passés après une mise en concurrence des candidats et à l'issue d'une évaluation des offres basée sur des critères objectifs portés préalablement à la connaissance des candidats dans le dossier d'appel d'offres.

L'appel d'offres est dit ouvert lorsque tout candidat qui n'est pas exclu au titre de l'article 81 de la loi relative aux Marchés Publics peut soumettre une demande de pré qualification ou une offre.

L'appel d'offres est dit restreint lorsque l'autorité contractante met en concurrence un nombre limité des candidats dans les conditions fixées à l'article 24 de la loi relative aux Marchés Publics. Le recours à l'appel d'offres restreint requiert l'avis de non objection préalable de la Direction générale du contrôle des Marchés Publics.

Section 2 : Des marchés de gré à gré.

Article 24 :

Le marché de gré à gré est un marché passé sans appel d'offres uniquement dans les conditions limitatives prévues aux articles 40 et 41 de la loi relative aux Marchés Publics. Le marché de gré à gré constitue une exception à la règle édictée par la loi relative aux Marchés Publics. Il doit toujours faire l'objet d'une autorisation spéciale de la Direction générale du contrôle des Marchés Publics.

Section 3 : Des types de Marchés Publics.

Article 25 :

La loi relative aux Marchés Publics, en ses articles 7 à 12, distingue et définit quatre types de Marchés Publics;

a. *les marchés de travaux* ont pour objets la réalisation de tous travaux de bâtiment ou de génie civil tel que défini à l'article 8 de la loi relative aux Marchés Publics, par exemple la construction d'un immeuble, un ouvrage d'art, divers travaux de génie civil : routes, ports, aéroports, voiries etc.
b. *les marchés de fournitures* ont pour objet l'achat, la prise en crédit-bail, la location-vente des produits, matières premières, machines et matériels et/ou tous autres matériaux. Ces marchés peuvent être réalisés non seulement par achat pur et simple mais également par :

- location ;
- crédit-bail : procédé de financement qui prévoit la location d'un bien avec une option d'achat au profit du locataire, le prix tenant compte au moins en partie des loyers réglés ; la location comporte habituellement des prestations accessoires tels que l'entretien du matériel ainsi pris en crédit-bail ;
- location-vente : marché qui prévoit une location ainsi qu'une option pour l'acheteur d'acquérir le bien loué à un prix déterminé ou déterminable, indépendamment des loyers versés.

c. *Les marchés de services* ont pour objet la réalisation des services physiques. Les marchés de services comprennent une grande variété de prestations, telles que les services d'entretien et de réparation, de transports, de nettoyage et de gestion de bâtiments, de publication et d'impression, de publicité, de traitement informatique. Leur mode d'acquisition est similaire à celui des fournitures et la procédure utilisée sera l'appel d'offres ouvert, sauf exception ou si leur montant estimé est intérieur aux seuils d'appel d'offres.

d. *les marchés de prestations intellectuelles* ont pour objet des activités à caractère intellectuel sans élément physiquement quantifiable. C'est le savoir-faire du candidat qui est primordial pour la réalisation de ce type de marchés et non l'importance de ses moyens matériels ou de sa capacité financière. Les prestations intellectuelles peuvent comprendre notamment : la réalisation d'études, de travaux de recherche, les services de conseil, les prestations d'ingénierie ou d'assistance.

Article 26 :

Les marchés de travaux, de fournitures et de services obéissent à une procédure similaire de passation des marchés. Cependant, du fait de leur spécificité, la passation des marchés de prestations intellectuelles fait l'objet d'une procédure de présélection conformément à l'article 38 de la loi relative aux Marchés Publics.
Une même opération peut contenir, à divers degrés d'importance, plusieurs types de marchés qui concourent à la réalisation de l'objectif recherché par l'opération.

Section 4 : Des marchés spéciaux.

Article 27 :

Les marchés spéciaux ne concernent que l'acquisition des équipements ou fournitures et les prestations de toute nature, strictement liées à la défense nationale, à la sécurité et aux intérêts stratégiques de l'Etat.
Un décret du premier ministre, délibéré en Conseil des ministres, en délimite l'étendue et en fixe les règles de passation, de contrôle dans le respect des dispositions de la loi relative aux Marchés Publics.

Section 5 : De la délégation de service public

Article 28

La délégation de service public est un contrat par lequel l'autorité contractante confie la gestion d'un service public relevant de sa compétence à un délégataire, société privée ou l'Etat, dont la rémunération est liée ou substantiellement assurée par les résultats de l'exploitation du service public concerné.

Les délégations de services publics comprennent :

- les concessions de service public ;
- les affermages (l'opération de réseau) ;
- les régies intéressées.

Article 29 :

La concession de service public est un mode de gestion d'un service public dans le cadre duquel un concessionnaire, opérateur privé ou public, a le droit d'exploiter l'ouvrage en son nom et à ses risque et périls pendant une durée déterminée, en recouvrant les prix du service auprès des usagers.

Le concessionnaire est responsable des nouveaux investissements nécessaires et de l'entretien de l'ouvrage. Il n'est pas responsable des investissements initiaux et en particulier de la construction de l'ouvrage exploité, à la différence de la concession de travaux publics.

En fin de contrat, le maître d'ouvrage entre en possession de l'ouvrage y compris les investissements réalisés par le concessionnaire.

Article 30 :

L'affermage est un contrat par lequel l'autorité contractante charge le fermier, personne publique ou privée, de l'exploitation d'ouvrages qu'il a acquis préalablement afin que celui-ci assure en son nom la fourniture d'un service public. Le fermier ne réalise pas des investissements initiaux mais assure l'entretien de l'ouvrage. Le fermier verse généralement une redevance à l'autorité contractante au titre du droit d'exploiter l'ouvrage et il est rémunéré par les recettes versées par les usagers.

Article 31 :

La régie intéressée est un contrat par lequel l'autorité contractante finance elle-même l'établissement d'un service, mais en confie la gestion à une personne privée ou publique qui est rémunérée par l'autorité contractante tout en étant intéressée aux résultats, que ce soit au regard des économies réalisées, des gains de productivité ou de l'amélioration de la qualité du service.

Le service public continue d'être exploité au nom de l'autorité contractante qui assume les investissements et le risque d'exploitation. C'est le cas des régies intéressées des services urbains lorsque le tarif appliqué aux usagers ne peut être libéralisé.

Article 32 :

La délégation de service public procède des règles de passation de marchés similaires aux prestations intellectuelles, décrites aux articles 136 à 142 du présent décret, et est obligatoirement précédée de la procédure de présélection.

Article 33 :

Les Marchés Publics comportent un engagement financier de l'autorité contractante vis-à-vis du titulaire du marché.

Cette contrepartie financière est généralement constituée du paiement d'un prix en numéraires ou parfois, d'un avantage ayant une valeur pécuniaire ou un abandon de recette concédé par l'autorité contractante.
Le cas de rémunérations dans un marché public qui ne constitue pas un prix :

- la réalisation d'abris de bus, de panneaux donnant des indications sur la voirie d'une municipalité qui, en contrepartie, abandonne au profit du titulaire du marché, son droit de vendre les emplacements publicitaires situés sur ces abris ou panneaux, pendant une période donnée ;
- la réalisation du curage d'un cours d'eau en contrepartie du droit de vendre le sable tiré dudit cours d'eau.

Article 34 :

Une délégation de service public est généralement établie pour une longue durée et peut comporter différentes composantes telles que la conception et/ou la réalisation et/ou l'exploitation d'un ouvrage ou d'un service.

La différence fondamentale entre un marché public et une délégation de service public réside dans le mode de règlement :

a. dans le cas d'un marché public, le paiement est effectué directement ou indirectement par l'autorité contractante pour obtenir des fournitures, travaux ou services ;
b. dans le cas d'une délégation de service public :
    - l'autorité contractant demande au délégataire de réaliser et/ou d'exploiter une infrastructure destinée à rendre un service public ; mais
    - le délégataire n'est pas rémunéré par l'autorité contractante sur la base des travaux ou services qu'il réalise. Il perçoit une rémunération provenant de recettes d'exploitation du service public perçues sur les usagers ; il participe au risque d'exploitation du service. Il peut éventuellement percevoir, de l'autorité publique, des subventions qui n'ont qu'un caractère subsidiaire.

Article 35 :

Pour les projets d'infrastructures, le choix entre marché public et délégation de service public doit être effectué sur la base d'une étude d'opportunité établie par la personne responsable du marché qui doit notamment faire ressortir :

- l'organisation et le mode de gestion du service public concerné, s'il existe, y compris les dysfonctionnements éventuels et les tarifs pratiqués ;
- l'évolution souhaitée du service actuel ou les caractéristiques du service à créer, en matière notamment d'investissements, de niveaux de prestations et de tarifs ;
- le type de gestion déléguée envisagé, tenant compte notamment de la structure du secteur économique (par exemple : avec sans monopole), ses avantages comparatifs ainsi que les principales caractéristiques de la convention de délégation, notamment sa durée.

CHAPITRE 4 : DES SEUILS DE PASSATION, DE CONTROLE ET D'APPROBATION DES MARCHES.

Article 36 :

Un décret délibéré en conseil des Ministres fixe des seuils de passation, de contrôle et d'approbation des Marchés Publics. Il détermine les seuils exprimés en francs congolais.

Section 1 : Des seuils d'appels d'offres

Article 37 :

Les Marchés Publics et délégations de service public d'un montant estimé égal ou supérieur aux seuils suivants font l'objet d'un appel d'offres national :

- cinquante millions de francs congolais (50.000.000) pour les travaux, fournitures et services courants ;
- vingt millions de francs congolais (20.000.000) pour les prestations intellectuelles et délégations de service public.

Article 38 :

Les Marchés Publics et délégations de service public d'un montant estimé inférieur aux seuils visés à l'article 37 du présent décret sont passés par application des règles de bonne gestion de la commande publique, notamment :

- la mise en concurrence d'au moins trois fournisseurs ou prestataires ayant les capacités techniques, financières et juridiques

requises, en sollicitant simultanément par écrit, leurs prix et en définissant la nature et les spécifications techniques de travaux, fournitures ou services recherchés ;
- l'attribution du marché au candidat présentant l'offre conforme aux spécifications techniques, évaluée la moins disante attestée par un procès-verbal d'attribution provisoire ;
- la publication de l'avis provisoire d'attribution de ces marchés par l'autorité contractante sur le site internet de l'Autorité de régulation des Marchés Publics et dans la revue des Marchés Publics, publiée par l'Autorité de régulation des Marchés Publics, ainsi que l'information des fournisseurs non retenus, des raisons de leur rejet. Un délai de cinq jours calendaires est observé à dater de la publication de l'avis provisoire d'attribution et l'information des fournisseurs non retenus, avant de conclure les marchés ;
- l'absence de cette publication et de l'information des fournisseurs non retenus rend les marchés sans effets.

Article 39 :

Les Marchés Publics et délégations de service public d'un montant estimé égal ou supérieur aux seuils suivants font l'objet d'un appel d'offres international :

- huit milliards de francs congolais (8.000.000.000) pour les travaux ;
- cinq cent millions de francs congolais (500.000.000) pour les fournitures et les services courants ;
- deux cent cinquante millions de francs congolais (250.000.000) pour les prestations intellectuelles et délégations de service public.

Section 2 : des seuils de contrôle à priori.

Article 40 :

La Direction générale du contrôle des Marchés Publics procède systématiquement au contrôle à priori de la procédure de passation et d'attribution des Marchés Publics et des délégations de service publics d'un montant supérieur ou égal aux seuils fixés à l'article 15 du présent décret.

Article 41 :

La Direction générale du contrôle des Marchés Publics procède systématiquement à une revue préalable des dossiers d'appel à la concurrence des Marchés Publics et des délégations de service publics d'un montant supérieur ou égal aux seuils fixés à l'article 16 du présent décret.

Section 3 : Des seuils d'approbation

Article 42 :
Les Marchés Publics et délégations de service public sont respectivement approuvés par :

- le Premier Ministre, pour les marchés conclus à l'issue d'un appel d'offres international et pour les marchés passés par le Ministère ayant le budget dans ses attributions ;
- le Ministre ayant le budget dans ses attributions, pour les marchés qui n'ont pas fait l'objet d'un appel d'offres international et qui ne sont pas visés par l'alinéa ci-dessous ;
- le Ministre de tutelle pour les marchés, passés par les entreprises et établissements publics sous sa tutelle, qui n'ont pas fait l'objet d'un appel d'offres international.

TITRE 2 : DES PROCEDURES DE PASSATION DES MARCHES PUBLICS

Article 43 :

Les procédures de passation des Marchés Publics ont pour finalité de procurer à l'autorité contractante des services, des biens ou des ouvrages qui répondent le mieux possible aux spécifications technique fixées, au meilleur prix, après une mise en concurrence des candidats et une évaluation objectives des propositions et offres soumises.

CHAPITRE 1 : DE LA PREPARATION DES MARCHES

Article 44 :

Le processus de préparation des Marchés Publics est défini par l'article 6 de la loi relative aux Marchés Publics. Lors de l'établissement de leur budget, les autorités contractantes évaluent le montant total des marchés de fournitures, de services, de travaux ou de prestations intellectuelles qu'elles envisagent de passer au cours de l'année concernée et établissent un plan de passation des marchés comprenant l'ensemble de ces marchés, suivant un modèle-type fixé par l'Autorité de régulation des Marchés Publics.

Section 1 : De la détermination et de la planification des besoins

Article 45 :

Les plans de passation des marchés doivent être communiqués à la Direction de contrôle des Marchés Publics, pour non objection, et à l'Autorité de régulation des Marchés Publics pour leur publication sur son site internet. Excepté les cas urgents dûment motivés et autorisés par la Direction générale du contrôle des Marchés Publics, cette obligation administrative est préalable à toute procédure de passation des Marchés Publics et de délégation de service public.

Section 2 : Des conditions à remplir pour la détermination des besoins.

Article 46 :

La détermination des besoins doit répondre aux exigences suivantes :

- les besoins doivent correspondre à une demande validée par l'autorité compétente;
- les besoins exprimés doivent être assortis d'une estimation de leur coût d'acquisition et d'utilisation ;
- chaque article, ouvrage ou service, doit être décrit de manière aussi détaillée que possible, au moyen des spécifications techniques précises.

Sections 3 : De l'estimation des coûts par rapport aux seuils.

Article 47 :

L'estimation des coûts doit porter sur :

- une opération de travaux quel que soit le nombre d'ouvrages ;
- un ensemble homogène de fournitures.

Lorsque le montant de l'opération de travaux ou l'ensemble homogène de fournitures atteint ou dépasse le seuil d'appel d'offres, de contrôle à priori ou d'approbation des marchés fixé, la personne responsable du marché peut :

- soit, passer un seul marché ;
- soit, passer autant de marchés qu'elle estime nécessaires mais chacun de ces marchés devra respecter la procédure de passation fixée en rapport avec le seuil indiqué ci-avant, même si le coût

estimatif de chaque marché est individuellement inférieur au seuil susmentionné.

Aucune opération ne doit être scindée ou abusivement fractionnée dans le but d'échapper aux dispositions de la loi relative aux Marchés Publics.

Lorsqu'une même opération fait l'objet de plusieurs lots, c'est la valeur estimée de la totalité des lots qui doit être prise en compte pour se situer par rapport au seuil.

Article 48 :

Une opération concernant les marchés de travaux peut consister en :

- plusieurs ouvrages si elle porte sur des travaux de même nature, exécutés dans un périmètre géographique délimité telle que la réfection des toitures des écoles d'une même commune ou la réalisation de trottoirs dans différents quartiers de la Ville, présentant une unité fonctionnelle ;
- travaux de nature différente si ceux-ci sont réalisés sur un même ouvrage et sont programmés au même moment, notamment en cas de réhabilitation d'un même bâtiment ou ensemble de bâtiments.

Plusieurs chantiers comportant des travaux de plusieurs natures qui concernent des ouvrages différents ne constituent pas une même opération s'il n'existe pas d'unité fonctionnelle du fait de la variété de travaux envisagés, même s'ils s'inscrivent dans le cadre d'un projet global.

Un ouvrage est le résultat d'un ensemble de travaux de bâtiment ou de génie civil destiné à remplir, par sa nature, une fonction économique ou technique.

Article 49 :

Pour calculer les montants estimatifs des marchés de fournitures et services par rapport aux seuils, l'autorité contractante compare, aux seuils fixés, le montant des achats prévus qui constituent une catégorie homogène de fournitures ou de prestations de services :

- soit en raison de leurs caractéristiques propres, indépendamment de l'activité de leur utilisateur. Rentrent dans la catégorie d'achats homogènes, des meubles de bureaux même s'ils sont destinés à des organes exerçant des activités de nature différente ;
- soit du fait de leur destination commune, alors qu'ils sont de nature différente. Rentrent dans cette catégorie, les achats de matériels et

mobilier destinés à équiper un hôpital ou une salle d'opérations. Ils sont destinés à une même unité fonctionnelle et doivent être considérés comme une seule opération d'achat, même s'ils portent sur des biens de natures différentes.

Section 4 : Du contenu des spécifications techniques

Article 50 :

Le fascicule du dossier d'appel à la concurrence contenant les spécifications techniques des travaux doit, au minimum, contenir les éléments ci-après.

Les informations détaillées concernant les rubriques suivantes :

- description et consistance des travaux et des ouvrages ;
- organisation du chantier et travaux préparatoires ;
- provenance, qualité et préparation des matériaux ;
- mode de préparation des travaux.

Le dossier des plans et autres données techniques comprenant, entre autres :

- un plan de situation indiquant l'emplacement du site en relation avec la géographie locale ;
- une note de calcul et un cahier des plans (généraux et détaillés) de construction, permettant aux soumissionnaires de comprendre le type et la complexité des travaux envisagés, et de pouvoir chiffrer les prix demandés au bordereau des prix unitaires et détail quantitatif et estimatif ;
- une indication des principales voies de communication et réseaux divers (eau, électricité, drainage, téléphone etc.)

Article 51 :

Le fascicule du dossier d'appel d'offres contenant les spécifications techniques des fournitures et services physiques doit au minimum contenir les éléments ci-après :

- normes exigées en matière de matériaux et de fabrication pour la production et la fabrication des fournitures ;
- détails concernant les tests avant acceptation (nature et nombre) ;
- prestations/services connexes complémentaires, nécessaires pour assurer la livraison en bonne et due forme ainsi que, le cas échéant, le montage et la mise en route ;

- prestations détaillées à la charge du fournisseur, participation éventuelle de l'acheteur à ces prestations ;
- garanties de fonctionnement couvertes par la garantie requise et indication éventuelle des pénalités applicables en cas de non-respect de ces garanties de fonctionnement ;
- plans détaillés et schémas d'installation, le cas échéant.

Article 52 :

La référence aux normes nationales ou à défaut de celle-ci, aux normes internationales doit faciliter la définition des spécifications techniques. Elle ne doit pas aboutir à une distorsion de la concurrence en favorisant certains candidats. Les spécifications doivent donc être « neutres » en ce qu'elles ne peuvent imposer le choix du titulaire du marché. Les choix doivent être justifiés par des raisons purement techniques ou de sécurité.

Article 53 :

Les spécifications techniques doivent éviter toute référence à des noms de marque, à des numéros de catalogue ou à des classifications analogues. S'il est nécessaire de citer un nom de marque ou le numéro de catalogue d'un fabricant particulier pour compléter une spécification qui, à défaut, ne serait pas assez précise, les mots « ou l'équivalent » doivent suivre ce nom de marque ou numéro du catalogue.

L'indication de marque peut se justifier pour l'achat de pièces de change spécifiques.

La détermination précise des besoins en matière de travaux, fournitures et services, et même les prestations intellectuelles, peut nécessiter le recours aux services d'un consultant spécialisé pour préparer une définition des besoins assortis des spécifications techniques, au terme d'une étude appropriée, dans le cadre d'un marché de prestations intellectuelles.

Article 54 :

Pour les prestations intellectuelles, le fascicule de la demande de propositions contenant les termes de référence de la mission doit, au minimum, contenir les éléments ci-après :

- le contexte général de la mission, y compris une liste des études pertinentes et des données de base existantes ;
- les objectifs, buts et ampleur de la mission ;

- le champ d'application des services nécessaires à l'accomplissement de la mission, définition des services exclus (le cas échant) pour plus de clarté ;
- le profil requis du personnel clé chargé de réaliser la mission ;
- la formation (le cas échéant), indication du détail des effectifs à former, etc.
- les résultats escomptés (par exemple : rapports, données, cartes, relevés) y compris un calendrier indicatif d'exécution de la mission ;
- les prestations de l'autorité contractante ; fournitures de données, services locaux, personnel et installation à fournir.

Les termes de référence ne doivent pas être ni trop détaillés ni rigides, de manière à permettre aux consultants de proposer la méthodologie et le personnel de leur choix. Les consultants doivent être encouragés à émettre des observations sur les termes de référence dans leur proposition.

Section 5 : De l'allotissement

Article 55 :

A l'occasion de la définition de gros marchés, certaines prestations peuvent être regroupées en lots, constituant chacun un marché distinct, en fonction de leur homogénéité ou destination.

Dans les marchés distincts, chaque lot doit faire l'objet des spécifications techniques et des critères de qualification distincts.

CHAPITRE 2 : DU MONTAGE DES DOSSIERS D'APPEL D'OFFRES

Section 1 : De l'élaboration des dossiers d'appel d'offres.

Article 56 :

L'objectif du dossier d'appel d'offres est de fournir aux candidats les informations utiles pour préparer leurs soumissions. Il comporte des données exhaustives sur l'objet, l'étendue et les conditions de la soumission, l'ouverture des plis et l'évaluation des offres ainsi que sur l'attribution des marchés. Il fournit le cadre administratif et technique qui régira le marché après sa conclusion.

Article 57 :

La description claire et précise des fournitures, services, travaux ou prestations intellectuelles à acquérir par l'autorité contractante au moyen des spécifications techniques ou des termes de référence est effectuée pour permettre aux candidats de répondre d'une façon réaliste et compétitive, sans avoir à assortir leurs offres de réserves ou de conditions particulières.

Article 58 :

Le dossier d'appel à la concurrence comprend trois parties :

- une première partie contenant les instructions données aux candidats leur fixant les règles pour la participation à l'appel d'offres, leur communiquant les critères d'évaluation des offres et les modalités d'attribution des marchés ainsi que les divers formulaires à remplir pour constituer la soumission ;
- une deuxième partie comprenant les spécifications techniques visées à l'article 57 du présent décret, définissant les travaux, fournitures ou services, ou les termes de référence de la mission, objet du marché ;
- une troisième partie contenant les clauses administratives et techniques qui régiront le marché après sa conclusion par les parties.

Article 59 :

Le montant d'un dossier d'appel d'offres consiste en une intégration judicieuse des éléments issus de la planification des marchés et de la définition des besoins (pouvant nécessiter des études techniques préalables) dans un dossier type d'appel d'offres préparé par l'Autorité de régulation des Marchés Publics.

Le dossier d'appel d'offres comprend :

a. Première partie : Règles et procédures d'appel d'offres :
   - avis d'appel d'offres, AAO ;
   - instructions aux candidats, IC ;
   - données particulières de l'appel d'offres, DPAO ;
   - formulaires de soumission.

b. Deuxième partie : Spécifications techniques ou termes de référence :
   - cahier des clauses techniques et plans (ou termes de références) ;
   - calendrier d'exécution du marché ;
   - bordereau quantitatif et estimatif.

c. Troisième partie : Marché :
   - cahier des clauses administratives générales, CCAG ;
   - cahier des clauses administratives particulières, CCAP ;
   - modèle de contrat de marché.

Article 60 :

A la conclusion du marché, les éléments de la deuxième partie de l'offre de l'attributaire, sont versés dans le marché et en font partie intégrante.

Le marché comprend notamment les pièces suivantes :

- un contrat qui mentionne au minimum les éléments énumérés à l'article 48 de la loi relative aux Marchés Publics ;
- la soumission ou l'acte d'engagement ;
- le cahier des clauses administratives particulières ;
- le devis ou le détail estimatif, le bordereau des prix unitaires ou le sous détail des prix ;
- le cahier des clauses administratives générales ainsi que
- le cahier des clauses techniques générales et/ou particulières auquel il est spécifiquement assujetti.

Section 2 : Des appels d'offres précédés d'une pré qualification.

Article 61 :

En fonction de l'envergure ou de la complexité des prestations, l'appel d'offres peut être précédé d'une procédure de pré qualification. Le document standard de pré qualification est préparé par l'Autorité de régulation des Marchés Publics. Il est composé des éléments ci-dessous :

a. les instructions générales aux candidats, IGC, dont l'objet est de fournir aux candidats des renseignements sur les modalités de préparation et de remise de leurs dossiers de candidatures, les modalités d'ouverture des plis ainsi que les critères d'évaluation des candidatures ;
b. les instructions particulières aux candidats, IPC, dont l'objet est de fournir aux candidats des renseignements sur la nature et l'étendue

des prestations, objet dudit marché, sur les conditions à remplir pour être pré qualifié et sur les délais de dépôt des dossiers de candidature, les modalité d'évaluation des candidatures et de publication des résultats ainsi que le calendrier prévisionnel desdites prestations ;

c. les formulaires standardisés à compléter par les candidats.

Article 62 :

Toutes les étapes de la préparation des marchés sont sous la responsabilité de la personne responsable des Marchés Publics. La préparation d'un marché est considérée terminée lorsque le dossier d'appel d'offres a reçu l'approbation de la personne responsable des Marchés Publics et, en fonction de seuils de revue à priori, lorsque ce dossier a reçu la non objection de la Direction générale de contrôle des Marchés Publics.

Lorsque le dossier d'appel d'offres est terminé au sens de l'alinéa ci-avant, la personne responsable des Marchés Publics transmet à l'Autorité de régulation des Marchés Publics, pour publication, l'avis d'appel d'offres ou l'avis de pré qualification si l'appel d'offres est précédé d'une pré qualification, ou l'avis de sollicitation de manifestation d'intérêts pour les prestations intellectuelles.

Section 3 : De la durée des marchés

Article 63 :

Tout marché public doit préciser sa durée qui ne peut excéder une année sauf dans le cas des programmes pluriannuels d'investissements.
La durée du marché :

- est fixée en fonction du délai d'exécution souhaité ou découlant des estimations des études techniques ;
- constitue un élément substantiel de celui-ci ;
- peut comprendre un délai global et/ou des délais d'exécution partiels des différentes prestations prévues au marché.

Section 4 : Du prix des marchés

Article 64 :

Le marché doit définir :

- l'étendue de la prestation et les éléments que le prix, à indiquer par le candidat, doit couvrir (contenu du prix) ;
- le mode de calcul du prix (notamment prix unitaire ou prix forfaitaire) ;
- les modalités éventuelles de variation du prix (révision du prix en cours d'exécution, actualisation du prix initial).

Les autres dispositions relatives aux aspects financiers des Marchés Publics sont déterminées notamment par les articles 52 à 56 de la loi relative aux Marchés Publics et, doivent, dans tous les cas, être précisées de manière exhaustive et détaillée dans le cahier des clauses administratives générales (CCAG) et dans le cahier des clauses administratives particulières (CCAP) des dossiers d'appel à la concurrence.

Sous-section 1 : Du mode de rémunération du titulaire

Article 65 :

Le mode de rémunération du titulaire du marché figure dans l'avis d'appel d'offres et dans le dossier d'appel d'offres. La mention du type de prix est indiquée dans les formulaires de soumission à signer par les candidats.
Le marché peut être à prix forfaitaires ou à prix unitaires.

Article 66 :

Dans les marchés à prix forfaitaires, le prix proposé par le candidat, mentionné dans sa soumission, est fixé globalement pour les fournitures, prestations de services ou travaux à exécuter figurant dans le dossier d'appel d'offres. La différence éventuelle entre les quantités estimées et les quantités réellement livrées ou exécutées ne sera pas prise en compte.

Le marché à prix forfaitaire est recommandé :

- pour les travaux, sauf dans les cas où la détermination des quantités est trop aléatoire (voir ci-après) ;
- pour les marchés de prestations de service comportant un résultat, tel que la réalisation d'une étude ou d'un rapport dans le cas de prestations intellectuelles ou l'entretien d'équipement pour une période donnée ;

- pour l'achat d'équipement clés en mains assorti de prestations connexes d'installation ou de montage.

Article 67 :

Dans les marchés à bordereau de prix unitaires, le prix du marché résulte de l'application des prix unitaires aux quantités réellement livrées ou exécutées. Les quantités provisionnelles figurant dans le dossier d'appel d'offres ne sont utilisées que pour calculer le montant estimatif du marché.

Les marchés à bordereau des prix unitaires sont recommandés :

- pour l'achat de fournitures et de prestations de services courants ;
- pour la réalisation de travaux dont la détermination des quantités est aléatoire, tels que les travaux de fondations, de terrassement, de dragage, certains travaux de voiries et réseaux divers (VRD), certains travaux d'entretiens ;
- pour les prestations intellectuelles dont la durée est aléatoire, telles que les contrats d'assistance comportant le détachement d'experts à la demande.

Article 68 :

La combinaison de prix unitaires et de prix forfaitaires, peut être utilisée dans les marchés comportant des types de prestations aisément quantifiables et d'autres présentant des aléas, notamment techniques, rendant ainsi difficile leur forfaitisation.

Sous-section 2 : De la révision des prix

Article 69 :

Conformément aux articles 54 et 56 de la loi relative aux Marchés Publics, les marchés sont conclus :

- à prix ferme qui ne peut pas être modifié en cours d'exécution du marché à raison de variations des conditions économiques, notamment les marchés dont la durée d'exécution est inférieure ou égale à un an ; ou
- à prix révisable lorsque le prix initial peut être modifié durant l'exécution du marché en vertu d'une clause de révision stipulée par le marché, comportant obligatoirement une partie fixe et une partie variable.

La nature ferme ou révisable du prix peut avoir un effet incitatif ou dissuasif sur les candidats et doit être mentionnée dans les avis d'appel d'offres et dans les dossiers d'appel d'offres.

Article 70 :

Le choix du prix ferme ou révisable est réalisé essentiellement en fonction des éléments suivants :

- la durée de la prestation à réaliser ;
- la nature de la prestation ;
- l'évolution prévisible de la conjoncture économique pour cette prestation et pendant cette durée.

Le prix ferme peut être adopté pour un marché de courte durée, sauf lorsqu'il concerne ou met en œuvre des produits ou matière dont le cours évolue sensiblement sur des courtes périodes, de manière inopinée, tels que les produits pétroliers.

Article 71 :

Lorsque le marché comporte des prestations de natures différentes qui peuvent être identifiées dans des postes distincts, il est possible de prévoir un prix ferme pour certaines prestations et un prix révisable pour d'autres.

Article 72 :

Dans le cas d'un marché à prix révisable, le dossier d'appel d'offres donne le cadre de la formule de révision qui indique :

- un pourcentage correspondant à une part non révisable du montant du marché représentant le pourcentage des frais généraux et des bénéfices et tenant compte de l'avance éventuelle à accorder au fournisseur ;
- un seuil de révision (la formule de révision des prix s'applique seulement lorsqu'elle entraîne une augmentation ou une diminution du prix applicable avant révision excédant un pourcentage défini dans la clause de révision) ;
- un plafond global de l'effet de la révision, en pourcentage du prix initial ;
- la nature, le nombre et les références des paramètres, tels que main d'œuvre, types de matériaux utilisés, ainsi que leurs poids respectifs ou la fourchette minimum et maximum de pondération admise ;

- les références (publications, organismes) nécessaires à la détermination des valeurs initiales et des valeurs d'application des indices retenus s'il s'agit d'indices applicables à des prix en francs congolais ;
- le mode de calcul et de règlement des fluctuations (formule applicable aux prix à réviser) ;
- l'influence des périodes d'arrêt des prestations.

Article 73 :

Il est demandé aux candidats de compléter la formule de révision lorsqu'ils remettent leurs offres en indiquant :

- la date de référence et l'origine des indices applicables et la valeur de ces indices à la date de référence ;
- les pondérations qu'ils choisissent pour chaque paramètre, en respectant les limites de la fourchette indiquée par le dossier d'appel d'offres ;

Article 74 :

Dans le cas où le prix du marché est payable en différentes monnaies, le dossier d'appel d'offres prévoit une formule de révision pour chaque monnaie de paiement utilisant les indices du pays d'origine des dépenses.

Section 5 : Des marchés à bons de commande, marchés de clientèle

Article 75 :

Dans le cas des marchés à bon de commande tels que définis à l'article 38 de la loi relative aux Marchés Publics, l'estimation du montant du marché pour l'évaluation des seuils est effectuée sur la base du maximum. L'autorité contractante est tenue de passer commande à hauteur du minimum et de s'adresser exclusivement au titulaire du marché, pour les prestations entrant dans l'objet du marché, tant que la date d'expiration et le maximum prévu au marché ne sont pas atteints.

Article 76 :

A la différence du marché à bon de commande, le marché de clientèle permet de confier au titulaire, conformément à l'article 39 de la loi relative aux Marchés Publics, des commandes portant sur une catégorie déterminée de prestations de services, sans indiquer ni les quantités, ni la valeur globale des commandes. Seuls les prix unitaires sont fixés dans le contrat. Les marchés de clientèle sont notamment utilisés pour les prestations appelées à être régulièrement renouvelées, notamment l'intervention de consultants sur demande.

Section 6 : De la sous-traitance et du groupement d'entreprises

Sous-section 1 : De la sous-traitance.

Article 77 :

La sous-traitance est organisée par les articles 59 à 63 de la loi relative aux Marchés Publics. Les précisions sur les responsabilités respectives du sous-traitant et du titulaire du marché doivent être clairement mentionnées dans le marché.

Article 78 :

En matière de travaux et de services, le titulaire d'un marché public peut sous-traiter l'exécution de certaines parties de son marché à condition :

- d'avoir obtenu de l'autorité contractante l'acceptation de chaque sous-traitant et l'agrément de ses conditions de paiement étant précisé que sont rejetés les dossiers des sous-traitants ne remplissant pas les mêmes conditions légales, techniques et financières requises pour la qualification des soumissionnaires ;
- que cette possibilité soit prévue dans le dossier d'appel d'offres.

Article 79 :

Le soumissionnaire a l'obligation d'indiquer dans son offre, la nature et le montant de la partie des prestations qu'il envisage de sous-traiter.

La sous-traitance ne peut en aucun cas conduire à une modification substantielle de la qualification du titulaire après attribution du marché. Dans tous les cas, le titulaire demeure personnellement responsable de l'exécution de toutes les obligations contractuelles.

Sous-section 2 : Du groupement d'entremises ou co-traitante

Article 80 :

Les entrepreneurs, fournisseurs et prestataires de services peuvent présenter leur candidature ou leur offre sous forme de groupement solidaire ou de groupement conjoint.

Dans les deux formes de groupements, l'un des prestataires membres du groupement désigné dans leur acte d'engagement comme mandataire, représente l'ensemble des membres vis-à-vis de l'Autorité contractante et coordonne les prestations des membres du groupement.

Article 81 :

En cas de groupement solidaire, le contrat du marché est un document unique qui indique le montant total du marché et l'ensemble des prestations que les membres du groupement s'engagent solidairement à réaliser.

Article 82 :

En cas de groupement conjoint, le contrat du marché est un document unique qui indique le montant et la répartition détaillée des prestations que chacun des membres du groupement s'engage à exécuter. Toutefois, le mandataire reste responsable vis-à-vis de l'Autorité contractante des prestations de chacun des membres du groupement.

Article 83 :

Les candidatures et les soumissions sont signées soit par l'ensemble des entreprises groupées, soit par le mandataire s'il justifie des habilitations nécessaires pour représenter ces entreprises.

Article 84 :

La composition du groupement et la répartition des tâches ne peuvent pas être modifiées entre la pré qualification des candidats et la mise de leurs offres ainsi que pendant la période de l'exécution du marché. Dans ce dernier cas, l'autorité contractante donne son accord préalable après autorisation de la Direction générale de contrôle des Marchés Publics.

Article 85 :

Il est interdit aux candidats et soumissionnaires de présenter, pour le même marché ou un de ses lots, plusieurs offres en agissant à la fois en qualité de candidats individuels ou de membres d'un ou plusieurs groupements.

Section 7 : Des régimes préférentiels

Article 86 :

Les conditions limitatives et modalités d'application de la préférence nationale et régionale sont fixées à l'article 37 de la loi relative aux Marchés Publics. Aucun régime préférentiel ne peut être appliqué lors des opérations d'évaluation des offres si la préférence n'a pas été préalablement annoncée dans le dossier d'appel d'offres.

CHAPITRE 3 : DE LA PASSATION DES MARCHES

Section 1 : Des dispositions générales.

Sous-section 1 : Des méthodes de passation des marchés

Article 87 :

Les méthodes de passation des Marchés Publics sont divisées en trois catégories principales:

- les méthodes de passation applicables aux marchés dont le montant est inférieur aux seuils d'appel d'offres fixés à l'article 37 du présent décret et dans le décret fixant les seuils de passation, de contrôle et d'approbation des Marchés Publics qui ne sont pas soumis aux règles formelles de mise en concurrence édictées par la loi relative aux marchés public. Ces marchés restent assujettis aux principes de la commande publique et sont passés après la comparaison d'au moins trois factures pro forma des fournisseurs, prestataires ou entrepreneurs et l'attribution fait l'objet d'une publication sous peine de nullité du marché ;
- les méthodes applicables aux Marchés Publics et délégations de service public de montants estimés supérieurs aux seuils susvisés, passés par procédures d'appel d'offres ouvert avec ou sans pré qualification, et par dérogation dûment accordée par la Direction générale du contrôle des Marchés Publics, par appel d'offres ouvert en deux étapes ou par appel d'offre restreint ;
- la passation des marchés de gré à gré assujettie à une dérogation préalablement accordée par la direction générale du contrôle des Marchés Publics et à la publication sur le site internet de l'ARMP.

Sous-section 2 : Des règles en matière de publicité

Article 88 :
Tout appel d'offres doit faire l'objet de la publicité conformément à l'article 32 de la loi relative aux marchés public. L'absence de publication de l'avis d'appel à la concurrence est sanctionnée par la nullité de la procédure.

Le délai minimum requis pour la publicité est fixé à trente (30) jours calendrier à compter de la date de publication de l'avis d'appel à la concurrence jusqu'à la date limite de dépôt des offres.

Ce délai peut être ramené à quinze (15) jours, en cas d'urgence dûment motivée et après autorisation spéciale de la Direction générale du contrôle des Marchés Publics.

Les modèles des avis à publier sont repris dans les documents types d'appel d'offres préparés par l'Autorité de régulation des Marchés Publics à l'intention des autorités contractantes.

Les divers avis sont préparés par la Cellule de gestion des Marchés Publics de l'autorité contractante approuvés par la personne responsable des Marchés Publics et publiés par l'Autorité de régulation des Marchés Publics après l'obtention, selon les seuils, de l'avis de non objection de la Direction générale du contrôle des Marchés Publics.

Sous-section 3 : Des variantes

Article 89 :

Le soumissionnaire peut proposer, en plus de l'offre de base, des variantes uniquement lorsqu'elles sont demandées ou lorsque la possibilité leur en est offerte de manière explicite dans le dossier d'appel d'offres.
Lorsque des variantes sont demandées, le dossier d'appel d'offres doit préciser, de manière claire, la façon dont les variantes doivent être prises en considération pour l'évaluation des offres.

Seule la variante du soumissionnaire ayant proposé l'offre de base évaluée la moins-disante sera prise en considération lorsque la variante n'est pas demandée.

Sous-section 4 : De la dématérialisation des procédures

Article 90 :

La dématérialisation des Marchés Publics signifie l'utilisation de la voie électronique pour les échanges qui interviennent dans le processus d'appel d'offres.

Les autorités contractantes peuvent ainsi :

- faire publier, par l'Autorité de régulation des Marchés Publics, les avis généraux et spécifiques sur le portail Marchés Publics géré par l'Autorité de régulation des Marchés Publics ;
- adresser les documents d'appel d'offres aux candidats et recevoir les soumissions par voie électronique. Ces envois doivent être adressés sous forme de fichiers non modifiables, équivalents aux documents papiers.

La transmission, par les candidats aux marchés d'une offre par voie électronique, implique que la soumission soit signée électroniquement par une personne habilitée.

Pour signer électroniquement, le candidat ou soumissionnaire doit produire un certificat de signature électronique, authentifié par le Notaire et, pour les candidats résidant à l'étranger, par la représentation diplomatique congolaise du pays de résidence du candidat ou soumissionnaire. Le certificat de signature électronique est un document électronique (fichier) crypté par un prestataire, attaché au document électronique transmis qui a pour but d'authentifier l'identité de la personne signataire, l'intégrité des documents échangés (protection contre toute altération) et l'assurance de non-répudiation (impossibilité de renier sa signature). La transmission d'un support électronique (CD-Rom…) par voie postale, ne constitue pas une transmission par voie électronique mais est assimilée à une transmission par courrier. Un tel support électronique peut être utilisé pour transmettre des documents volumineux en tant qu'annexe à la soumission signée sur papier, si les dossiers d'appel d'offres le prévoient.

Section 2 : Du dépôt et de l'ouverture des plis

Sous-section 1 : Du dépôt et de l'enregistrement des plis

Article 91 :

Le soumissionnaire dépose l'original et les copies exigées par le dossier d'appel d'offres dans :

a. une enveloppe extérieure scellée comprenant les mentions suivantes :
   - nom et adresse de l'autorité contractante destinataires de l'offre ;
   - identification (n° de référence) de l'appel d'offres ;
   - mention : « ne pas ouvrir avant la date et l'heure d'ouverture des plis » ;
   - en un original et nombre de copies fixé par les instructions aux candidats ;
   - l'enveloppe extérieure contient deux enveloppes intérieures dont l'une contenant l'original et l'autre contenant les copies.

b. deux enveloppes intérieures comportant les mentions suivantes :
   - mention « original » ou « copies » suivant leur contenu ;
   - nom et adresse du candidat ;
   - nom et adresse de l'autorité contractante destinataire ;
   - identification de l'appel d'offre ;
   - mention : « ne pas ouvrir avant la date et heure d'ouverture des plis ».

L'original et les copies sont placés dans des enveloppes intérieures distinctes.

Article 92 :

A la réception de chaque offre déposée dans le respect des délais fixés, le fonctionnaire désigné à cette fin procède à :

- la numérotation (indication sur chacune des enveloppes du numéro d'ordre d'enregistrement et de la date et de l'heure de réception) ;
- l'enregistrement des offres reçues sur un registre pré numéroté fourni par l'Autorité de régulation des Marchés Publics ;
- la remise d'un récépissé remis au délégué du candidat porteur de l'offre ou de toute autre forme d'accusé de réception admise ;
- la conservation des plis scellés par un fonctionnaire désigné par l'ARMP dans un coffre-fort ou tout autre lieu sécurisé.

Article 93 :

Au jour et à l'heure limites fixés pour la remise des offres, les consignes suivantes sont observées :

- l'arrêt de la réception et de l'enregistrement des offres à l'heure fixée ;
- enregistrement des plis arrivés à l'heure limite ;
- communication du registre au président de la commission de passation des marchés en début de séance et décharge, sur le registre, des plis remis ;
- enregistrement pour mémoire et renvoi, sans ouverture, des plis qui arrivent après le jour et l'heure limites fixés dans l'appel d'offres.

Sous-section 2 : De la séance d'ouverture des plis

Article 94 :

La séance d'ouverture des plis est publique. Elle a lieu immédiatement après l'heure de la clôture de remise des offres fixée dans l'appel d'offres ou au plus tard une heure (1 h) après cette heure limite.

Le président de la commission de passation des marchés doit veiller à :

a. la convocation, par écrit, des membres de la commission de passation des marchés, cinq (5) jours ouvrables avant la date d'ouverture des plis ;
b. la présence des candidats qui le souhaitent et, le cas échéant, des organismes de financement ou leurs représentants si les textes qui les régissent le permettent ;
c. l'ouverture des plis par la personne responsable du marché à la date et à l'heure fixées et au lieu indiqué dans le dossier d'appel d'offres ;
d. l'ouverture et lecture des soumissions contenues dans les enveloppes intérieures marquées « Original » et annonce à haute et intelligible voix :
    - du nom du candidat ;
    - d'une éventuelle modification ;
    - du prix de l'offre (avec mention des rabais ou variante) ;
    - de l'existence d'une garantie d'offre ;
    - de tout autre détail utile.

Article 95 :

Un fonctionnaire désigné procède à la rédaction, dans les plus brefs délais, d'un procès-verbal d'ouverture des plis, conformément au modèle élaboré par l'Autorité de régulation des Marchés Publics, indiquant les principales caractéristiques des offres et mentionnant notamment :
- le nom des candidats ;
- le remplacement ou la modification de l'offre ;

- l'existence ou l'absence d'une garantie d'offre ;
- une feuille de présence signée par les candidats.

Ce procès-verbal est signé par les membres de la commission de passation des marchés et tenu à la disposition des soumissionnaires qui souhaitent le consulter.

Section 3 : Du processus et des méthodes d'évaluation des offres relatives aux marchés de travaux, fournitures et services

Sous-section 1 : De la vérification de la conformité des offres

Article 96 :

Avant d'effectuer l'évaluation détaillée des offres, la commission de passation des marchés établit la conformité des soumissions sur la base du rapport que lui soumet la sous-commission d'analyse des offres mise en place à cette fin.

Article 97 :

Une offre n'est pas conforme dans les cas suivants :

a. la soumission n'est pas signée par le représentant habilité du candidat. Mais l'absence de paraphe sur chaque page, alors que l'offre est, par ailleurs, conforme en tous points, ne constitue pas un défaut de conformité ;
b. la soumission ne mentionne pas le prix ou ne comporte pas d'annexe dûment remplie et signée déterminant le prix, tel qu'un bordereau de prix et/ou un détail estimatif et quantitatif, ou présente des modalités de calcul du prix non conformes au dossier d'appel d'offres ;
c. la garantie d'offre requise par le dossier d'appel d'offres n'est pas fournie ;
d. l'offre comporte des réserves ou des divergences ou omissions substantielles par rapport aux dispositions du dossier d'appel d'offres.

Les divergences ou omissions substantielles sont celles :
- qui limitent de manière substantielle la qualité ou les performances des fournitures, travaux ou prestations spécifiés dans le dossier d'appel d'offres ;
- qui limitent, d'une manière substantielle et non conforme au dossier d'appel d'offres, les droits de l'autorité contractante ou du

maître d'ouvrage délégué ou les obligations du candidat au titre du marché ;
- dont l'acceptation serait préjudiciable aux autres candidats ayant présenté des offres conformes pour l'essentiel.

e. les travaux, fournitures ou services offerts ne sont pas conformes, pour l'essentiel, aux spécifications techniques consignées dans le dossier d'appel d'offres ;
f. l'offre ne remplit pas les conditions administratives exigées dans l'appel d'offres en matière de fiscalité, de cotisations sociales etc.
g. une offre peut être considérée comme conforme lorsque les insuffisances de l'offre ou les pièces non fournies :

- ne sont pas essentielles à la détermination du prix ou des prestations offertes ou à la constatation de l'engagement du candidat ;
- ne sont pas spécifiées comme obligatoires par le dossier d'appel d'offres, et peuvent être fournies par le candidat avant l'attribution provisoire, à la fin de la période d'évaluation des offres ;
- concernant les qualifications du candidat (fiche de renseignement non fournie) qui dans le cas d'un appel d'offres ouvert sont examinées après l'évaluation.

Au terme de cette première vérification, les offres jugées non-conformes sont écartées de la suite du processus d'évaluation et communication est faite, aux soumissionnaires concernés, du rejet de leur offre dans un délai ne dépassant pas sept jours calendrier à compter de l'ouverture des plis.

Sous-section 2 : De critères et du processus d'évaluation des offres.

Article 98 :

L'attribution des marchés de travaux, fournitures et services est basée sur le montant de l'offre et divers autres paramètres ayant un impact quantifiable sur ce dernier. La détermination du montant de l'offre, à considérer pour l'analyse comparative, se fait sur base des critères objectifs, vérifiables et quantifiables, traduits en termes monétaires. Ces critères sont notamment : le prix offert moyennant, éventuellement, correction des omissions, le coût d'utilisation, la rentabilité, la valeur technique, le service après-vente, le coût de l'assistance technique éventuelle, le délai d'exécution, le calendrier de paiement.

Article 99 :

Aux fins de la comparaison des offres, en application de l'alinéa b de l'article 21 de la loi relative aux Marchés Publics, la sous-commission d'analyse des offres procède comme suit:

a. conversion en FC de tous les prix des offres exprimés en une autre monnaie ;
b. exclusion de :

    - la TVA applicable en République Démocratique du Congo et les autres droits et taxes comme indiqués dans les données particulières de l'appel d'offres ;
    - toute provision éventuelle pour révision des prix pendant la période d'exécution du marché, lorsqu'elle est prévue dans l'offre ;
    - toutes sommes provisionnelles, y compris, le cas échéant, des provisions pour imprévus.

c. ajustements résultant de :

    - la correction des erreurs arithmétiques et éventuelles omissions ;
    - l'utilisation des critères additionnels éventuellement prévus par les données particulières de l'appel d'offres ;
    - l'application de rabais inconditionnels éventuellement offerts ;
    - l'application, lors d'un appel d'offres international, de la marge de préférence nationale et régionale, si les données particulières de l'appel d'offres la prévoient.

A l'issue de ces opérations de nature arithmétique, les offres sont classées dans l'ordre croissant de leur montant respectif.

Article 100 :

A la fin des opérations de vérifications et ajustements arithmétiques éventuels, la sous-commission d'analyse procède à la post qualification par la vérification de la qualification du candidat ayant proposé l'offre conforme évaluée moins-disante.

L'attribution du marché à ce candidat est subordonnée à la vérification que le candidat satisfait aux critères de qualification conformément à l'article 21, alinéa a, de la loi relative aux Marchés Publics, pour exécuter le marché de façon satisfaisante, sur la base des pièces attestant les qualifications du candidat et soumises par lui en application des dispositions des instructions aux candidats et des données particulières de l'appel d'offres.

Les critères de qualification sont d'ordre financier (chiffre d'affaires, capacité de financement) et technique (expérience générale, expérience spécifique similaire, qualification du personnel clé et matériel et engins à déployer).

Au cas où le soumissionnaire dont l'offre a été évaluée conforme et moins-disante ne satisfait pas à tous les critères de qualification, son offre est définitivement rejetée et la sous-commission procède à l'examen de la seconde offre évaluée moins-disante afin d'établir, de la même manière, si le candidat est qualifié pour exécuter le marché. Il en sera ainsi jusqu'à la désignation du candidat qui remplit pleinement les critères de qualification afin de lui attribuer le marché.

Article 101 :

Après l'attribution provisoire, la personne responsable des Marchés Publics peut, dans la stricte mesure nécessaire, en accord avec l'attributaire retenu, procéder à une mise au point du marché.
Les modifications apportées dans le cadre de cette mise au point ne peuvent pas :

- aboutir à une modification substantielle des composantes, notamment, financières du marché ;
- aboutir à remettre en cause l'évaluation des offres et le classement des candidats ;
- avoir pour objet d'adapter l'offre aux besoins, tels qu'ils sont formulés dans le dossier d'appel d'offres.

La mise au point peut :

- inclure dans le marché les clarifications résultant des demandes d'éclaircissements des candidats ou les modifications apportées par la personne responsable des Marchés Publics au dossier d'appel d'offres après sa diffusion ;
- porter sur la rectification des erreurs matérielles ;
- adapter le marché à la variante proposée par l'attributaire lorsque la proposition de variante a été autorisée.

Article 102 :

Les précisions apportées au marché lors de la mise au point sont transmises par écrit à l'attributaire qui doit en accepter tous les termes en signant les documents correspondants et/ou en indiquant, par écrit, son acceptation de tous les termes de la mise au point.

Article 103 :

A la fin de ce processus d'évaluation, la personne responsable des Marchés Publics adresse, en fonction de seuils, une demande de non objection à la Direction générale du contrôle des Marchés Publics, préalable à la décision de l'attribution provisoire, en prenant soin de joindre toute la documentation utile comprenant l'avis d'appel d'offres, le dossier d'appel d'offres, le procès-verbal d'ouverture des plis, le rapport d'évaluation des offres ainsi que le procès-verbal d'attribution provisoire et la copie des offres.

Article 104 :

A l'obtention de la non objection, la personne responsable des Marchés Publics dresse un avis d'attribution provisoire qu'il transmet, accompagné du procès-verbal y relatif, à l'Autorité de régulation des Marchés Publics pour publication. Cet avis d'attribution provisoire informe les candidats ou soumissionnaires non retenus du rejet de leur offre et, observe un délai d'attente de cinq jours ouvrables pour recevoir, le cas échéant, les recours des candidats non retenus.

Si, à dater de la publication de l'avis d'attribution provisoire, le délai de cinq jours s'épuise sans enregistrement de recours, l'attribution devient définitive et l'autorité contractante entame la procédure d'approbation du marché.

Tout recours reçu pendant ce délai est suspensif de la procédure d'attribution. La décision d'attribution définitive du marché n'est prise qu'après la notification de la décision du Comité de règlement des différends de l'Autorité de régulation à l'autorité contractante.

Sous-section 3 : Des appels d'offres avec pré qualification

Article 105 :

L'appel d'offres ouvert peut intégrer une phase de pré-qualification, prévue aux articles 32 et 44 de la loi relative aux Marchés Publics, et ayant pour objet d'éliminer les candidats n'ayant pas l'aptitude à exécuter le marché de manière satisfaisante lorsque le marché a pour objet :

- soit la réalisation de travaux ou la livraison de fournitures revêtant une importance et/ou une complexité particulière ;
- soit l'exécution de prestations de services spécialisés.

Le dossier de pré qualification, conforme au dossier standard de pré qualification préparé par l'Autorité de régulation des Marchés Publics, fait l'objet de publicité dans les conditions visées à l'article 95 du présent décret.

Article 106 :

Le dossier de candidature comprend les documents suivants :

- la lettre de soumission de la candidature ;
- les pièces justificatives établissant que le candidat est admis à être pré – qualifié ; et
- tout autre document requis tel que spécifié dans le dossier de pré – qualification.

La remise des candidatures est effectuée conformément au dossier de pré-qualification.

Les dossiers de candidature sont ouverts en présence des membres de la commission de passation des marchés et sont évalués conformément aux critères fixés dans le dossier de pré qualification.
Les candidats ne peuvent prendre contact, par écrit, avec la personne responsable des marchés que sur les questions ayant trait au processus de pré-qualification, entre la date limite de dépôt des dossiers de candidature et celle de l'avis de l'attribution du marché.

Article 107 :

Durant l'évaluation des dossiers de candidature, la personne responsable des marchés a toute latitude pour demander aux candidats des éclaircissements sur leurs candidatures et ladite demande doit être soumise au plus tard dix (10) jours calendrier à compter de la date limite de dépôt des candidatures. Toute demande d'éclaircissements et tous les éclaircissements doivent être formulés par écrit. Si un candidat ne fournit pas les éclaircissements sur les renseignements demandés à la date et à l'heure fixées par la personne responsable des marchés dans sa demande d'éclaircissements, sa candidature peut être rejetée.

Article 108 :

La personne responsable des Marchés Publics doit rejeter tout dossier de candidature non conforme aux spécifications du document de pré-qualification. Les dossiers non-conformes sont, notamment, ceux qui ne contiennent pas les fiches de renseignements et pièces demandées. L'absence de certains documents complétant les fiches de renseignement, tel qu'une copie des états financiers, peut être tolérée, à condition que ces renseignements soient fournis dans les plus brefs délais.

Article 109 :

Lorsque la personne responsable des Marchés Publics a enregistré le contenu des dossiers de candidature dans le procès-verbal de la séance d'ouverture des plis, la commission de passation des marchés procède à l'examen des dossiers de candidature conformes fournis par les candidats et propose à la personne responsable des Marchés Publics, avec en pièce-jointe au procès-verbal d'examen, la liste des candidats pré-qualifiés.

L'évaluation des qualifications est réalisée sur la base des facteurs, critères et conditions définis dans le dossier de pré-qualification, limités à ceux indiqués à l'article 21, alinéa a, de la loi relative aux Marchés Publics :

- références relatives à l'exécution de prestations analogues à celles qui constituent l'objet du marché ;
- moyens humains et matériels ;
- capacité financière et juridique.

Article 110 :

Le recours à d'autres méthodes ou critères d'évaluation n'est pas autorisé. La commission de passation des marchés se réserve le droit de ne pas tenir compte d'écarts mineurs dans les critères de qualification s'ils n'affectent pas substantiellement la capacité d'un candidat à exécuter le marché.

Article 111 :

La commission de passation des marchés se réserve le droit d'accepter ou de rejeter tout dossier de candidature et d'annuler la procédure de pré-qualification à tout moment, sans pour autant encourir une responsabilité quelconque vis-à-vis des candidats.

Article 112 :

Tous les candidats dont les dossiers de candidature ont satisfait les critères minima spécifiés, seront pré-qualifiés par la commission de passation des marchés. Une demande de non objection est adressée à la Direction générale du contrôle des Marchés Publics, avant de publier les résultats de pré-qualification.

Les candidats non pré-qualifiés disposent des voies de recours prévus dans le décret portant création, organisation et fonctionnement de l'Autorité de régulation des Marchés Publics.

Article 113 :

Dès lors, la personne responsable des marchés informe les candidats non pré-qualifiés et adresse simultanément et par écrit, à tous les candidats pré-qualifié, une lettre d'invitation à soumissionner.

Le dossier d'appel d'offres est joint à la lettre d'invitation ou peut être acheté dans les conditions stipulées dans cette lettre.

Le dossier d'appel d'offres est établi à partir du dossier type d'appel d'offres correspondant au type du marché concerné : travaux, fournitures ou prestations de services courants, adapté pour tenir compte de la pré-qualification.

Article 114 :

Toute modification dans la structure ou la formation d'un candidat après qu'il ait été pré-qualifié et invité à soumettre une offre, doit être approuvée par écrit par la personne responsable des marchés avant la date limite de dépôt des offres.

Ladite approbation est refusée si, du fait de la modification, le candidat ne satisfait plus à l'ensemble des critères de qualification précisés dans le dossier de pré-qualification ou si, de l'avis de la personne responsable des marchés, le jeu de la concurrence est sérieusement compromis.

Ces modifications doivent être soumises à la personne responsable des marchés dans un délai fixé par les instructions aux candidats à compter de la date de l'invitation à soumissionner.

Section 4 : Du processus et des méthodes d'évaluation des offres relatives aux prestations intellectuelles.

Article 115 :

Du fait des caractéristiques des prestations intellectuelles essentiellement qualitatives, la procédure de sélection des candidats donne la priorité à la qualité des propositions techniques et prend en compte, dans une moindre mesure, le montant des propositions financières.

La sélection des candidats procède de quatre méthodes basées sur un système de notation exprimée en pourcentage (points).

Une méthode d'évaluation des propositions ne peut être appliquée si elle n'a pas été préalablement annoncée dans la demande de propositions.

Sous-section 1 : Méthode de sélection qui combine la qualité technique et le coût.

Article 116 :

La sous-commission d'analyse des offres évalue les propositions techniques sur la base de leur conformité aux termes de référence, à l'aide des critères et sous-critères d'évaluation pondérés, préalablement indiqués dans la demande de propositions.

Chaque proposition conforme se voit attribuer une note technique (NTi). Toute proposition qui, à ce stade, n'atteint pas la note technique minimum spécifiée dans les données particulières de la demande de propositions, est écartée. Le rapport d'évaluation des propositions techniques dressé est soumis, en fonction des seuils, à la procédure de non objection de la Direction générale du contrôle des Marchés Publics.

Article 117 :

A l'issue de l'évaluation de la qualité technique et après avoir obtenu, le cas échéant, la non objection de la Direction générale du contrôle des Marchés Publics sur le rapport d'évaluation des propositions techniques, la personne responsable des Marchés Publics informe les candidats des notes techniques obtenues par leur proposition technique.

Dans le même temps, la personne responsable des marchés (i) notifie les candidats dont les propositions techniques n'ont pas obtenu la note minimum ou ont été jugées non-conformes, que leurs propositions financières leur sont renvoyées sans avoir été ouvertes, et (ii) indique la date, le lieu et l'heure d'ouverture des propositions financières des candidats dont les propositions techniques ont obtenu une note supérieure ou égale à la note minimale requise, indiquée dans la demande de proposition.

Article 118 :

La proposition financière moins-disante (PFm) reçoit la note financière maximum (NF) de 100 points. Les notes financières (NFi) des autres propositions financières (PFi) sont calculées comme indiqué dans les données particulières de la demande de propositions, par rapport à la proposition financière moins-disante (PFm), en appliquant la formule suivante : NFi = 100 % PFm/PFi.

Les notes NTi et NFi attribuées à la proposition technique et financière de chaque candidat sont ensuite pondérées (généralement à 80 % pour les NTi et à 20 % pour les NFi) et additionnées.

Article 119 :

Dans un rapport complémentaire, la sous-commission d'analyse classe les candidats dans l'ordre décroissant de leurs notes combinées respectives. Après l'adoption de ce rapport par la commission de passation des marchés, en fonction de seuils, la personne responsable des marchés invite aux négociations du marché, le candidat ayant obtenu la note technique et financière combinée la plus élevée.

A l'issue de ces négociations et après la mise au point du marché négocié, la personne responsable des marchés adresse à la Direction générale du contrôle des Marchés Publics, en fonction de seuils, une demande de non objection assortie de l'ensemble de la documentation du dossier, avant la décision de l'attribution provisoire.

Le reste de la procédure relative à la publication provisoire de l'attribution et aux éventuels recours est la même que pour les marchés de travaux, fournitures et services.

Sous-section 2 : Méthode de sélection fondée sur la qualité technique uniquement

Article 120 :

Après l'évaluation de la proposition technique conformément aux critères annoncés dans la demande de proposition, suivant la méthodologie visée à l'article 122 du présent décret, les propositions sont classées dans l'ordre décroissant des notes techniques attribuées. La sous-commission d'analyse dresse son rapport d'évaluation des propositions techniques et le soumet à l'approbation de la commission de passation des marchés.

Article 121 :

A l'issue de l'évaluation de la qualité technique, la personne responsable des marchés, après avoir, en fonction des seuils, obtenu la non objection de la Direction générale du contrôle des Marchés Publics sur le rapport d'évaluation des propositions techniques, invite le candidat ayant obtenu la note technique la plus élevée à négocier le marché.

Article 122 :

Après la négociation du marché, la procédure à suivre est la même que celle visée au deuxième alinéa de l'article 126 du présent décret.

Sous-section 3 : Méthode de sélection fondée sur un budget prédéterminé

Article 123 :

En application de cette méthode, la commission de passation des marchés propose l'attribution du marché au candidat dont la proposition technique a obtenu une note technique supérieure à la note minimale requise conformément à l'article 122 du présent décret, et dont la proposition financière se trouve dans les limites du budget fixé annoncé dans la demande de propositions. Les propositions financières dépassant ce budget sont rejetées.

Article 124 :

Après la négociation du marché, la procédure à suivre est la même que celle visée au deuxième alinéa de l'article 126 du présent décret.

Sous-section 4 : Méthode de sélection fondée au moindre coût

Article 125 :

En application de cette méthode, la commission de passation des marchés propose l'attribution du marché au candidat dont la proposition technique a obtenu une note supérieure à la note technique minimale requise conformément à l'article 122 du présent décret et dont la proposition financière est la moins disante tel qu'annoncé dans la demande de propositions.

Article 126 :

Après la négociation du marché, la procédure est la même que celle visée au deuxième alinéa de l'article 126 du présent décret.

Sous-section 5 : Chronologie des tâches

Article 127 :

La passation des marchés de prestations intellectuelles s'effectue selon la chronologie ci-après :

- définition des besoins et des termes de référence ;
- vérification de la couverture budgétaire ;
- publication d'un avis à manifestation d'intérêt, sauf si les prestations sont d'un montant inférieur au seuil d'appel à candidature - dans ce cas, une invitation directe peut être adressée à cinq prestataires (au minimum) pour soumissionner ;
- réception et évaluation des candidatures (manifestations d'intérêt) ;
- demande et obtention de la non objection sur le rapport d'évaluation des manifestations d'intérêt et sur la liste restreinte ;
- information par l'autorité contractante des candidats non pré sélectionnés ;
- préparation de la demande de proposition en application de la demande de proposition type éditée par l'Autorité de régulation des Marchés Publics ;
- mise au point de la demande de proposition ;
- en fonction des seuils, demande de non objection sur la demande de proposition ;
- envoi par l'autorité contractante déléguée de la demande de proposition aux candidats présélectionnés ;
- dépôt des propositions ;
- ouverture des plis et procès-verbal ;
- évaluation et comparaison des propositions techniques par la commission de passation des marchés ;
- demande et obtention de non objection sur l'évaluation des propositions techniques ;

- ouverture publique et évaluation des propositions financières suivie de l'évaluation combinée (financière et technique) ;
- demande et obtention de non objection sur la proposition d'attribution du marché (facultatif) ;
- négociation et attribution du marché au consultant retenu ;
- demande et obtention de l'objection sur le procès-verbal des négociations et le projet de contrat ;
- publication d'un avis d'attribution provisoire et information des candidats non retenus;
- réponse, le cas échéant, aux recours des candidats non retenus sur les motifs du rejet ;
- envoi du contrat de marché au consultant retenu ;
- signature du marché par la personne responsable des marchés : dans un délai minimum de quinze (15) jours après publication de l'avis d'attribution ;
- approbation du marché signé par l'autorité compétente ;
- publication d'un avis d'attribution définitive ;
- notification du marché à l'attributaire par lettre recommandée avec accusé de réception.

Sous-section 6 : De l'établissement d'une liste restreinte sans manifestation d'intérêt préalable

Article 128 :

La Cellule de gestion des Marchés Publics propose à la personne responsable des marchés la liste restreinte selon le processus suivant :

- les consultants doivent être éligibles aux Marchés Publics au regard des dispositions de l'article 81 de la loi relative aux marchés public ;
- les consultants sont retenus sur la liste restreinte en fonction de leur qualification et leur expérience spécifique dans les prestations similaires, connues de l'autorité contractante ;
- l'autorité contractante doit obtenir une autorisation préalable de la Direction générale du contrôle des Marchés Publics validant la liste restreinte avant d'adresser la lettre d'invitation à soumissionner aux candidats retenus sur cette liste.

Section 5 : Des conventions de délégation de service public

Sous-section 1 : De la publicité

Article 129 :

La passation de la convention de délégation de service public doit être précédée d'une publicité de nature à permettre une information la plus claire possible sur le projet considéré, selon les conditions définies à l'article 34 de la loi relative aux Marchés Publics.

Le délai de dépôt des soumissions est au minimum de quarante-cinq jours (45) calendrier, à compter de la date de publication de l'avis.

Sous-section 2 : De la procédure de passation des conventions de délégation de service public

Article 130 :

La procédure utilisée est l'appel ouvert avec pré-qualification obligatoire, éventuellement en deux étapes. Les candidats doivent administrer la preuve qu'ils satisfont aux critères de pré-qualification que l'autorité délégante juge appropriés.

La pré-qualification permet d'identifier les contractants potentiels qui offrent des garanties techniques et financières suffisantes et qui ont la capacité d'assurer la continuité du service public dont ils seront délégataires.

Une conférence peut être organisée avec les candidats avec, éventuellement, une visite de site.

Article 131 :

La sélection se fait en une seule étape lorsque l'autorité délégante dispose de spécifications techniques détaillées et de critères de performance ou d'indicateurs de résultats précis.

Article 132 :

La sélection du délégataire peut également se faire en deux étapes. Les candidats pré-qualifiés remettent, tout d'abord, des propositions techniques sans indication de prix, sur la base de principes généraux de conception ou de normes de performance. Une fois les propositions reçues et examinées, l'autorité délégante peut inviter, après avoir éventuellement révisé le cahier de charges initial, les soumissionnaires pré qualifiés, à présenter les propositions techniques assorties d'un prix.

Article 133 :

A titre exceptionnel, l'autorité délégante peut également avoir recours à la procédure de gré à gré dans les cas suivants :

- lorsque, en cas d'extrême urgence, dûment validée par la Direction générale du contrôle des Marchés Publics, nécessitant une intervention immédiate visant à assurer la continuité du service public, il ne serait pas possible d'ouvrir une procédure de sélection avec mise en concurrence dans des délais raisonnables ;
- lorsqu'une seule source est en mesure de fournir le service demandé.

Article 134 :

L'attribution de la convention de délégation de service public s'effectue sur la base de la combinaison optimale de différents critères d'évaluation prévus dans le dossier d'appel d'offres, tels que les spécifications et normes de performance prévues ou proposées, les obligations liées à la qualité du service public ou à sa continuité, les tarifs imposés aux usagers, les sommes éventuellement reversées à l'Etat ou à la collectivité publique délégante, les coûts divers, le montant et la rationalité du financement offert, toute autre recette que les équipements procureront à l'autorité délégante et la valeur de rétrocession des installations.

Article 135 :

La négociation est nécessaire. L'autorité délégante et l'opérateur retenu, à l'issue du processus de sélection, engagent des négociations en vue d'arrêter les termes définitifs de la convention de délégation de service public. Ces négociations ne peuvent avoir pour effet l'altération de critères de base de l'attribution de la convention.

Article 136 :

Des dispositions spécifiques de la loi relative aux partenariats public-privé organisent le contenu et l'exécution des conventions de délégation de service public.

L'autorité délégante publie un avis d'attribution de convention de délégation de service public. Cet avis doit désigner le délégataire et comporter un résumé des principales clauses de la convention de délégation.

L'autorité délégante informe les candidats ou soumissionnaires non retenus du rejet de leur offre, et observe un délai d'attente de quinze jours calendaires pour recevoir, éventuellement, les recours des candidats non retenus.

Section 6 : De particularités de certains appels d'offres

Sous-section 1 : Des appels d'offres ouverts en deux étapes

Article 137 :

La procédure de mise en œuvre de l'appel d'offres en deux étapes est utilisée lorsque :

- l'objet du marché présente une grande complexité ou ;
- la personne responsable des marchés, souhaite faire son choix sur la base de critères de performance et non seulement de spécifications techniques détaillées ;
- la personne responsable des marchés a défini ses besoins mais n'est pas en mesure de décrire la solution technique la mieux indiquée à leur réalisation ;
- les candidats sont invités à proposer toutes solutions tenant compte des contraintes du projet ;
- la personne responsable des marchés a défini ses besoins essentiellement en termes d'objectifs ou de performances mais souhaite bénéficier des solutions techniques les plus innovantes.

Dans la procédure d'appel d'offres en deux étapes, les candidats sont d'abord invités à transmettre des propositions techniques, sans indication de prix, sur la base de principes généraux de conception ou de normes de performance, et sous réserve de précisions et d'ajustements ultérieurs d'ordre aussi bien technique que commercial.

A la suite de l'évaluation par l'autorité contractante des offres au titre de la première étape, les soumissionnaires qui satisfont au minimum acceptable des critères de qualification tels que fixés dans le cahier des charges et qui ont soumis une offre techniquement conforme sont invités, ensuite, à participer à une seconde étape au cours de laquelle ils présentent des propositions techniques définitives assorties des prix, sur la base du dossier d'appel d'offres préalablement révisé par l'autorité contractante.

Le recours à la procédure de l'appel d'offres en deux étapes doit être motivé et soumis à l'autorisation préalable de la Direction générale du contrôle des Marchés Publics.

Sous-section 2 : Des appels d'offres restreint

Article 138 :

Il ne peut être procédé à un appel d'offres restreint qu'après avis favorable de la Direction générale du contrôle des Marchés Publics et, uniquement, pour la passation des marchés visés aux articles 25 et 26 de la loi relative aux Marchés Publics.

Certaines situations d'urgence ou de continuation des marchés abandonnés par un titulaire défaillant peuvent justifier le recours à un appel d'offres restreint.

Article 139 :

L'urgence invoquée par la personne responsable des marchés pour utiliser la procédure d'appel d'offres restreint doit répondre aux conditions suivantes :

- la situation d'urgence doit être réelle ;
- l'événement concerné doit être imprévisible ;
- et la situation d'urgence ne doit pas résulter du fait de l'autorité contractante ou de la personne responsable des marchés. La volonté d'accélérer la procédure, pour des raisons de convenance, est interdite.

Article 140 :

Il y a défaillance du titulaire du marché lorsque celui-ci se trouve dans l'impossibilité totale ou durable de poursuivre l'exécution du marché, notamment en cas de faillite ou de règlement judiciaire.

Les retards ou défauts d'exécution ne peuvent ici être considérés comme une défaillance sauf s'ils entraînent la résiliation aux torts du titulaire.

Le nouveau marché, conclu aux frais du défaillant, ne peut avoir pour objet que la continuation et l'achèvement du marché interrompu.

Sous-section 3 : Des d'offres avec concours

Article 141 :

Il est procédé à un appel d'offres ouvert ou restreint assorti d'un concours lorsque des motifs d'ordre technique, esthétique, environnemental ou financier justifient des recherches particulières. Le concours porte sur la conception d'une œuvre ou d'un projet architectural.

Le concours a lieu sur la base d'un programme établi par l'autorité contractante qui indique les besoins auxquels doit répondre la prestation et fixe, le cas échéant, le maximum de la dépense prévue pour l'exécution du budget.

Le dossier d'appel d'offres avec concours prévoit :

a) des primes, récompenses ou avantages à allouer aux soumissionnaires les mieux classés ;
b) que les projets primés deviennent en tout ou partie propriété de l'autorité contractante, ou que celle-ci se réserve le droit de faire exécuter par l'entrepreneur ou le fournisseur de son choix tout ou partie des projets primés, moyennant versement d'une redevance fixée dans le règlement particulier d'appel d'offres lui-même ou déterminée ultérieurement à l'amiable ou après expertise.

Il indique, en outre, dans quelles conditions les auteurs des projets sont appelés à coopérer à l'exécution de leur projet primé.

Les projets des concurrents non retenus leur sont restitués et les frais engagés par eux sont remboursés endéans un mois.

Les projets retenus et/ou primés deviennent la propriété de l'autorité contractante.

Sous-section 4 : Des marchés spéciaux

Article 142 :

Les conditions de recours aux marchés spéciaux sont fixées par les articles 44 à 46 de la loi relative aux Marchés Publics.

Il s'agit uniquement :

- des marchés relatifs à la défense nationale, à la sécurité et aux intérêts stratégiques de l'Etat ;

- des marchés liés à l'acquisition des équipements destinés à la défense nationale ou à la sécurité.

Ils sont régis par un décret du premier Ministre délibéré en Conseil des Ministres.

Sous-section 5 : Des marchés de gré à gré

Article 143 :

La passation de marchés de gré à gré, permettant à la personne responsable des marchés d'engager directement les discussions avec les candidats et d'attribuer le marché au candidat qu'elle a retenu, est possible uniquement dans les cas exceptionnels prévus par les articles 41 à 43 de la loi relative aux Marchés Publics.

Il ne peut être passé de marché de gré à gré que :

- avec des entrepreneurs, fournisseurs ou prestataires de services qui ont l'expertise requise ou ont exécuté des travaux analogues dans le passé et acceptent de se soumettre à un contrôle des prix spécifiques durant l'exécution des prestations ;
- après l'autorisation spéciale de la Direction générale du contrôle des Marchés Publics et uniquement dans un des cas suivants :

    1. lorsque les besoins ne peuvent être satisfaits que par une prestation nécessitant l'emploi d'un brevet d'invention, d'une licence ou de droit exclusifs détenus par un seul entrepreneur, un seul fournisseur ou un seul prestataire ;
    2. lorsque les marchés ne peuvent être confiés qu'à un prestataire déterminé pour des raisons techniques ou artistiques ;
    3. dans les cas d'extrême urgence, pour les travaux, fournitures ou services que l'autorité contractante fait exécuter en lieu et place de l'entrepreneur, du fournisseur ou du prestataire défaillant ;
    4. dans le cas d'urgence impérieuse motivée par des circonstances imprévisibles ou de force majeure nécessitant une intervention immédiate et ne permettant pas de respecter les délais prévus dans les procédures d'appel d'offres.

Article 144 :

Cette procédure donne lieu à des contrôles particuliers :

- le candidat retenu est soumis à un contrôle spécifique des prix de revient durant l'exécution des prestations ;
- la passation d'un marché de gré à gré donne lieu à un compte rendu détaillé dans le rapport annuel publié par l'Autorité de régulation des Marchés Publics ;
- il ne peut être passé des marchés de gré à gré qu'après avis de la Direction générale du contrôle des Marchés Publics et uniquement dans les cas expressément visés aux articles 40 et 41 de la loi relative aux Marchés Publics.

Article 145 :

Les marchés de gré à gré suivent la chronologie suivante :

- demande motivée de l'autorisation spéciale de la Direction générale du contrôle des Marchés Publics pour conclure le marché de gré à gré ;
- notification par la Direction générale du contrôle des Marchés Publics de l'autorisation spéciale de conclure un marché de gré à gré ;
- demande de non objection sur le projet de marché en fonction de seuils ;
- soumission du marché à l'approbation de l'autorité compétente.

Article 146 :

Les marchés de gré à gré donnent lieu à des contrats écrits de forme libre. Leur attribution doit faire l'objet d'une publication sur le site de l'ARMP.

Sous-section 6 : Des marchés en deçà des seuils d'appel offres

Article 147 :

Pour les travaux, fournitures ou services dont la valeur estimée est inférieure aux seuils fixés pour les appels d'offres, une demande de facture pro forma doit être utilisée conformément à la procédure fixée à l'article 38 du présent décret.

Section 7 : De la conclusion du marché

Article 148 :

Sur la base de la proposition de la Commission de passation des marchés et après mise au point éventuelle du marché, la Personne responsable des marchés :

- prend la décision d'attribution du marché au candidat qualifié dont l'offre a été reconnue substantiellement conforme au dossier d'appel public à la concurrence et qui a soumis l'offre évaluée la moins-disante, dans le cas des marchés de travaux, fournitures et services, ou qui répond au mieux aux critères d'évaluation des propositions dans le cas des prestations intellectuelles ;
- avise tous les autres candidats du rejet de leurs candidatures, offres ou propositions, par tous moyens assurant un accusé de réception ayant valeur probante, sur la base du modèle de lettre d'information à un candidat non retenu, éditée par l'Autorité de régulation des Marchés Publics ;
- publie un avis d'attribution provisoire qui fait courir le délai d'attente de 15 jours pendant lequel les candidats peuvent présenter leurs recours.

Outre les obligations des parties, le marché doit fixer clairement les conditions de son entrée en vigueur, notamment le paiement éventuel d'une avance de démarrage et la remise par le titulaire, d'une garantie de bonne exécution.

Article 149 :

Dans un délai de 5 jours ouvrables à compter de la réception d'un recours écrit d'un candidat non retenu, la Personne responsable des marchés lui communique les motifs du rejet de sa candidature, son offre ou sa proposition.

Le candidat peut faire appel de ce recours administratif devant le Comité de règlement des différends dans les conditions énoncées par les articles 162 et suivants.

Article 150 :

A compter de la publication de l'avis d'attribution provisoire, la Personne responsable des Marchés Publics observe un délai de cinq jours pour les marchés en deçà du seuil d'appel d'offres et de dix jours pour les marchés au-dessus de ce seuil. Par la suite, il accomplit les tâches suivantes :

- la signature de marché ;
- la transmission du dossier de marché à l'autorité approbatrice compétente pour signature conformément à l'article 13 ter de la loi relative aux marchés public et du décret fixant les seuils d'approbation des Marchés Publics et délégations de service public ;
- la notification, après approbation, du marché à l'attributaire (remise contre récépissé ou envoi par lettre recommandée avec accusé de réception) ;
- la publication d'un avis d'attribution définitive du marché dans les quinze jours suivant la notification du marché.

Article 151 :

La date de notification est celle du récépissé ou de l'avis de réception. Elle constitue le point de départ des délais contractuels d'exécution du marché sauf disposition contraire dans le contrat.

Section 9 : Des recours en matière de passation des Marchés Publics

Article 152 :

La fiabilité des procédures de passation des marchés repose notamment sur l'existence d'un recours efficace possible en cas de non-respect de ces procédures.

Ce recours, adressé au Comité de règlement des différends, doit aboutir avant l'attribution définitive du marché. En cas de rejet, il peut faire l'objet d'un appel devant les juridictions administratives.

Sous-section 1 : Des manquements susceptibles de faire l'objet des recours

Article 153 :

Le recours en matière d'attribution des marchés ou de délégations de service public porte notamment sur :

- les conditions de publication des avis (exemples : mentions obligatoires manquantes, non-respect des délais de remise des offres…) ;
- les règles relatives à la participation des candidats, aux capacités et garanties exigées (exemples : critères ou spécifications discriminatoires ou sans lien avec l'objet du marché) ;
- la décision d'attribuer ou de ne pas attribuer le marché (exemple : composition de la commission de passation des marchés non conforme, conflit d'intérêt d'un membre) ;
- le mode de passation et procédure de sélection retenue non conforme (notamment un usage abusif de l'appel d'offres restreint ou du marché de gré à gré) ;
- la non-conformité des documents d'appel d'offres à la réglementation ;
- la modification des critères et des méthodes d'évaluation par rapport aux critères et méthodes annoncés dans l'appel d'offres.

Sous-section 2 : Du recours gracieux auprès de la Personne responsable des marchés

Article 154 :

Les candidats et soumissionnaires s'estimant injustement évincés des procédures de passation des Marchés Publics ou délégations de service public introduisent un recours à l'encontre des procédures et décisions rendues à l'occasion de la procédure de passation, et leur ayant causé préjudice, devant la Personne responsable du marché. La décision de cette dernière peut être contestée devant son autorité hiérarchique.
Le candidat lésé adresse une copie de sa requête à l'Autorité de régulation des Marchés Publics. De même, l'autorité contractante réserve copie de sa réponse à ce recours à la même autorité.

Article 155 :

Ce recours est exercé dans les cinq jours ouvrables à compter de la publication de la décision d'attribution provisoire du marché ou de la délégation de service public ou, au plus tard, dans les cinq jours calendrier précédant la date limite fixée pour le dépôt des candidatures ou des soumissions. Un tel recours, exercé pendant le délai d'attente, a pour effet de suspendre la procédure d'attribution jusqu'à la décision définitive de l'autorité contractante ou éventuellement du Comité de règlement des différends de l'Autorité de régulation des Marchés Publics en cas d'appel de la décision rendue par l'autorité contractante.

Article 156 :

La Personne responsable des Marchés Publics est tenue de répondre dans un délai de cinq (5) jours ouvrables au-delà duquel le défaut de réponse est constitutif d'une décision de rejet implicite du recours gracieux.

Sous-section 3 : Du recours auprès du Comité de règlement des différends

Article 157 :

A défaut d'un dénouement satisfaisant du recours visé aux articles 160 et 161 du présent décret, le candidat ou soumissionnaire lésé saisit le Comité de règlement des différends de l'Autorité de régulation des Marchés Publics au moyen d'un recours :

- effectué par le candidat ou soumissionnaire dans les trois (3) jours ouvrables à compter de la réception de la réponse de l'autorité contractante ou de l'expiration du délai de cinq (5) jours reconnus à cette dernière pour répondre au recours gracieux ;
- entrainant la suspension de la procédure de passation du marché sur décision du Comité de règlement des différends s'il estime le recours recevable, sauf si l'autorité contractante certifie que l'attribution du marché doit être poursuivie immédiatement pour des raisons tenant à la protection des intérêts essentiels de l'Etat ou résultant de situations d'urgence impérieuse liée à une catastrophe naturelle ou technologique.

Article 158 :

La décision du Comité de règlement des différends :

- est rendue dans les quinze (15) jours ouvrables à compter de la réception du recours, faute de quoi l'attribution du marché ne peut plus être suspendue ;
- est définitive, opposable aux parties et immédiatement exécutoire ;

La décision du Comité de règlement des différends ne peut avoir pour effet que de corriger la violation alléguée ou d'empêcher que d'autres dommages soient causés aux intérêts concernés, ou de suspendre ou faire suspendre la décision litigieuse ou la procédure de passation, mais elle n'annule pas la décision attaquée.

Article 159 :

La décision du Comité de règlement des différends peut faire l'objet d'un appel, sans effet suspensif, devant la juridiction compétente.

TITRE 3 : DE L'EXECUTION DES MARCHES

CHAPITRE 1 : DES MODALITES DE REGLEMENT DES MARCHES

Article 160 :

Les modalités de règlement des Marchés Publics sont fixées par les articles 70 à 72 de la loi relative aux Marchés Publics. Ces articles fixent les modalités et conditions d'octroi des avances, des acomptes ainsi que le paiement des soldes.

Section 1 : De l'avance forfaitaire de démarrage

Article 161 :

La loi relative aux Marchés Publics fixe l'avance de démarrage à un maximum de trente pourcent (30 %) pour les marchés de travaux et de prestations intellectuelles et à un maximum de vingt pourcent (20 %) pour les marchés des fournitures et autres services. Le montant de cette avance est calculé :

- sur le montant initial du marché pour les marchés d'une durée d'exécution inférieure à un an ;

- sur le montant des prestations à réaliser au cours des 12 premiers mois pour les marchés d'une durée d'exécution supérieure à un an ;
- sur le montant des 12 premiers mois d'exécution pour les marchés à bons de commandes ou de clientèle.

Article 162 :

Le versement de l'avance de démarrage est conditionné et intervient après réception de la demande de paiement accompagnée d'une garantie bancaire d'égal montant.

Article 163 :

Le remboursement de l'avance a lieu lorsque le montant des prestations exécutées au titre du marché atteint ou dépasse 40 % du montant initial du marché et prend fin lorsque le montant des prestations exécutées atteint ou dépasse 80 %.

Section 2 : Des acomptes et du solde

Article 164 :

Les acomptes ne sont possibles que pour les marchés dont le délai d'exécution est supérieur à trois mois. Ils sont limités au montant des prestations exécutées après déduction des avances. Il peut être fixé dans le marché des acomptes forfaitaires correspondant à un pourcentage du montant initial du marché lorsque ces acomptes sont versés en fonction de phases techniques d'exécution. Le règlement des acomptes se fait dans un délai maximum de 90 jours.

Article 165 :

Le règlement pour solde correspond aux sommes dues au titre de l'exécution des prestations après déduction des avances et acomptes. Lorsque le marché prévoit une retenue de garantie, le règlement du solde donne lieu dans un premier temps à un règlement pour solde provisoire puis à un règlement pour solde définitif après mainlevée de la retenue de garantie.

Section 3 : Des garanties exigées des candidats et des titulaires de marchés

Article 166 :

Les articles 48 à 50 de la loi relative aux Marchés Publics fixent la nature et les modalités de constitution des garanties.

Sous-section 1 : De la garantie d'offre

Article 167 :

La garantie d'offre couvre le risque de réception des offres non sérieuses qui seraient ensuite retirées avant la fin du processus de sélection de l'attributaire, entraînant une diminution du nombre des candidats et éventuellement l'annulation de la procédure.

Article 168 :

La garantie de l'offre est régie par l'article 50 de la loi relative aux Marchés Publics. En application de cet article :

- aucune garantie d'offre n'est requise pour les marchés inférieurs aux seuils d'appel d'offres visés à l'article 15 du présent décret ;
- aucune garantie d'offre n'est requise pour les marchés de prestations intellectuelles ;
- le montant de la garantie d'offre doit être compris entre 1 et 2 % du montant de l'offre.

Article 169 :

L'autorité contractante est tenue de fixer, dans les données particulières de l'appel d'offres, le montant de la garantie d'offre soit en valeur absolue, soit en un pourcentage ne dépassant pas deux (2) pourcent du montant des offres des candidats.

Article 170 :

Exception faite des prestations intellectuelles dans lesquelles cette garantie n'est pas exigée, le candidat est tenu de joindre, sous peine de forclusion, la garantie d'offres à sa soumission.

Sous-section 2 : De la garantie de bonne exécution

Article 171 :

La garantie de bonne exécution protège l'autorité contractante du risque d'exécution incomplète des marchés de fournitures, travaux, prestations de service autres que les prestations intellectuelles, lorsque le délai prévisionnel d'exécution du marché dépasse six mois.

Article 172 :

Les conditions, mécanismes et procédures de mise en œuvre de la garantie de bonne exécution sont déterminés par les articles 51 et 52 de la loi relative aux Marchés Publics.

Article 173 :

Le modèle de garantie bancaire à fournir par le titulaire des marchés est donné dans le dossier d'appel d'offres.

Article 174 :

L'autorité contractante est tenue de fixer, dans les dossiers d'appel d'offres, le montant de la garantie de bonne exécution à constituer par le titulaire sans pouvoir dépasser cinq pourcent (5%) du montant du marché augmenté ou diminué du montant des avenants.

Article 175 :

Le titulaire du marché constitue la garantie de bonne exécution dans les vingt (20) jours suivant la notification du contrat. A défaut, le marché est immédiatement résilié sur simple notification et la garantie d'offres est saisie.

Sous-section 3 : De la forme des garanties

Article 176 :

Les garanties sont fournies sous forme de :

- cautionnement ;
- garantie bancaire à première demande, ou de
- caution personnelle et solidaire.

Article 177 :

Le cautionnement consiste dans la remise de la somme requise en numéraires, de préférence sous forme de chèque bancaire au nom de l'autorité contractante. La conservation et le suivi de ces sommes supposent leur dépôt à un compte de consignation ouvert auprès du Trésor public au titre de la procédure d'appel à la concurrence concernée. La conservation d'espèces ou de chèques par devers l'autorité contractante est contraire à la réglementation bancaire et à la réglementation des finances publiques.

Article 178 :

La garantie bancaire exigée doit être « à première demande ». La banque doit honorer, sans délai, à la demande de l'autorité contractante et sans demander la preuve du non-respect de ses obligations par le candidat ou titulaire du marché, conformément au modèle de garantie prévu par le dossier d'appel d'offres.

Article 179 :

L'engagement de caution personnelle et solidaire est donné par une banque ou un organisme agréé par le ministère ayant les finances dans ses attributions. Un tel engagement peut être demandé aux candidats n'ayant pas la dimension requise pour obtenir une garantie bancaire à première demande. L'organisme qui a délivré l'engagement de caution peut subordonner le règlement des sommes garanties à la justification de la faute ou de l'événement qui a entraîné l'appel de la caution, y compris par une décision définitive de justice reconnaissant cette faute.

CHAPITRE 2 : DE LA RESILIATION ET DE L'AJOURNEMENT DES MARCHES, DES SANCTIONS ET DU REGLEMENT DES DIFFERENDS CONTRACTUELS

Section 1 : De la résiliation des Marchés Publics

Article 180 :

Les articles 68 et 69 de la loi relative aux Marchés Publics fixent les conditions de résiliation et d'ajournement des Marchés Publics.
Les Marchés Publics peuvent faire l'objet d'une résiliation dans les conditions fixées dans les cahiers des charges, soit à l'initiative de l'autorité contractante, soit à l'initiative du titulaire du marché, soit de commun accord entre les parties ou en cas de force majeure.

Article 181 :

L'Autorité contractante peut résilier le marché pour motif d'intérêt général ou en raison de la faute du titulaire du marché notamment pour :

a. manquements graves du titulaire à ses obligations stipulées dans le cahier des charges et aux termes de la présente loi ;
b. raison de convenance de l'autorité contractante motivée par un motif d'intérêt général lorsque la réalisation du marché est devenue inutile ou inadaptée compte tenu des nécessités du service public ;
c. cause de la liquidation des biens du titulaire ou de règlement judiciaire, si le titulaire n'est pas autorisé à continuer l'exploitation de son entreprise ;
d. cas de faillite ;
e. cas de survenance d'un événement affectant la capacité du titulaire du marché conformément aux conditions fixées par les cahiers des charges ;
f. cas de décès du cocontractant personne physique, si l'autorité contractante n'accepte pas les offres qui peuvent être faites par les héritiers pour la continuation des prestations.

Article 182 :

Sauf stipulations conventionnelles contraires, l'autorité contractante ne peut prononcer la résiliation pour manquement du titulaire à ses obligations qu'après mise en demeure préalable restée sans effet après une durée de 30 jours.

Dans le cas où la résiliation est prononcée en vertu de l'article 181, alinéa b du présent décret, le titulaire du marché a droit à une indemnité de résiliation calculée sur la base des prestations qui demeurent à exécuter. Un mode de calcul est fixé dans les cahiers des clauses administratives générales pour chaque catégorie de marché et pour la délégation de service public.

Article 183 :

Dans les cas visés aux alinéas c) et d) de l'article 181 du présent décret, les mesures conservatoires ou de sécurité dont l'urgence apparaît, en attendant une décision définitive du tribunal, sont prises d'office et mises à charge du titulaire du marché.

Article 184 :

Le titulaire du marché peut enclencher une procédure de règlement amiable du litige relatif au défaut de paiement, à la suite d'une mise en demeure restée sans effet pendant trois mois, ou par suite d'un ajournement de plus de trois mois. Si cette procédure de règlement amiable n'aboutit pas, le titulaire s'adresse aux tribunaux.

Article 185 :

L'autorité contractante et le titulaire peuvent aussi résilier le marché de commun accord entre les parties contractantes ou en cas de force majeure lorsque cette dernière en rend l'exécution définitivement impossible.

Section 2 : De l'ajournement des Marchés Publics

Article 186 :

L'autorité contractante peut ordonner l'ajournement des travaux, fournitures, ou prestations, objet du marché avant achèvement, notamment en cas de retard dans l'exécution d'un ouvrage ou dans la livraison d'une fourniture lui incombant et nécessaire à l'exécution du marché, ou pour toute autre raison qui lui est propre.

Article 187 :

Lorsque l'autorité contractante ordonne l'ajournement de l'exécution du marché soit avant, soit après un commencement d'exécution, pour une durée de plus de trois mois, le titulaire a le droit de demander la résiliation de son marché en cas d'ajournements successifs dont la durée cumulée dépasse quatre mois même si les travaux ont repris entretemps. L'ajournement ouvre droit au paiement au titulaire du marché d'une indemnité couvrant les frais résultant de l'ajournement.

Lorsque l'autorité contractante prescrit l'ajournement du marché pour moins de trois mois, le titulaire n'a pas droit à la résiliation mais seulement à une indemnité en cas de préjudice.

Section 3 : De l'exécution du contrat en régie ou par un autre prestataire

Article 188 :

En cas de faute grave du titulaire ou de changement de statut de ce dernier, de nature à compromettre l'exécution normale du marché non remédiée après mise en demeure, l'autorité contractante peut substituer le titulaire du marché par un autre prestataire aux risques et périls du titulaire ou exécuter ledit marché en régie.

Section 4 : Des pénalités de retard

Article 189 :

L'application des pénalités de retard prévues à l'article 67 de la loi relative aux Marchés Publics et fixées dans le marché se fait sur simple constatation du retard après mise en demeure préalable restée sans suite à l'épuisement du délai fixé dans le marché.

Article 190 :

Sans préjudice des dispositions du Code Pénal, les articles 77 à 81 de la loi relative aux Marchés Publics fixent les dispositions pénales et les sanctions administratives :

- pour l'entrepreneur, le fournisseur ou le prestataire de services ;
- pour l'agent public agissant pour le compte de l'autorité contractante ;

Sans préjudice des sanctions contractuelles, les sanctions pénales et administratives visées aux Article 77 à 81 de la loi relative aux Marchés Publics sont prononcées de manière cumulative respectivement par la juridiction compétente et l'autorité de régulation des Marchés Publics.

Section 5 : Du recours et du règlement des contentieux d'exécution

Article 191 :

Les modalités de règlement des contentieux d'attribution et d'exécution des Marchés Publics sont organisées par les articles 73 à 76 de la loi relative aux Marchés Publics.

Sous-section 1 : Du recours devant l'autorité contractante

Article 192 :

Les titulaires de Marchés Publics ou de délégations de service public peuvent recourir à l'autorité hiérarchique de la Personne responsable du marché, en cas de persistance du désaccord avec cette dernière, aux fins de rechercher un règlement amiable des différends et litiges les opposants à l'autorité contractante pendant l'exécution du marché public ou de la délégation de service public.

Sous-section 2 : Du recours judiciaire

Article 193 :

Tout litige qui aura fait préalablement l'objet d'un recours hiérarchique et qui n'aura pas été réglé amiablement dans les trente jours calendriers suivant l'introduction du recours, sera réglé, conformément au droit et aux stipulations contractuelles applicables, devant les juridictions ou les instances arbitrales compétentes.

CHAPITRE 3 : DES AVENANTS

Article 194 :

Un avenant est un contrat additionnel au contrat principal conclu conformément aux dispositions de l'article 58 de la loi relative aux Marchés Publics et ayant pour objet de modifier une ou plusieurs des dispositions du contrat principal. Un avenant n'est valable que si :

- il a obtenu la non objection de la Direction générale du contrôle des Marchés Publics ;
- il est approuvé par l'autorité approbatrice compétente, compte tenu du montant du marché augmenté de celui de l'avenant ;
- il est signé par les parties.

Article 195 :

L'avenant peut notamment, sous réserve qu'il n'y ait pas bouleversement de l'économie du marché et que les conditions de la mise en concurrence initiale ne soient pas remises en cause :

- permettre de prendre en compte une durée d'exécution et/ou des frais ou travaux supplémentaires ;

- prévoir une poursuite des prestation au-delà de la date du terme fixée par le marché sans pouvoir avoir pour effet de prolonger le marché au-delà de la durée maximale prévue par la loi relative aux Marchés Publics pour certains types de marchés. Dans ce dernier cas, le marché ne peux être prolongé ;
- modifier la définition technique de la prestation, la variation dans la masse des travaux ou des fournitures, les délais d'exécution, le lieu de la réalisation ou de livraison des prestations.

Article 196 :

L'avenant peut également régir les changements qui affectent l'autorité contractante ou le titulaire du marché.

Article 197 :

Dans tous les cas, conformément à l'article 58 de la loi relative aux Marchés Publics, le montant cumulé des avenants ne peut excéder quinze pourcent (15 %) de la valeur du marché de base. Pour tout montant supérieur à 15 %, l'autorité contractante procédera par la passation d'un nouveau marché conformément aux prescrits de la loi susmentionnée.

Article 198 :

Toutefois, tout changement intervenant au cours de l'exécution du marché et ayant pour effet une modification du prix de celui-ci dans les limites comprises entre zéro et cinq pourcent (0-5%), fait l'objet d'un ordre de service notifié au titulaire du marché.

Article 199 :

Les stipulations d'un marché public ne peuvent être modifiées que par voie d'avenants et dans la limite cumulative de quinze (15) pourcent de la valeur totale du marché de base.

Article 200 :

L'avenant est conclu et modifié selon la même procédure d'examen que le marché de base. Il ne peut modifier ni l'objet du marché, ni le titulaire du marché, ni la monnaie de règlement, ni la formule de révision des prix. La conclusion d'un avenant est soumise à l'autorisation de la Direction de contrôle des Marchés Publics compétente endéans quinze jours calendriers au plus tard.

Article 201 :

Les ordres de services relatifs au prix, aux délais et aux programmes constituent des actes contractuels de gestion d'un marché et ne peuvent être émis que dans les conditions suivantes :

a) lorsqu'un ordre de service est susceptible d'entraîner le dépassement du montant du marché, sa signature est subordonnée aux justificatifs de la disponibilité du financement ;
b) en cas de dépassement du montant du marché dans les limites comprises entre zéro et cinq pourcent, les modifications du marché peuvent être apportées par ordre de service notifié au titulaire du marché ;
c) lorsque le dépassement du montant du marché est supérieur à cinq pourcent, les modifications ne peuvent se faire qu'après signature de l'avenant y afférent ;
d) le jeu normal des révisions de prix en application des clauses contractuelles, dans la limite des fonds disponibles, ne donne pas lieu à passation d'avenant.

Toutefois, lorsque l'application de la formule de révision des prix conduit à une variation supérieure à vingt pourcent (20 %) du montant initial du marché ou du montant de la partie du marché restant à exécuter, l'autorité contractante ou le titulaire peuvent demander la résiliation du marché.

Article 203 :

La variation dans la quantité des prestations s'effectuera dans les conditions définies par le cahier des clauses administratives générales.

TITRE 4 : DES DISPOSITIONS FINALES

Article 204 :

Les éventuelles mises à jours ultérieures du présent Décret et les mises à jours de tous les autres textes d'application de la loi relative aux Marchés Publics sont soumis à un avis conforme de l'Autorité de régulation des Marchés Publics, délibéré en son Conseil d'administration, avant leur signature par l'autorité compétente.

Article 205 :

Le Ministre ayant le budget dans ses attributions est chargé de l'exécution du présent Décret qui entre en vigueur à la date de sa signature.

Fait à Kinshasa, le 02 juin 2010

Adolphe MUZITO
1er Ministre

Jean-Baptiste NTAHWA KUDERWA
Le Ministre du Budget

Annexe 1 : Procédure devant le Comité de Règlement des différends

Calendrier	Etapes de procédure
J	Envoi d'un mémoire au Comité de règlement des différends par lettre recommandée avec accusé de réception, ou déposée contre récépissé
Entre J et J + 15	Audition du titulaire et de la personne responsable du marché ou leurs représentants et de toute personne utile
J + 15 (éventuellement prorogé à J + 30)	Notification de la décision du Comité de règlement des différends aux parties

Recours contentieux

Mode de règlement du litige	Parties au contrat
Recours contentieux devant les chambres administratives des	Autorité contractante ou le maître d'ouvrage délégué autre que les entreprises du portefeuille, les établissements et les sociétés anonymes à

tribunaux provinciaux	participation publique.
Recours devant les juridictions de droit commun	Entreprises du portefeuille, les Etablissements publics et les sociétés anonymes à participation publique majoritaire.
Tribunal arbitral	Possibilité de compromettre pour les personnes publiques : article 2 de l'Acte uniforme sur l'Arbitrage Nécessité d'insérer au préalable une clause compromissoire dans le contrat Exemple de clause : Les litiges relatifs à tout différend découlant du présent marché ou en relation avec celui-ci seront tranchés définitivement suivant le Règlement d'arbitrage de la Cour commune de Justice et d'Arbitrage (CCJA) de l'OHADA par trois arbitres nommés conformément à ce Règlement. Le siège de l'arbitrage sera à (indiquer le lieu), et l'arbitrage se déroulera en langue française.

	Le droit applicable au fond du litige sera le droit de la République Démocratique du Congo.
Transaction	Un accord peut intervenir à tout moment entre les parties pour mettre fin au litige, conformément à la législation en vigueur.

Vu pour être annexé au Décret n°10/22 du 02/06/2010

Fait à Kinshasa, le 02 juin 2010
Adolphe MUZITO
1er Ministre

Jean-Baptiste NTAHWA KUDERWA
Le Ministre du Budget

Annexe 2 : i-Décision d'éliminer les offres non conformes

<Préciser le nom et l'adresse de l'Autorité contractante ou maître d'ouvrage délégué>
Date : <*à préciser*>
Vu l'article .... de la loi relative aux Marchés Publics
Vu l'avis d'appel d'offres du <*date à préciser*>
Vu le procès-verbal d'ouverture des offres du <*date à préciser*>
Vu l'avis de la Commission d'appel d'offres <*date à préciser*>
Décide :
D'éliminer les sociétés suivantes pour non-conformité de leur offre à l'objet du marché :
1. <*à préciser*>
2. <*à préciser*>
3. <*à préciser*>
4. <*à préciser*>
5. <*à préciser*>

etc.
dans le cadre de l'appel d'offres ouvert relatif à <*à préciser l'opération*>.

La Personne responsable des marchés ou son représentant
Nom et fonction : <*à préciser*>

Vu pour être annexé au Décret n° 10/22 du 02/06/2010

Fait à Kinshasa, le 02 juin 2010

Adolphe MUZITO
1er Ministre

Jean-Baptiste NTAHWA KUDERWA
Le Ministre du Budget

Annexe 3 : ii- Décision d'attribution provisoire

<Préciser le nom et l'adresse de l'Autorité contractante ou du maître d'ouvrage délégué> Date : *<à préciser>*
Vu l'article….. de la loi relative aux Marchés Publics,
Vu l'avis d'appel d'offres *<date à préciser>*,
Vu le procès-verbal d'ouverture des offres du *<date à préciser>*,
<le cas échéant> :
Vu l'avis de la commission d'appel d'offres du *<date à préciser>* portant sur la non-conformité des offres,
Vu le rapport d'analyse des offres du *<date à préciser>*,
Vu l'avis de la commission d'appel d'offres du *<date à préciser>* portant sur l'offre économique la plus avantageuse,

Décide

D'attribuer provisoirement le marché à la (aux) société(e) suivante(e) :
1. *<à préciser>*
2. *<à préciser>*
3. *<à préciser>*

Etc.

dans le cadre de l'appel d'offres ouvert relatif *<préciser l'opération>*.

La Personne Responsable des marchés ou son représentant
Nom et fonction : *<à préciser>*

Vu pour être annexé au Décret n° 10/22 du 02/06/2010

Fait à Kinshasa, le 02 juin 2010

Adolphe MUZITO
1er Ministre

Jean-Baptiste NTAHWA KUDERWA
Le Ministre du Budget

Annexe 4 : iii - Décision portant déclaration d'infructuosité

<préciser le nom et l'adresse du maître d'ouvrage ou du maître d'ouvrage délégué>
Date : *<à préciser>*
Vu l'article .... de la loi relative aux Marchés Publics,
Vu l'avis d'appel d'offres du *<date à préciser>*
Vu le procès-verbal d'ouverture des offres du *<date à préciser>*,
Vu le rapport d'analyse des offres du *<date à préciser>*
Vu l'avis de la commission d'appel d'offres du *<date à préciser>*,

Décide

De déclarer infructueux l'appel d'offres portant sur le marché (ou les lots) suivants :

Marché ou lot *<à préciser>*
<dans le cas de lots, les lister>

Lot 1 - *<à préciser>*
Lot 2 - *<à préciser>*
Lot 3 - *<à préciser>*

Etc.

Concernant *<préciser l'opération>*.

La Personne Responsable des marchés ou son représentant
Nom et fonction : *<à préciser>*

Vu pour être annexé au Décret n° 10/22 du 02/06/2010

Fait à Kinshasa, le 02 juin 2010

Adolphe MUZITO
1er Ministre

Jean-Baptiste NTAHWA KUDERWA
Le Ministre du Budget

Annexe 5 : Modèle de lettre d'information à un candidat non-retenu

Lettre à l'en-tête de l'autorité contractante ou du maître d'ouvrage délégué
A <*lieu*> le <*date à préciser*>

Référence courrier <*à préciser*>
Dossier suivi par <nom et fonction du membre de la personne chargée du dossier>
Tél :
Fax :
Adresse électronique : <nom et coordonnées du candidat destinataire>

Objet : <*indiquer la référence et l'intitulé du marché ou du lot*>
<*Indiquer la date et références de la parution de l'AAC*>

Monsieur (*Madame*),

Nous sommes au regret de vous informer que votre offre n'a pas été retenue pour participer à l'appel d'offres ouvert, régi par les articles ... et suivants de la loi relative aux Marchés Publics, concernant le marché (*ou lot selon les cas*) cité en objet.

Si vous contestez cette décision vous pouvez :

- saisir la Personne Responsable des Marchés Publics mentionnée ci-dessus d'un recours gracieux en exposant vos griefs sur la procédure suivie, conformément à l'article.....de la loi relative aux Marchés Publics et,

- en l'absence de suite favorable dans le délai fixé, saisir le Comité de règlement des différends auprès de l'Autorité de régulation des Marchés Publics dans les conditions prévues par l'article ... de la loi relative aux Marchés Publics.

Nous vous prions d'agréer, Monsieur (Madame), l'expression de notre considération distinguée.

La Personne Responsable des Marchés
Monsieur (ou Madame) *<préciser la fonction>*

Vu pour être annexé au Décret n° 10/22 du 02/06/2010

Fait à Kinshasa, le 02 juin 2010

Adolphe MUZITO
1er Ministre

Jean-Baptiste NTAHWA KUDERWA
Le Ministre du Budget

Annexe 6 : Modèle de registre des dépôts des offres

Autorité contractante ou Maître d'ouvrage délégué
<préciser le nom et l'adresse>

Projet :
<indiquer, le cas échéant le nom du projet>
Marché ou lot :

<indiquer l'intitulé du marché global ou l'objet et le numéro du lot>

Date limite de réception des offres :
<indiquer la date et l'heure fixées dans l'avis d'appel d'offres>
Responsable de l'enregistrement des offres :
<Personne responsable des Marchés ou son délégué>

Enregistrement des plis

N°	Date réception	Poste ou courrier spécial	Porteur	Courrier électronique	Observation

Arrêté de la liste des offres
Nombre d'offres reçues dans les délais et sous pli conforme :
Nombre d'offres reçues dans les délais et sous pli non conforme :

A *<préciser le lieu>*, le *<préciser la date>*
<signature>

Vu pour être annexé au Décret n° 10/22 du 02/06/2010

Fait à Kinshasa, le 02 juin 2010

Adolphe MUZITO
1er Ministre

Jean-Baptiste NTAHWA KUDERWA
Le Ministre du Budget

Annexe 7 : Modèle de procès-verbal d'ouverture des plis

Procès-verbal d'ouverture des plis contenant les offres
Appel d'offres ouvert
(article … de la loi relative aux Marchés Publics)

Ouverture des plis contenant les offres
Projet : *<à préciser>*
Marché ou lot : *<préciser l'objet>*

L'an deux mille *<à compléter>*, le *<date à indiquer>*

La présente ouverture des plis concerne l'objet suivant :
Désignation du projet : *<à préciser>*
Prestations objet du marché [ou lot] :
<préciser l'objet>

Mode de passation : appel d'offres ouvert : ouverture des plis contenant les offres
Date de publication *<à indiquer>*
Date limite fixée pour la remise des plis : *<à indiquer>*

1. Réception des plis :

L'avis d'appel d'offres mentionné ci-avant pour le Marché ou Lot *<préciser l'objet>* fixait au *<préciser la date>* à *<indiquer l'heure>*, la date limite de réception des plis.

La Personne responsable des marchés « *ou le délégué de la Personne responsable des marchés*», en présence de « *nombre*» représentants des candidats après examen des plis et du registre spécial comportant la date de leur réception a décidé :

a) de rejeter *<préciser le nombre>* pli(s) arrivé(s) après la date et l'heure limites ;
b) de retenir *<préciser le nombre>* pli(s) conforme (s) dans les délais.

2. Ouverture des dossiers retenus :

La Personne Responsable des Marchés *<ou le délégué de la Personne Responsable des Marchés>* a procédé à l'ouverture de l'enveloppe contenant les offres et a examiné le contenu des dossiers en vue de déterminer s'ils étaient conformes aux spécifications de l'avis d'appel d'offres.

Le résultat de cet examen est consigné dans le tableau ci-après :

<tableau donné à titre d'exemple>

APPEL D'OFFRES OUVERT

Marchés ou Lot « *indiquer la référence et l'objet*»

Conformité des dossiers des candidats retenus

Pli n°	Nom ou Raison sociale du candidat	Montant de chaque offre et de chaque variante	Montant des rabais proposés	Garantie d'offre	Observations

Soit :
- *<nombre>* dossiers conformes
- *<nombre>* dossiers non conformes

3. Observations de la Personne responsable des Marchés ou de son délégué :

Arrêté le procès-verbal

Fait et clos à *<indiquer le lieu>*, le *< indiquer la date>*

< Nom et fonction et signature des personnes présentes>

Vu pour être annexé au Décret n° 10/22 du 02/06/2010

Fait à Kinshasa, le 02 juin 2010

Adolphe MUZITO
1er Ministre

Jean-Baptiste NTAHWA KUDERWA
Le Ministre du Budget

D. DECRET N° 10/27 DU 28 JUIN 2010 PORTANT CREATION, ORGANISATION ET FONCTIONNEMENT DE LA DIRECTION GENERALE DU CONTROLE DES MARCHES PUBLICS

Le Premier Ministre,

Vu la Constitution, spécialement en son article 92 ;
Vu la Loi n° 10/010 du 27 avril 2010 relative aux Marchés Publics, spécialement en ses articles 13, alinéa 2 et 15 ;
Vu l'Ordonnance n°08 /064 du 10 octobre 2008 portant nomination du Premier Ministre, Chef du Gouvernement;
Vu l'Ordonnance n°08/073 du 24 décembre 2008 portant organisation et fonctionnement du Gouvernement, modalités pratiques de collaboration entre le Président de la République et le Gouvernement ainsi qu'entre les membres du Gouvernement, spécialement en son article 29 ;
Vu l'Ordonnance n°08/074 du 24 décembre 2008 fixant les attributions des Ministères, spécialement en son article 1er, B -11 ;
Vu le Décret 10/20 du 02 juin 2010 portant création, organisation et fonctionnement de l'Autorité de Régulation des Marchés Publics, en sigle « ARMP» ;
Considérant la nécessité d'assurer le contrôle du système de passation des Marchés Publics en République Démocratique du Congo;
Considérant l'urgence;
Sur proposition du Ministre du Budget;
Le Conseil des Ministres entendu ;

DECRETE:

TITRE I : DES DISPOSITIONS GENERALES

CHAPITRE I : DE LA CREATION

Article 1er :

Il est créé, au sein du Ministère ayant le Budget dans ses attributions, un service public, doté de l'autonomie administrative et financière, dénommé « Direction Générale du Contrôle des Marchés Publics », en abrégé « DGCMP».

Article 2 :

La Direction Générale du Contrôle des Marchés Publics est placée sous l'autorité directe du Ministre ayant le Budget dans ses attributions.

CHAPITRE II : DES MISSIONS

Article 3 :

La Direction Générale du Contrôle des Marchés Publics est chargée de contrôler à priori la procédure de passation des Marchés Publics d'un montant supérieur à un seuil fixé par voie réglementaire conformément aux articles 15 et 16 du Décret n° 10/22 du 02 juin 2010 portant Manuel de procédures de la loi relative aux Marchés Publics.

A ce titre, elle est chargée notamment de :

- émettre un avis de non objection sur les projets de dossiers d'appel à la concurrence, notamment les dossiers de pré qualification et de présélection, les dossiers d'appel d'offres et les demandes de proposition, avant le lancement de l'appel à la concurrence et la publication correspondante ainsi que sur leurs modifications éventuelles ;
- accorder les autorisations et dérogations nécessaires à la demande des autorités contractantes lorsqu'elles sont prévues par la loi relative aux Marchés Publics ;
- émettre un avis de non objection sur le rapport d'analyse des offres et propositions ainsi que sur le procès-verbal d'attribution provisoire de marchés, élaborés par la Commission de passation des marchés ;
- procéder à un examen juridique et technique du projet de marché avant d'émettre son avis de non objection et, au besoin, adresser à l'autorité contractante toute demande d'éclaircissement ou de modification, afin de garantir la conformité du marché avec le dossier d'appel d'offres et la réglementation en vigueur ;
- émettre un avis de non objection sur les projets d'avenant.

Au titre de la procédure de passation des Marchés Publics, elle est chargée notamment de :

- s'assurer que l'autorité contractante concernée met en concurrence les candidats potentiels aux Marchés Publics par le recours à la procédure d'appel d'offres conformément aux règlements et procédures en vigueur ;

- accorder à l'autorité contractante, dans les conditions prévues par la loi relative aux Marchés Publics, une autorisation spéciale pour recourir à un appel d'offres restreint comme mode de passation des marchés ;
- accorder à l'autorité contractante, dans les conditions prévues par la loi relative aux Marchés Publics, une autorisation spéciale pour recourir à la procédure du marché de gré à gré ;
- autoriser, après publication, l'autorité contractante à prendre la décision déclarant infructueux un appel d'offres, à procéder à une consultation d'au moins trois entrepreneurs, fournisseurs ou prestataires ;
- autoriser l'autorité contractante à ramener à quinze (15) jours calendaires, les délais d'ouverture des offres conformément à l'article 36 de la loi relative aux Marchés Publics. Cette autorisation n'est accordée que si l'autorité contractante invoque un cas d'urgence dûment motivé ne nécessitant pas une intervention immédiate ;
- approuver, à condition qu'elles soient dûment motivées par l'autorité contractante, les justifications des capacités techniques conformément à la loi relative aux Marchés Publics.

Au titre de la procédure d'attribution des Marchés Publics, elle est chargée notamment de :

- valider, le cas échéant, le procès-verbal par lequel, au sein de la Cellule de gestion des projets et des Marchés Publics de l'autorité contractante, la Commission de passation des marchés désigne l'attributaire du marché ;
- approuver ou rejeter l'annulation d'une procédure d'appel d'offres, sur demande motivée de l'autorité contractante ;
- s'assurer que le marché public que l'autorité contractante entend passer est couvert par un crédit budgétaire disponible.

Au titre de la procédure d'exécution des Marchés Publics, elle est chargée notamment de :

- autoriser, conformément aux dispositions de la loi relative aux Marchés Publics et sans préjudice des prérogatives de l'Autorité de Régulation des Marchés

Publics, la conclusion des avenants aux Marchés Publics.

Au titre des missions en concertation avec l'Autorité de Régulation des Marchés Publics, elle est chargée notamment de :

- la formation, la sensibilisation et l'information des opérateurs économiques et institutions concernés par les Marchés Publics, sur le cadre réglementaire et institutionnel régissant les Marchés Publics ;
- la collecte et la centralisation de la documentation et des statistiques sur l'attribution, le contrôle et l'exécution des Marchés Publics ;
- la programmation et l'organisation de la formation initiale et continue des acteurs du système de passation des Marchés Publics.

TITRE II : DE L'ORGANISATION ET DU FONCTIONNEMENT

CHAPITRE I : DES STRUCTURES

Article 4 :

La Direction Générale du Contrôle des Marchés Publics comprend :

- un Directeur général ;
- un comité de direction ;
- des commissions spécialisées ;
- une direction de la réglementation et des études, et
- une direction administrative et financière.

CHAPITRE II : DU DIRECTEUR GENERAL

Article 5 :

La Direction Générale du Contrôle des Marchés Publics est dirigée par un Directeur général nommé et, le cas échéant, relevé ou révoqué de ses fonctions par le Président de la République sur proposition du Gouvernement délibérée en Conseil des ministres.

Il est nommé pour une durée de cinq ans renouvelable une seule fois.

Article 6 :

Le Directeur général est notamment chargé de :

- assurer la coordination et le bon fonctionnement de l'ensemble des activités de la Direction générale ;
- notifier aux autorités contractantes les avis de non objection, les autorisations et dérogations en rapport avec les divers documents soumis au contrôle à priori de la DGCMP conformément à l'article 13 de la loi relative aux Marchés Publics et aux articles 15 et 16 du Décret n° 10/22 du 02 juin 2010 portant Manuel de procédures de la loi relative aux Marchés Publics.
- réunir périodiquement le Comité de direction et les présidents des commissions spécialisées ;
- établir, à l'intention du Ministre ayant le Budget dans ses attributions un rapport trimestriel et annuel sur les activités de la Direction Générale du Contrôle et des Marchés Publics ;
- évaluer, selon une périodicité qu'il détermine, le respect des orientations, le niveau de réalisation des objectifs et de l'accomplissement des performances de la Direction Générale du Contrôle et des Marchés Publics ;
- assurer, avec la collaboration du Directeur de la réglementation et des études et le Directeur administratif et financier, la gestion technique, administrative et financière de la Direction Générale du Contrôle et des Marchés Publics.

CHAPITRE III : DU COMITE DE DIRECTION

Article 7 :

Le Comité de direction est chargé de l'exécution des missions de la Direction Générale du Contrôle et des Marchés Publics telles que définies à l'article 3.

Il assure, par ailleurs, la coordination des activités de contrôle réalisées par les commissions spécialisées.

Article 8 :

Le Comité de direction comprend :

- le Directeur général ;
- le Directeur de la réglementation et des études ;

- le Directeur administratif et financier ;
- un représentant du Ministre ayant le Budget dans ses attributions ;
- un représentant du personnel.

Le Comité de direction peut faire appel à toute personne physique ou morale dont la connaissance est jugée nécessaire pour l'examen des dossiers spécifiques.

Les procédures d'utilisation des services extérieurs sont définies dans un manuel de procédures élaboré par le Directeur général et approuvé par le Comité de direction.

Article 9 :

Le Directeur général et les directeurs sont choisis parmi les fonctionnaires, détenteurs au moins d'un diplôme universitaire de deuxième cycle, jouissant d'une probité morale et d'une expérience professionnelle avérée dans le domaine juridique, technique, économique ou financier et maîtrisant la réglementation et les procédures de passation des Marchés Publics.

Article 10

A l'exception du représentant du Ministre du Budget et celui du personnel, l'exercice des fonctions au sein de la DGCMP est exclusif de toutes autres fonctions administratives tant à l'intérieur qu'à l'extérieur de la DGCMP.

Les fonctions de membre du Comité de direction sont incompatibles avec toute détention directe ou indirecte d'intérêts dans les entreprises soumissionnaires des Marchés Publics, toute fonction salariée ou tout bénéfice, rémunération ou avantage actuel ou futur sous quelque forme que ce soit, accordé par ces entreprises. Les membres du Comité de direction ne peuvent exercer une fonction élective ni une activité commerciale ou de consultation en rapport avec les missions de la Direction Générale du Contrôle et des Marchés Publics.

Les membres du Comité de direction sont tenus au respect du secret professionnel pour les informations, faits, actes et renseignements dont ils ont connaissance dans l'exercice de leurs fonctions.

CHAPITRE IV : DES COMMISSIONS SPECIALISEES

Section 1 : Des attributions et de l'organisation des commissions spécialisées

Article 11 :

Les commissions spécialisées sont chargées de l'examen à priori des procédures de passation des Marchés Publics initiées et présentées par les Autorités contractantes.

Elles sont chargées, s'agissant des marchés correspondant aux seuils, conformément au Décret fixant les seuils de passation des Marchés Publics, d'examiner les dossiers de Marchés Publics et de proposer, selon le cas, qu'il soit :

- émis des avis de non objection sur les dossiers d'appel d'offres ;
- accordé des autorisations ou des dérogations prévues par la Loi relative aux Marchés Publics ;
- émis un avis de non objection sur le rapport d'analyse comparative des offres et propositions, et le procès-verbal d'attribution provisoire du marché élaborés par la commission de passation des marchés ;
- procédé à un examen juridique et technique du dossier de marché préalablement à son approbation ;
- émis un avis de non objection sur les projets de marchés et d'avenants.

Article 12 :

Sous réserve des dispositions de l'article 17, la Direction Générale du Contrôle des Marchés Publics comprend quatre commissions spécialisées :

- la commission des marchés du bâtiment, des infrastructures et ouvrages du génie civil ;
- la commission des marchés des équipements mécaniques, hydrauliques, électriques, électroniques et divers ;
- la commission des marchés d'approvisionnements généraux ;
- la commission des marchés d'études, d'audits et d'organisation, ne se rattachant à aucun des domaines précités.

Article 13 :

La commission des marchés du bâtiment et des infrastructures et ouvrages du génie civil est compétente pour les marchés des travaux de routes, ports, aéroports, voiries urbaines, infrastructures ferroviaires, voiries et réseaux divers, travaux de construction de ponts, barrages, travaux d'hydraulique, d'électrification et de télécommunications, ainsi que les marchés de fournitures, les marchés de service, les marchés de prestations intellectuelles et les marchés de travaux directement ou indirectement rattachés auxdits travaux.

Article 14 :

La commission des marchés des équipements mécaniques, hydrauliques, électriques, électroniques et divers est compétente pour les marchés de fourniture desdits équipements ainsi que pour les marchés de travaux de montage, de service ou de prestations intellectuelles qui y sont directement ou indirectement rattachés.

Article 15 :

La commission des marchés d'approvisionnements généraux ou des marchés groupés est compétente pour les marchés de fourniture autres que ceux dépendant de l'une ou l'autre des commissions spécialisées mentionnées ci-dessus.

Elle intervient notamment pour les marchés de fournitures de biens divers destinés aux administrations : matériels de bureau, fourniture des consommables, des équipements électroniques, fourniture et maintenance de véhicules, fourniture de médicaments, matériels biomédicaux et des équipements hospitaliers, fourniture des livres, matériels scolaires, outils pédagogiques et autres,

Article 16 :

La commission des marchés d'études, d'audits et d'organisation est compétente pour les marchés liés à toutes prestations à caractère intellectuel ou de service.

Article 17 :

Le Directeur Général peut proposer, au Ministre ayant le budget dans ses attributions, la modification des commissions spécialisées, soit par la suppression ou la fusion de commissions existantes, soit par la création de nouvelles commissions, et soumet à cette fin, un projet de mise à jour du présent Décret, à l'Autorité de Régulation des Marchés Publics.

A défaut d'une commission spécialisée, compétente pour examiner un marché déterminé, le Directeur Général peut, après en avoir informé le Ministre ayant le budget dans ses attributions, instituer à titre exceptionnel, une commission ad hoc appelée à statuer sur le dossier. Cette commission est dissoute de plein droit dès l'accomplissement de sa mission.

Article 18 :

Chaque commission spécialisée est composée de cinq membres permanents siégeant avec voix délibérative :

- le Directeur Général, Président ;
- le Directeur de la réglementation et des études, Secrétaire;
- le Chef de division de la Direction de la réglementation et des études concerné par le marché ;
- deux experts, dont un juriste, désignés par le Directeur Général pour une durée de cinq ans renouvelable une fois, recrutés par voie d'appel d'offres, en raison de leurs compétences particulières dans le domaine concerné par la nature du marché.

Toute commission spécialisée peut, à la demande de son président, recourir à l'expertise de toute personne, même ne possédant pas le statut de fonctionnaire ou d'agent public, spécialisée dans le domaine concerné par le projet, y siégeant sans voix délibérative.

Cette composition peut être réajustée par arrêté du Ministre ayant le budget dans ses attributions, sur proposition du Directeur Général.

Article 19 :

Les membres des commissions spécialisées, à l'exception de ceux qui sont membres du Comité de direction, sont nommés par arrêté du Ministre ayant le budget dans ses attributions pour une durée de cinq ans, renouvelable une fois.

Article 20 :

Les fonctions de membre d'une commission spécialisée sont incompatibles avec celles de membre d'une Cellule de gestion des projets et des Marchés Publics.
Aucun membre d'une commission spécialisée ne peut participer à la délibération si, au cours des cinq dernières années, il a directement ou indirectement collaboré aux activités de l'entreprise ou de la personne concernée par le projet de marché pour lequel intervient la commission spécialisée.

Article 21 :

Les membres des commissions spécialisées sont tenus au respect du secret professionnel pour les informations, faits, actes et renseignements dont ils ont connaissance dans l'exercice de leurs fonctions.

Article 22 :

Sur délégation du Directeur Général, le Directeur de la réglementation et des études assure la coordination des travaux des commissions spécialisées.

Article 23 :

Les membres des commissions spécialisées perçoivent, à l'occasion des réunions, un jeton de présence dont le taux est fixé par un arrêté du Ministre ayant le budget dans ses attributions, sur proposition du Comité de direction.

Section 2 : Du fonctionnement des commissions spécialisées

Article 24 :

Préalablement à leur approbation, les dossiers d'appel d'offres, les rapports d'analyse comparative des propositions, le procès-verbal d'attribution, les projets de marchés et d'avenants, sont adressés à la Direction Générale du Contrôle des Marchés Publics qui délivre un accusé de réception contre remise de chaque dossier.

Article 25 :

Les commissions spécialisées de la Direction Générale du Contrôle des Marchés Publics statuent sur les dossiers qui lui sont soumis et des avis ou des autorisations qui lui sont demandés dans les quinze jours de sa saisine.
En cas d'urgence, ce délai est réduit à sept jours.

Article 26 :

Pour chaque dossier à examiner, le Président de la commission spécialisée choisit, parmi ses membres, un Rapporteur qui examine les aspects techniques des documents reçus de l'Autorité contractante et rédige un rapport qu'il présente à la commission spécialisée dans un délai maximal de dix (10) jours. Il répond aux questions éventuelles des membres de la commission spécialisée sans participer aux délibérations.

Article 27:

La Commission Spécialisée ne peut valablement siéger qu'en présence d'au moins quatre de ses membres. Au cas où ce quorum n'est pas atteint, une deuxième réunion est convoquée dans un délai maximum de cinq jours. Le quorum requis à cette deuxième réunion est de trois membres.

Les décisions des commissions spécialisées sont prises à la majorité simple des membres présents. En cas de partage des voix, celle du Président est prépondérante.

Article 28 :

La Commission spécialisée se réunit sur convocation de son Président.
L'examen des dossiers s'effectue sur pièces. Avant chaque réunion, un ordre du jour détaillé est envoyé à chaque membre de la commission spécialisée.

Chaque membre de la Commission spécialisée reçoit, au moins soixante-douze heures à l'avance, un exemplaire de l'ensemble des pièces soumises à examen.

Un procès-verbal de chaque session est établi et signé par chacun des membres présents ; l'avis ou la décision de la commission spécialisée doit être porté à la connaissance de l'Autorité contractante par le Directeur Général.

Article 29 :

Les Commissions spécialisées sont assistées dans leur mission par le Chef de la division concernée par le marché.

Article 30 :

La présentation des dossiers à la commission spécialisée est assurée par un membre de la Commission de passation des marchés désigné par l'Autorité contractante. Ce membre est accompagné, le cas échéant, du responsable du projet ou d'un technicien du domaine du marché, mandaté par l'Autorité contractante,

Les personnes visées à l'alinéa précédent fournissent toutes les informations de nature à éclairer les membres de la commission spécialisée. Elles sont tenues, en tout état de cause, de répondre à toutes questions ou observations formulées par lesdits membres.

Article 31 :

Les avis et décisions des commissions spécialisées doivent être motivés.

En cas de recours contre les décisions de l'Autorité contractante qui a reçu une non objection de la Direction Générale du Contrôle des Marchés Publics, les avis et décisions des commissions spécialisées sont communiqués au Comité de règlement des différends de l'Autorité de Régulation des Marchés Publics, siégeant en commission des litiges.
Si l'avis ou la décision du Comité de règlement des différends est favorable, l'Autorité Contractante peut poursuivre la procédure de passation du marché ou de la délégation de service public.

En matière de marchés de gré à gré, une copie de la décision de la Direction Générale du Contrôle des Marchés Publics est transmise à l'Autorité de Régulation des Marchés Publics.

Article 32 :

Un Règlement intérieur de la Direction Générale du Contrôle des Marchés Publics et des commissions spécialisées élaboré par le Comité de direction précise les règles de fonctionnement de ces organes.

CHAPITRE V : DE LA DIRECTION DE LA REGLEMENTATION ET DES ETUDES

Article 33 :

La Direction de la réglementation et des études est placée sous l'autorité d'un directeur, désigné parmi les fonctionnaires, par arrêté du Ministre ayant le budget dans ses attributions, sur proposition du Directeur Général.

Article 34 :

La Direction de la réglementation et des études est chargée de l'analyse juridique et technique des dossiers pour lesquels les autorités contractantes sollicitent l'avis de non objection ou l'autorisation spéciale de la Direction Générale du Contrôle des Marchés Publics, et de l'étude des actions pour la réalisation desquelles la Direction Générale du Contrôle des Marchés Publics se concerte avec l'Autorité de Régulation des Marchés Publics.

A ce titre, le Directeur de la réglementation et des études :

- reçoit et enregistre les dossiers transmis par la Direction Générale et par les Autorités contractantes;
- assure la ventilation des dossiers enregistrés ;
- tient dans un registre infalsifiable et pré numéroté, fourni par l'Autorité de Régulation des Marchés Publics, les procès-verbaux des réunions dont les extraits sont régulièrement transmis à cette dernière ;
- rédige et contresigne le procès-verbal de chaque session ;
- tient un fichier des marchés examinés par les commissions spécialisées ;
- établit un rapport d'activité trimestriel ;
- veille à la conservation des documents et exécute toutes autres tâches à lui confiées par le président de la commission spécialisée compétente ;
- procède, en concertation avec les services de l'Autorité de Régulation des Marchés Publics, à une évaluation qualitative périodique du système de passation des Marchés Publics et à l'identification des faiblesses ou incohérences du système et à la proposition des améliorations requises.

Article 35:

La Direction de la réglementation et des études comprend autant de divisions que des commissions spécialisées. Chaque division est chargée d'examiner les dossiers introduits à la Direction Générale du Contrôle des Marchés Publics avant de les soumettre à la commission spécialisée de son ressort.

CHAPITRE VI : DE LA DIRECTION ADMINISTRATIVE ET FINANCIERE

Article 36 :

La Direction administrative et financière est placée sous l'autorité d'un directeur désigné parmi les fonctionnaires, par arrêté du Ministre ayant le Budget dans ses attributions, sur proposition du Directeur Général.

Le Directeur administratif et financier est chargé notamment de :

- assurer la gestion de la trésorerie et la tenue à jour de la comptabilité ;
- élaborer et gérer les budgets annuels de fonctionnement et d'investissement et en établir les rapports d'exécution ;
- animer la procédure de recrutement du personnel et assurer la gestion des dossiers administratifs des cadres et agents de la Direction Générale du Contrôle des Marchés Publics ;
- gérer le patrimoine meuble et immeuble et en assurer l'entretien et la maintenance ;
- assurer l'approvisionnement des services de la Direction Générale du Contrôle des Marchés Publics en équipements, biens, logiciels et divers consommables ;
- assister le Directeur Général dans la négociation des contrats ;
- préparer les éléments des rapports périodiques ou circonstanciés de son ressort à l'attention du Directeur général ;
- apprêter les éléments pertinents à publier dans la revue périodique et sur le site internet des Marchés Publics et les soumettre au Directeur Général ;
- exécuter toutes missions reçues du Directeur Général.

Article 37 :

La Direction administrative et financière comprend trois divisions :

- une division financière et comptable chargée de la gestion des ressources financières et de la tenue des comptes ;
- une division des ressources humaines chargée de l'administration du personnel;
- une division des services généraux chargée de la gestion du patrimoine et de la logistique.

Article 38 :

L'organisation des divisions et la définition détaillée de leurs attributions ainsi que la mise en place de leurs animateurs font l'objet d'une note de service du Directeur général délibérée au Comité de direction.

TITRE III : DU PERSONNEL

Article 39 :

Le personnel de la Direction Générale du Contrôle des Marchés Publics est régi par le Statut des agents de carrière des services publics de l'Etat. Toutefois, il bénéficie d'un règlement particulier délibéré au Comité de direction, soumis à l'avis conforme de l'Autorité de Régulation des Marchés Publics et approuvé par Décret du Premier Ministre. Ce règlement fixe notamment les salaires et les avantages d'ordre financier ainsi que matériel.

Article 40 :

Sous réserve de la législation en vigueur, la Direction Générale du Contrôle des Marchés Publics peut employer :

- un personnel contractuel recruté conformément à la législation en vigueur ;
- les fonctionnaires de l'Etat en détachement ou toute autre position permise par la réglementation en vigueur.

Article 41 :

Les fonctionnaires de l'Etat en détachement employés par la Direction Générale du Contrôle des Marchés Publics sont soumis, pendant toute la durée de leur emploi en son sein, aux textes régissant la Direction Générale du Contrôle des Marchés Publics.

L'ensemble du personnel contractuel de la Direction Générale du Contrôle des Marchés Publics est recruté selon une procédure transparente et concurrentielle, permettant d'apprécier les compétences en matière de Marchés Publics des candidats.

Le personnel de la Direction Générale du Contrôle des Marchés Publics ne peut, en aucun cas, exercer une activité commerciale ou salariée ou bénéficier d'une rémunération sous quelque forme que ce soit, ou avoir un intérêt direct ou indirect dans une entreprise participant à la commande publique.

Les directeurs et les chefs de division de la Direction Générale du Contrôle des Marchés Publics doivent, lors de leur entrée en fonctions, à la fin de celles-ci, et chaque année, faire sur l'honneur, une déclaration écrite de tous leurs biens et patrimoine adressée au Président de la Cour des comptes.

TITRE IV : DES RESSOURCES FINANCIERES

Article 42 :

La Direction Générale du Contrôle des Marchés Publics bénéficie d'une dotation annuelle et de toutes autres ressources mises à sa disposition dans le cadre du Budget de l'Etat.

Article 43 :

Les ressources de la Direction Générale du Contrôle des Marchés Publics sont gérées selon les règles de la comptabilité publique.

Article 44:

Le contrôle de la gestion de la Direction Générale du Contrôle des Marchés Publics est exercé par les instances compétentes conformément aux dispositions légales et réglementaires.

TITRE V : DISPOSITIONS FINALES

Article 45 :

Le Ministre ayant le budget dans ses attributions est chargé de l'exécution du présent Décret qui entre en vigueur à la date de sa signature.

Fait à Kinshasa, le 28 juin 2010

Adolphe MUZITO
1er Ministre

Jean-Baptiste NTAHWA KUDERWA
Le Ministre du Budget

E. DECRET N° 10/32 DU 28 DECEMBRE 2010 PORTANT CREATION, ORGANISATION ET FONCTIONNEMENT DE LA CELLULE DE GESTION DES PROJETS ET DES MARCHES PUBLICS

Le Premier Ministre,

Vu la Constitution, spécialement en son article 92 ;
Vu la Loi n° 08/009 du 07 juillet 2008 portant dispositions générales applicables aux établissements publics;
Vu la Loi n° 10/010 du 27 avril 2010 relative aux Marchés Publics;
Vu l'Ordonnance n° 08/064 du 10 octobre 2008 portant nomination du Premier Ministre, Chef du Gouvernement ;
Vu l'Ordonnance n° 08/073 du 24 décembre 2008 portant organisation et fonctionnement du Gouvernement, modalités pratiques de collaboration entre le Président .de la République et le Gouvernement ainsi qu'entre les membres du Gouvernement ;
Vu l'Ordonnance n° 08/074 du 24 décembre 2008 fixant les attributions des Ministères, spécialement en son article 1, B-11;
Vu l'Ordonnance n° 10/025 du 19 février 2010 portant nomination des Vice-premiers Ministres, des Ministres et des Vice-ministres ;
Vu le Décret n° 10/21 du 02 juin 20 10 portant création, organisation et fonctionnement de l'Autorité de Régulation des Marchés Publics;
Vu le Décret n° 10/27 du 2.8 juin 2010 portant création, organisation et fonctionnement de la Direction générale du contrôle des Marchés Publics;
Considérant la nécessité d'assurer la régulation du système de passation des Marchés Publics et des conventions de délégation de service public en République Démocratique du Congo;
Considérant l'urgence;
Sur proposition du Ministre du Budget;
Le Conseil des Ministres entendu;

DECRETE:

TITRE I : DISPOSITIONS GENERALES

Article 1er :

Il est institué auprès de chaque autorité contractante, conformément à la Loi n° 10/010 du 27 avril 2010 relative aux Marchés Publics, une structure dénommée Cellule de gestion des projets et des Marchés Publics,

La Cellule de gestion des projets et des Marchés Publics est placée sous l'autorité de la personne responsable des projets et des Marchés Publics, telle que définie par la Loi relative aux Marchés Publics.

Article 2:

La Cellule de gestion des projets et des Marchés Publics est chargée de la conduite de l'ensemble de la procédure de gestion des projets et de passation des Marchés Publics et des délégations de service public.

Au titre de la gestion des projets, la Cellule de gestion des projets et des Marchés Publics est chargée notamment de :

- identifier les projets à la suite des besoins exprimés par les services bénéficiaires;
- rédiger des fiches techniques de projets et éventuellement procéder à l'évaluation de leur opportunité à l'intention de la personne responsable des projets et des Marchés Publics;
- intégrer les besoins exprimés dans le cadre d'une programmation budgétaire rationalisée;
- rédiger les termes de référence inhérents à la procédure de passation des marchés de prestations intellectuelles relatives aux projets identifiés;
- assurer le suivi d'exécution des marchés d'études techniques préalables à la procédure de passation des marchés de travaux, de fourniture et de services;
- définir, dans le cadre des études, les spécifications techniques en collaboration avec les services techniques compétents, conformément aux dossiers standards en vigueur ;
- assurer le suivi d'exécution des marchés de travaux, de fournitures et de services consécutifs à la procédure de passation des marchés ;
- organiser et diriger la réception des ouvrages, des fournitures et des services, objets desdits marchés à la fin de leur exécution.

Au titre de la gestion des Marchés Publics, la Cellule de gestion des projets et des Marchés Publics est chargée notamment de:

- planifier les Marchés Publics et les délégations de service public ;
- élaborer, en collaboration .avec les directions

bénéficiaires, un plan annuel de passation des Marchés Publics, le publier et le communiquer aux Ministères intervenant dans la chaîne de la dépense publique;

- s'assurer de la réservation des crédits budgétaires et du financement destinés à couvrir le marché public ou la délégation de service public envisagé auprès des Ministères intervenant dans la chaîne de la dépense publique;
- déterminer la procédure et le type de marché à conclure ;
- élaborer, à l'aide des dossiers standards et des éléments d'études techniques et termes de référence, les dossiers de pré qualification, d'appel d'offres et les demandes de propositions;
- lancer les appels à la concurrence;
- recevoir les offres, les enregistrer et procéder à leur évaluation et à leur classement ;
- rédiger les projets de contacts et, le cas échéant, leurs avenants;
- participer à la réception des ouvrages, des fournitures et des services, objet desdits marchés;
- tenir le registre de suivi d'exécution des Marchés Publics et des délégations de service public;
- rédiger les rapports sur la passation et l'exécution des marchés pour l'autorité contractante et les transmettre à la Direction générale du contrôle des Marchés Publics et à l'Autorité de Régulation des Marchés Publics.

Toute Cellule de gestion des projets et des Marchés Publics qui dispose des capacités suffisantes, peut en outre assurer une mission d'appui auprès d'autres Cellules de gestion des autorités contractantes qui n'en disposent pas et qui en font la demande.

TITRE II: DE L'ORGANISATION

Article 3 :

La Cellule de gestion des projets et des Marchés Publics comprend deux organes:

- une Commission de passation des marchés;
- un Secrétariat permanent.

Article 4 :

Placée sous l'autorité de la personne responsable des projets et des Marchés Publics, la Cellule de gestion des projets et des Marchés Publics est animée par un Secrétaire permanent responsable des attributions visées à l'article 2 du présent Décret.

Article 5 :

La personne responsable des Marchés Publics préside la Commission de passation des Marchés Publics. A l'occasion de chaque appel d'offres, elle met en place au sein de celle-ci, une sous-commission d'analyse, chargée d'évaluer les offres et de présenter des propositions d'attribution provisoire des marchés à ladite Commission.

Article 6 :

La personne responsable des Marchés Publics désigne les membres de la Commission de passation des marchés et ceux du Secrétariat permanent de la Cellule en fonction de leur compétence.

Article 7 :

Les fonctions de membre de la Cellule de gestion des projets et des Marchés Publics sont incompatibles avec le fait de détenir, directement ou indirectement, des intérêts dans les entreprises soumissionnaires ou d'être salarié ou d'avoir bénéficié d'une rémunération ou d'un avantage sous quelque forme que ce soit de la part desdites entreprises.
Les membres de la Cellule de gestion des projets et des Marchés Publics ne peuvent exercer une activité commerciale ou de consultation en rapport avec leurs missions.
Ils sont tenus à une obligation de discrétion et ne peuvent soumissionner un marché dans le cadre de leurs fonctions.

Article 8:

Dans le respect des dispositions de la Loi relative aux Marchés Publics et celles de ses textes d'application, les règles d'organisation et de fonctionnement de la Cellule de gestion des projets et des Marchés Publics, celles de la Commission de passation des marchés et de la sous-commission d'analyse, sont précisées dans un manuel de procédures approuvé par la personne responsable des marchés en conformité avec un modèle établi par l'Autorité de Régulation des Marchés Publics.

Article 9 :

La personne responsable des Marchés Publics adresse à l'Autorité de Régulation des Marchés Publics, copie des avis de non-objection, des autorisations, des procès-verbaux, des rapports d'évaluation et des contrats afférents à chaque marché public ou délégation de service public dont la Cellule de gestion des projets et des Marchés Publics est chargée, ainsi que de tout rapport établi par ses soins.

TITRE III : DES ATTRIBUTIONS ET DU FONCTIONNEMENT

Chapitre 1 : De la Commission de passation des marchés

Section 1 : Du fonctionnement

Article 10 :

La Commission de passation des marchés est chargée de l'ouverture des plis, de l'examen des candidatures et de l'évaluation des offres ou propositions, des candidats et des soumissionnaires.
A ce titre, elle est chargée notamment de :

- diriger, dans le respect des dispositions de la Loi relative aux Marchés Publics, les travaux de la sous-commission d'analyse;
- arrêter sa décision d'attribution provisoire du marché, sur la base du rapport d'évaluation élaboré par la sous-commission d'analyse et se prononcer dans un délai maximal de sept jours ouvrables à compter de la date de réception du rapport;
- transmettre à l'autorité contractante les propositions d'attribution provisoire du marché.

Article 11 :

Les fonctions de membre de la Commission de passation des marchés sont incompatibles avec l'exercice d'une fonction administrative au sein de la Cellule de gestion des projets et des Marchés Publics associée à l'élaboration des dossiers d'appel d'offres des marchés sur lesquels doivent porter les opérations d'évaluation.
Les dispositions de l'article 17 du présent Décret sont applicables aux membres de la Commission de passation des marchés.

Article 12:

Outre le Secrétaire permanent de la Cellule de gestion des projets et des Marchés Publics, la Commission de passation des Marchés Publics comprend:

- le responsable du service bénéficiaire de l'autorité contractante;
- le responsable du service juridique de l'autorité contractante;
- le responsable des services administratifs et' financiers de l'autorité contractante;
- un délégué du service .bénéficiaire, spécialiste du domaine concerné par le marché;
- un spécialiste en passation des Marchés Publics de la Cellule de gestion des projets et des Marchés Publics qui n'a pas participé aux activités d' élaboration des dossiers d'appel d'offres ni à celles d'évaluation des offres;
- un expert dans le domaine concerné par le marché, à titre consultatif;
- le Président de la sous-commission d'analyse qui présente le rapport d'évaluation des offres à la Commission; sans voix délibérative.

Article 13 :

Les modalités de réunion des membres de la Commission de passation des marchés sont fixées par le manuel de procédure de la Cellule de gestion des projets et des Marchés Publics.

Les membres de la Commission de passation des marchés consultent au siège de l'autorité contractante, un exemplaire de l'ensemble des pièces sur lesquelles ils ont à se prononcer et qui sont mises à leur disposition au moins soixante-douze heures à l'avance.

La Commission de passation des marchés ne peut valablement délibérer qu'en présence au moins des trois quarts de ses membres.

Les résolutions de la Commission de passation des marchés sont prises à la majorité simple des membres présents. En cas de partage des voix, celle du président est prépondérante.

Section 2 : Des modalités d'examen des dossiers

Article 14:

Les dossiers soumis à l'examen de la Commission de passation des marchés doivent contenir, notamment:

a) pour l'ouverture des plis:

- une copie de l'avis d'appel d'offres et des additifs subséquents publiés par voie de presse;
- le registre d'enregistrement des offres ;
- un registre des instructions aux candidats et/ou des données particulières de l'appel d'offres, relatif à la présentation des offres.

b) Pour l'attribution:

- une note de motivation présentée par l'autorité contractante;
- le procès-verbal de la séance d'ouverture des plis;
- les pièces attestant de la disponibilité de crédits budgétaires et du financement;
- le dossier d'appel d'offres proprement dit, comprenant notamment l'avis d'appel d'offres, les instructions aux candidats et/ou les données particulières de l'appel d'offres, les critères d'évaluation, le modèle du projet de marché, le cahier des spécifications techniques, les dossiers d'études techniques et les plans, le cas échéant;
- le rapport d'analyse des offres et, éventuellement, le rapport de synthèse signés par les membres de la sous-commission d'analyse.

c) Pour l'examen des projets de marchés:

- une note de motivation présentée par l'autorité contractante;
- le procès-verbal de la séance d'attribution dudit marché;
- le procès-verbal de négociation, le cas échéant;
- le projet de marché paraphé par l'attributaire.

d) Pour l'examen des projets d'avenants :

- une note de motivation présentée par l'autorité contractante;
- l'étude préalable justifiant le projet d'avenant, le cas d'échéant;
- le marché de base et, le cas échéant les avenants déjà conclus ;
- le procès-verbal de réception, le cas échéant;
- le projet d'avenant souscrit par le cocontractant de l'administration.

Section 3 : De l'ouverture des plis

Article 15:

Le Président de la Commission de passation des marchés s'assure préalablement avant l'ouverture des plis, auprès des participants, que les offres des soumissionnaires sont parvenues dans les délais prévus par la réglementation en vigueur, avant de prononcer l'ouverture de la séance.

Il s'assure également que les plis sont fermés et procède à leur ouverture, vérifie la conformité des pièces administratives produites par les soumissionnaires et paraphe les originaux des offres et les pièces administratives.

Il donne ou fait donner publiquement lecture des pièces administratives et des principaux éléments des offres notamment, le montant pour les offres financières, les rabais consentis et les délais.

A l'issue de l'ouverture des plis, les copies des offres sont confiées à la sous-commission d'analyse et les originaux conservés par l'autorité contractante dans un lieu sécurisé.

Il est établi, séance tenante, un procès-verbal. d'ouverture des plis comportant les mentions visées par la Loi relative aux Marchés Publics. Une copie dudit procès-verbal à laquelle est annexée la feuille de présence, est remise à tous les participants à la fin de la séance.

Il veille à la conservation de l'original des offres.

La Commission de passation des marchés fixe la durée d'évaluation des offres techniques et financières. Ce délai ne peut en aucun cas excéder quinze jours.

Section 4: Des attributions et du fonctionnement de la sous-commission d'analyse

Article 16:

La sous-commission d'analyse est chargée de :

- évaluer et classer les offres conformément aux dispositions de la loi relative aux Marchés Publics et aux critères d'évaluation définis dans le dossier d'appel d'offres;
- établir un rapport d'analyse des différentes offres reçues, dans un délai indiqué lors de l'ouverture des plis par la Commission de passation des marchés, selon un modèle d'évaluation établi par l'Autorité de Régulation des Marchés Publics.

Article 17 :

Les membres de la sous-commission d'analyse sont nommés par la personne responsable des projets et des marchés à l'occasion de chaque opération d'analyse pour un marché ou une délégation de service public déterminés.
Les dispositions de l'article 11 du présent Décret sont applicables aux membres de la sous-commission d'analyse.

La sous-commission d'analyse, outre son Président, est composée de trois membres, à savoir:

- un membre de la Cellule de gestion des projets et des Marchés Publics qui n'a pas participé aux opérations préalables au lancement de la procédure ou à la séance d'ouverture ;
- deux membres relevant de l'entité administrative concernée, choisis en raison de leurs compétences dans le domaine du projet.

La sous-commission d'analyse désigne en son sein un rapporteur choisi parmi les membres représentant l'entité administrative concernée qui prépare un rapport d'analyse et dresse le procès-verbal des délibérations de la sous-commission.

En cas de marchés sur financement extérieur, un représentant de l'organisme de financement peut assister aux travaux de la sous-commission d'analyse,

La sous-commission d'analyse peut faire appel à toute personne physique ou morale dont la compétence est jugée nécessaire pour l'examen des dossiers spécifiques.

Article 18 :

Le Président de la Commission de passation des marchés peut, sur proposition de la sous-commission d'analyse, demander aux soumissionnaires des éclaircissements sur leurs offres. Les éclaircissements demandés et fournis par écrit ne peuvent, en aucune façon, avoir pour effet de modifier les éléments de l'offre en vue de la rendre plus compétitive.

Les éclaircissements des soumissionnaires font l'objet d'un rapport de synthèse paraphé et signé pat tous les membres de la sous-commission d'analyse. Ils disposent d'un délai de sept jours ouvrables pour fournir les éclaircissements demandés.

En cas de désaccord, les membres non signataires du rapport d'analyse et du rapport de synthèse sont tenus d'exprimer leur opinion par note écrite adressée à la personne responsable des projets et des Marchés Publics, en réservant une copie à l'Autorité de Régulation des Marchés Publics.

Article 19 :

Les modalités pratiques de réunion de la sous-commission d'analyse sont fixées par le manuel de procédure de la Cellule de gestion des projets et des Marchés Publics.

Les membres de la sous-commission d'analyse consultent au siège de l'autorité contractante, un exemplaire de l'ensemble des pièces sur lesquelles ils ont à se prononcer et qui sont mises à leur disposition au moins soixante-douze heures à l'avance.

La sous-commission d'analyse ne peut délibérer que si tous ses membres sont présents. La délibération a lieu à huis clos.

Les membres de la sous-commission d'analyse sont tenus au secret des délibérations.

Les décisions issues des délibérations sont prises à la majorité simple de tous les membres.

Les rapports et les procès-verbaux des délibérations sont transmis à la commission des Marchés Publics qui, sur leur fondement, émet des propositions d'attribution selon les modalités prévues par la Loi relative aux Marchés Publics.

Le rapport d'analyse est paraphé et signé par tous les membres de la sous-commission d'analyse.

Chapitre II: Du Secrétariat permanent

Article 20:

Le Secrétariat permanent est animé par un Secrétaire permanent désigné parmi les cadres de l'autorité contractante ayant au moins le grade de Chef de Division. Il assure l'administration quotidienne de la Cellule de gestion des projets et des Marchés Publics.

A ce titre, le Secrétaire permanent assure la gestion technique, administrative et financière de la Cellule de gestion des projets et des Marchés Publics. Il est chargé notamment de :

- mettre en œuvre, en collaboration avec l'Autorité de régulation des Marchés Publics, les outils standards de gestion, les manuels de procédures, les logiciels informatiques et le site intranet, pour lui permettre de disposer en temps réel des instruments nécessaires à l'exécution de cette mission;
- mettre en œuvre l'ensemble des procédures d'enregistrement de différentes phases des procédures de préparation, de passation et d'exécution des marchés, qu'elles soient administratives, techniques ou financières, et en assurer l'archivage par des méthodes modernes et efficientes;
- procéder à des vérifications périodiques et inopinées des chantiers et des matériels en cours de fabrication;
- réaliser des opérations de suivi de l'exécution du marché sur la base de la planification de l'opération et des délais contractuels ;
- vérifier la qualité des prestations et de leur conformité aux spécifications ou aux termes de référence;

- assurer le suivi de l'exécution financière des marchés et formuler des avis sur la pertinence des travaux supplémentaires demandés ainsi que sur l'application des pénalités de retard prévues par les contrats;
- participer aux activités de réception provisoire, partielle ou définitive des prestations;
- tenir un fichier des marchés examinés par la sous-commission d'analyse;
- tenir dans un registre infalsifiable, pré numéroté et paraphé par l'Autorité de régulation des Marchés Publics, les procès-verbaux des réunions dont les extraits lui sont régulièrement transmis;
- veiller à la bonne tenue des archives des marchés attribués;
- contrôler l'existence des garanties dont la mise en place est prévue par la réglementation en vigueur.

Article 21 :

Le Secrétariat permanent est assisté de quatre cadres ci-après:

- un chargé de la préparation des marchés qui supervise toutes les activités en amont de la publication des avis d'appels d'offres;
- un représentant du Ministère du Budget chargé des opérations de programmation et du suivi d'exécution budgétaire des marchés;
- un chargé de la passation des marchés dont la responsabilité couvre les activités comprises entre la publication des avis d'appel d'offres et la notification des marchés ;
- un chargé de suivi de l'exécution dont la responsabilité couvre les activités comprises entre l'entrée en vigueur des marchés et la réception définitive prononcée sans réserve.

Article 22:

Les membres du Secrétariat permanent doivent avoir le profil de spécialistes en Marchés Publics ou posséder une expertise avérée dans un domaine particulier en rapport avec les marchés concernés par la mission de l'autorité contractante.

Article 23 :

L'organisation des services, la mise en place des animateurs et la définition détaillée des attributions font l'objet d'une circulaire de l'autorité contractante, prise sur proposition du Secrétaire permanent.

TITRE IV : DE LA PROCEDURE DE CONTROLE DES OPERATIONS DE PASSATION DES MARCHES PUBLICS ET DES DELEGATIONS DE SERVICE PUBLIC.

Article 24:

La Cellule de gestion des projets et des Marchés Publics transmet à la Direction générale du contrôle des Marchés Publics pour avis ou autorisation conformément aux dispositions de la Loi relative aux Marchés Publics, les documents ci-après:

- les dossiers d'appel d'offres avant le lancement de l'appel à la concurrence et la publication correspondante, ainsi que leurs modifications éventuelles ;
- les demandes d'autorisation et de dérogation nécessaires lorsqu'elles sont prévues par la Loi relative aux Marchés Publics;
- le rapport d'analyse comparative des propositions et le procès-verbal d'attribution provisoire du marché, validés par la Commission de passation des marchés;
- le projet de marché ou d'avenant.

La Direction générale du contrôle des Marchés Publics statue dans les délais prévus par le Décret régissant les modalités de son fonctionnement.

Article 25:

En cas de désaccord avec la Direction générale du contrôle des Marchés Publics, l'autorité contractante peut saisir, pour arbitrage, le Comité de règlement des différends de l'Autorité de régulation des Marchés Publics.

TITRE V : DES RESSOURCES DE FONCTIONNEMENT DE LA CELLULE DE GESTION DES PROJETS ET DES MARCHES PUBLICS

Article 26:

La Cellule de gestion des projets et des Marchés Publics bénéficie chaque année d'une dotation budgétaire dont la gestion est assurée par le Secrétaire permanent, sous le contrôle de l'autorité contractante.

Article 27:

Les membres de la Cellule de gestion des projets et des Marchés Publics perçoivent une indemnité de sujétion dont le taux est fixé par Arrêté conjoint des Ministres ayant respectivement les Finances et le Budget dans leurs attributions.

TITRE VI : DISPOSITIONS FINALES

Article 28 :

Sont abrogées toutes les dispositions antérieures contraires au présent

Article 29:

Le Ministre ayant le Budget dans ses attributions est chargé de l'exécution du présent Décret qui entre en vigueur à la date de sa signature.

Fait à Kinshasa, le 28 décembre 2010

Adolphe MUZITO
1er Ministre

Jean-Baptiste NTAHWA KUDERWA
Ministre du Budget

F. DECRET N° 10/33 DU 28 DECEMBRE 2010 FIXANT LES MODALITES D'APPROBATION DES MARCHES PUBLICS ET DES DELEGATIONS DE SERVICE PUBLIC

Le Premier Ministre,

Vu la Constitution, spécialement en son article 92 ;
Vu la Loi n° 08/009 du 07 juillet 2008 portant dispositions générales applicables aux établissements publics;
Vu la Loi n° 10/010 du 27 avril 2010 relative aux Marchés Publics;
Vu l'Ordonnance n° 08/064 du 10 octobre 2008 portant nomination du Premier Ministre, Chef du Gouvernement ;
Vu l'Ordonnance n° 08/073 du 24 décembre 2008 portant organisation et fonctionnement du Gouvernement, modalités pratiques de collaboration entre le Président .de la République et le Gouvernement ainsi qu'entre les membres du Gouvernement ;
Vu l'Ordonnance n° 08/074 du 24 décembre 2008 fixant les attributions des Ministères, spécialement en son article 1, B-11;
Vu l'Ordonnance n° 10/025 du 19 février 2010 portant nomination des Vice-premiers Ministres, des Ministres et des Vice-ministres ;
Vu le Décret n° 10/21 du 02 juin 20 10 portant création, organisation et fonctionnement de l'Autorité de Régulation des Marchés Publics;
Vu le Décret n° 10/27 du 2.8 juin 2010 portant création, organisation et fonctionnement de la Direction générale du contrôle des Marchés Publics;
Vu le Décret n° 10/32 du 28 décembre 2010 portant création, organisation et fonctionnement de la Cellule de gestion des projets et des Marchés Publics;
Vu le Décret n° 10/34 du 28 décembre 2010 fixant les seuils de passation, de contrôle et d'approbation des Marchés Publics et des délégations de service public;
Considérant la nécessité d'assurer la régulation du système de passation des Marchés Publics et des conventions de délégation de service public en République Démocratique du Congo;
Considérant l'urgence;
Sur proposition du Ministère du Budget;
Le Conseil des Ministres entendu ;

DECRETE:

CHAPITRE 1 : DISPOSITION GENERALES

Article 1er :

Le présent Décret fixe, en application des dispositions de la Loi relative aux Marchés Publics, les modalités d'approbation des Marchés Publics et délégations de service public.

CHAPITRE II : DE L'APPROBATION DES MARCHES PUBLICS ET DELEGATIONS DE SERVICE PUBLIC

Article 2 :

L'approbation est l'acte par lequel l'autorité compétente valide la décision d'attribution du marché ou de la délégation de service public prise par l'autorité contractante postérieurement à l'avis favorable de la Direction générale du contrôle des Marchés Publics.

L'approbation confère un caractère définitif et exécutoire au marché et à la délégation de service signé par l'attributaire.

Article 3 :

Tout marché public ou délégation de service public est transmis à l'Autorité compétente pour approbation, après avis favorable de la Direction générale du contrôle des Marchés Publics et signature par la personne responsable des projets et des Marchés Publics de l'Autorité contractante concernée.

Article 4:

La personne responsable des projets et des Marchés Publics ne peut être l'autorité chargée d'approuver le marché ou la délégation de service public,

Article 5:

L'autorité contractante est tenue de soumettre à l'approbation le marché public ou la délégation de service public dans le délai de validité des offres.

Article 6 :

L'attributaire du marché ou de la délégation de service public ne peut se prévaloir des clauses du marché aussi longtemps que l'approbation de celui-ci n'est pas intervenue.

CHAPITRE III: DES AUTORITES COMPETENTES POUR L'APPROBATION DES MARCHES PUBLICS ET DELEGATIONS DE SERVICE PUBLIC

Article 7:

Les Marchés Publics et délégations de service public sont approuvés par le Premier Ministre ou par le Ministre ayant le Budget dans ses attributions, en application des modalités et des seuils fixés par le .Décret fixant les seuils de passation, de contrôle et d'approbation des Marchés Publics.

Les autorités compétentes d'approbation des marchés passés par les Provinces et les entités territoriales décentralisées sont fixées par les édits provinciaux, organisant la passation des Marchés Publics de leur ressort.

CHAPITRE IV: DU CONTENU DU DOSSIER D'APPROBATION DU MARCHE OU DE LA DELEGATION DE SERVICE PUBLIC

Article 8 :

En vue de l'approbation d'un marché ou d'une délégation de service public, l'autorité compétente se prononce au vu du dossier transmis par l'autorité contractante, comprenant notamment:

- un bordereau récapitulant la nature et le nombre des pièces constitutives du dossier d'approbation;
- un rapport de présentation précisant l'objet du marché ou de l'avenant;
- le régime fiscal ou douanier du marché ou de l'avenant;
- l'avis favorable de la Direction générale du contrôle des Marchés Publics;
- le marché ou l'avenant signé par les parties contractantes;
- une pièce justifiant l'existence d'une disponibilité budgétaire ou d'un financement du marché.

Article 9:

Outre les éléments mentionnés à l'article 8 ci-dessus, le dossier d'approbation du marché comprend les éléments suivants:

- pour les marchés ou délégations de service public passé par la procédure d'appel d'offres : le procès-verbal de la Commission de passation des marchés prouvant l'attribution du marché ou une copie certifiée conforme par le Président de la Cellule de gestion des Marchés Publics concernés;
- pour le Marchés Publics ou délégations de service public passés par la procédure d'appel d'offres restreint ou de gré à gré : l'autorisation de la Direction générale du contrôle des Marchés Publics.

CHAPITRE V: DE LA DECISION D'APPROBATION OU DE REJET

Section 1 : De la décision d'approbation

Article 10 :

L'autorité compétente notifie sa décision d'approbation à l'autorité contractante.

Article 11 :

En cas d'approbation, l'autorité contractante, après accomplissement des formalités d'enregistrement auprès de l'Autorité de régulation des Marchés Publics, notifie le marché ou la délégation de service public à son titulaire avant tout commencement d'exécution.

La notification a lieu dans les trois jours calendaires suivant la date de signature de l'approbation par l'autorité compétente. Elle marque l'entrée en vigueur du marché.

Toutefois, la notification peut intervenir à une date ultérieure si une clause du marché le prévoit.

Article 12 :

Dans quinze jours calendaires suivant l'entrée en vigueur du marché, un avis d'attribution définitive est publié dans la revue des Marchés Publics ou tout autre journal habilité.

Section 2 : De la décision de rejet

Article 13 :

L'autorité compétente n'accorde pas le visa ou l'approbation en cas d'absence ou d'insuffisance de crédits budgétaires ou encoure de financement affecté au marché ou à la délégation de service public conformément à la Loi relative aux Marchés Publics.

Le refus d'accorder le visa ou l'approbation est exprimé par une décision motivée, rendue dans les dix jours calendaires de la transmission du dossier d'approbation par l'autorité contractante. Cette décision peut faire l'objet d'un recours devant l'Autorité de régulation des Marchés Publics de la part de toute partie au contrat.

Article 14 :

Tout marché ou délégation de service public signé, mais dont l'approbation est refusée, est nul.

Article 15 :

En cas d'expiration du délai de validité des offres prévues par le dossier d'appel d'offres, l'attributaire du marché peut refuser la notification du marché sous réserve d'en avoir fait la déclaration écrite par lettre recommandée à l'autorité contractante avant la date de cette notification.

Article 16 :

L'attributaire du marché ou de délégation de service public peut engager devant les juridictions compétentes la responsabilité de l'autorité contractante et obtenir réparation du préjudice subi, si les agissements de l'administration ont retardé l'approbation du marché.

CHAPITRE VI : DISPOSITIONS FINALES

Article 17 :

Sont abrogées toutes les dispositions antérieures contraires au présent Décret.

Article 18 :

Le Ministre ayant le Budget dans ses attributions est chargé de l'exécution du présent Décret qui entre en vigueur à la date de sa signature.

Fait à Kinshasa, le 28 décembre 2010

Adolphe MUZITO
1er Ministre

Jean-Baptiste NTAHWA KUDERWA
Ministre du Budget

G. DECRET N° 010/34 DU 28 DECEMBRE 2010 FIXANT LES SEUILS DE PASSATION, DE CONTROLE ET D'APPROBATION DES MARCHES PUBLICS

Le Premier Ministre,

Vu la Constitution, spécialement en son article 92 ;
Vu la loi n°08/009 du 07 juillet 2008 portant dispositions générales applicables aux établissements publics;
Vu la Loi n° 10/010 du 27 avril 2010 relative aux Marchés Publics;
Vu l'Ordonnance n°08 /064 du 10 octobre 2008 portant nomination du Premier Ministre, Chef du Gouvernement;
Vu l'Ordonnance n°08/073 du 24 décembre 2008 portant organisation et fonctionnement du Gouvernement, modalités pratiques de collaboration entre le Président de la République et le Gouvernement ainsi qu'entre les membres du Gouvernement;
Vu l'Ordonnance n°08/74 du 24 décembre 2008 fixant les attributions des Ministères, spécialement en son article 1, B-11 ;
Vu l'Ordonnance n° 10/025 du 19 février 2010 portant nomination des Vice-premiers Ministres, des Ministres et des Vice ministres;
Vu le Décret n° 10/21 du 02 juin 2010 portant création, organisation et fonctionnement de l'Autorité de régulation des Marchés Publics;
Vu le Décret n° 10/27 du 28 juin 2010 portant création, organisation et fonctionnement de la Direction générale du contrôle des Marchés Publics;
Vu le Décret n°10/32 du 28décernbre 2010 portant création, organisation et fonctionnement de la Cellule de gestion des projets et des Marchés Publics;
Vu le Décret n° 10/33 du 28 décembre 2010 fixant les modalités d'approbation des Marchés Publics et des délégations de service public;
Considérant la nécessité d'assurer la régulation du système de passation des Marchés Publics et des conventions de délégation de service public en République Démocratique du Congo;
Considérant l'urgence;
Sur proposition du Ministre du Budget;
Le Conseil des Ministres entendu;

DECRETE:

CHAPITRE 1 : DISPOSITIONS GENERALES

Article 1er :

Le présent Décret fixe les seuils de passation, de contrôle et d'approbation des Marchés Publics et des délégations de service public, conformément aux dispositions de la Loi relative aux Marchés Publics.

Article 2 :

Les seuils fixés par le présent Décret sont exprimés en francs congolais et se rapportent aux estimations des montants hors taxes des Marchés Publics et délégations de service public. Ils peuvent être modifiés dans les conditions visées à l'article 20 du présent Décret.

CHAPITRE 2 : DES PRINCIPES FONDAMENTAUX

Article 3 :

Le montant estimé des besoins, objet du contrat, s'entend du prix global, hors taxes, du marché.

Article 4 :

Lorsque l'autorité contractante procède à l'estimation du coût du marché qu'elle s'apprête à passer, elle procède, sur la base des éléments disponibles au moment de passer le marché ou la délégation de service public, à une évaluation sincère et raisonnable de leur montant.

Article 5 :

Le montant estimé des besoins, objet du marché public ou de la délégation de service public, ne peut être obtenu par l'autorité contractante au moyen d'une scission de ses achats ou d'une utilisation des modalités de calcul de la valeur estimée du marché ou de la délégation de service public, autres que celles prévues par le présent Décret.

Article 6:

Lorsque l'autorité contractante répartit le marché en lots pouvant donner lieu chacun à un contrat distinct, il est pris en compte la valeur globale estimée de la totalité de ces lots.

Article 7 :

Lorsqu'une acquisition est répartie en phases étalées sur plusieurs années, en tranches fermes ou conditionnelles, l'autorité contractante prend en compte la valeur globale estimée de la réalisation de l'ensemble du projet tel qu'il sera exécuté sur l'ensemble des exercices budgétaires.

Article 8 :

L'autorité contractante détermine le montant estimé des besoins, objet du contrat, selon le type de marché considéré.

Il prend en compte:

1. pour les marchés de travaux : la valeur globale des travaux se rapportant à une opération complète.
   Une opération peut concerner un ou plusieurs ouvrages ou certains travaux réalisés sur un même ouvrage de nature différente, programmés au même moment.
   Un ouvrage est le résultat d'un ensemble de travaux de bâtiment ou de génie civil destiné à remplir par lui-même une fonction économique ou technique.
   En conséquence, l'ouvrage ne constitue pas une unité de computation des seuils des marchés de travaux.
   Nonobstant l'évolution de ses besoins, l'autorité contractante concernée exécute dans une même période de temps et sur une zone géographique donnée, l'ensemble des travaux qui ne peuvent être dissociés en considération de leur objet ou des procédés techniques utilisés pour les réaliser ou de leur financement.

2. pour les marchés de fournitures et les marchés de services courants : la valeur totale des fournitures ou des services qui peuvent être considérés comme homogènes.
   Les fournitures ou services homogènes sont des biens ou des services appartenant à une même famille.
   En l'absence d'une nomenclature des fournitures et des services homogènes définie par arrêté du Ministre ayant l'économie dans ses attributions, l'autorité contractante détermine par ses propres moyens, l'homogénéité de ses besoins en se référant aux caractéristiques de son activité. A cet effet, l'autorité contractante adopte une classification propre de ses achats, selon une typologie qui doit être en cohérence avec son activité et tenir compte de sa connaissance de l'offre du marché.
   Si l'autorité contractante décide de regrouper plusieurs fournitures appartenant à des familles homogènes différentes au sein d'un seul marché, même présenté selon la procédure d'allotissement, c'est le montant global du marché qui devra être comparé aux seuils et non pas le montant famille par famille ou lot par lot des produits qu'il regroupe.
   Si les besoins de l'administration, du service ou de l'organisme concerné donnent lieu à un ensemble unique de livraisons de

fournitures homogènes ou de prestations homogènes, l'autorité contractante tient compte, quel que soit le nombre de fournisseurs ou prestataires auxquels il fait appel, de la valeur de l'ensemble de ces fournitures ou prestations.
Dans le cas où les fournitures ou les prestations traduisent un besoin courant et répété de l'Administration, du service ou de l'organisme concerné, l'autorité contractante prend en compte la valeur de l'ensemble des fournitures ou de l'ensemble des prestations correspondant aux besoins de la période considérée.

3. pour les marchés de prestations intellectuelles et les délégations de service public, l'autorité contractante procède, mutatis mutandis, comme pour les marchés de services.

Article 9 :

Les Marchés Publics et délégations de service public de montants inférieurs aux seuils indiqués à l'article 11 ci-dessous ne sont pas passés par appel d'offres. Néanmoins, en ce qui les concerne, il est fait application des règles de bonnes pratiques de la commande publique, à savoir:

- la mise en concurrence d'au moins trois fournisseurs ;
- la publication de l'attribution de ces marchés par l'autorité contractante sur le site internet de l'Autorité de régulation des Marchés Publics et dans la revue des Marchés Publics. L'absence de cette publication rend le marché nul.

Article 10 :

Les seuils de passation, de contrôle et d'approbation des marchés passés et des délégations de service public en Provinces et dans les Entités territoriales décentralisées font, l'objet des dispositions réglementaires spécifiques fixées par l'autorité compétente des entités concernées.

CHAPITRE 3 : DES SEUILS D'APPEL D'OFFRES

Article 11 :

Les Marchés Publics et délégations de service public d'un montant estimé correspondant aux seuils ci-dessous font l'objet d'un appel d'offres national :

- le projet de marché ou d'avenant pour les marchés de travaux, fournitures et services courants : marchés de

valeur supérieure ou égale à cinquante millions (50.000.000) de francs congolais
- pour les marchés de prestations intellectuelles et les délégations de service public : marchés de valeur supérieure ou égale à vingt millions (20.000.000) de francs congolais.

Les marchés de travaux, fournitures et services et de prestations intellectuelles en deçà des seuils fixés pour les appels d'offres nationaux sont passés par la formule simplifiée de comparaison d'au moins trois factures visée à l'article 9 du présent Décret,

Article 12 :

Les Marchés Publics et délégations de service public d'un montant estimé correspondant aux seuils ci-dessous font l'objet d'un appel d'offres international :

- pour les marchés de travaux : marchés de valeur supérieure ou égale à huit milliards (8.000.000.000) de francs congolais;
- pour les marchés de fournitures des biens ou services courants : marchés de valeur supérieure ou égale à cinq cent millions (500.000.000) de francs congolais ;
- pour les marchés de prestations intellectuelles et les délégations de service public : marchés de valeur supérieure ou égale à deux cent cinquante millions (250.000.000) de francs congolais.

Article 13 :

Les appels d'offres restreints prévus dans la Loi relative aux Marchés Publics, dès lors qu'ils concernent des Marchés Publics d'une valeur supérieure ou égale à cent millions (100.000.000) de francs congolais, font l'objet d'une procédure de pré qualification aux fins de l'établissement d'une liste restreinte,

CHAPITRE 4 : DES SEUILS DE CONTROLE A PRIORI.

Article 14 :

La Direction générale du contrôle des Marchés Publics procède systématiquement au contrôle à priori de la procédure de passation et d'attribution des marché publics et des délégations de service public d'un montant supérieur ou égal à :

- deux cents millions (200.000.000) de francs congolais pour les marchés de travaux;
- cent millions (100.000.000) de francs congolais pour les marchés de fourniture des biens ou de services courants;
- cinquante millions (50.000.000) de francs congolais pour les marchés de prestations intellectuelles et les délégations de service public.

Article 15 :

La Direction générale du contrôle des Marchés Publics procède à une revue préalable des dossiers d'appel d'offres et des demandes de propositions pour les marchés d'un montant estimé supérieur ou égal à:

- trois cents millions (300.000.000) de francs congolais pour les marchés de travaux;
- deux cents millions (200.000.000) de francs congolais pour les marchés de fourniture des biens et services courants;
- cent millions (100.000.000) de francs congolais pour les marchés de prestations intellectuelles et des délégations de service public.

Article 16 :

L'Autorité de régulation des Marchés Publics effectue le contrôle à postériori de la procédure de passation et d'attribution des marchés et des délégations de service public, quel que soit le montant des marchés et délégations.

CHAPITRE 5 : DES SEUILS D'APPROBATION.

Article 17 :

Les Marchés Publics et délégations de service public sont, quel qu'en soit le montant, soumis à l'approbation de l'autorité compétente.

Article 18 :

L'approbation des Marchés Publics et délégations de service public relève exclusivement de la compétence du Premier Ministre et des Ministres, selon les cas évoqués à l'article 19 du présent Décret, quelle que soit l'autorité contractante concernée.

Article 19 :

Le marché public et la délégation de service public sont approuvés par :

- Décret du Premier Ministre délibéré en Conseil des Ministres, pour tous les Marchés Publics et délégations de service public d'un montant égal ou supérieur au seuil de passation des Marchés Publics par appel d'offres international et pour tous les marchés passés par le Ministère ayant le Budget dans ses attributions;
- le Ministre ayant le Budget dans ses attributions, pour tous les Marchés Publics et délégations de service public d'un montant inférieur au seuil de passation des marchés par appel d'offres international;
- le Ministre de tutelle pouf les marchés et délégations de service public d'un montant inférieur au seuil de passation de marchés par appel d'offres international, passés par les services, entreprises et établissements publics placés sous sa tutelle.

CHAPITRE 6 : DISPOSITIONS FINALES

Article 20 :

Les seuils fixés par le présent Décret peuvent faire l'objet d'une révision par Arrêté du Ministre ayant le Budget dans ses attributions, sur proposition du Président du Conseil d'administration de l'Autorité de régulation des Marchés Publics.

Article 21 :

Sont abrogées toutes les dispositions antérieures contraires au présent Décret.

Article 22 :

Le Ministre ayant le Budget dans ses attributions est chargé de l'exécution du présent Décret qui entre en vigueur à la date de sa signature.

Fait à Kinshasa, le 28 décembre 2010

Adolphe MUZITO
1er Ministre

Jean-Baptiste NTAHWA KUDERWA
Ministre du Budget

II. Jurisprudence (Arrêt RA 1401 de la Cour suprême de justice)

LA COUR SUPREME DE JUSTICE, SECTION ADMINISTRATIVE, SIEGEANT EN ANNULATION EN PREMIER ET DERNIER RESSORT, A RENDU L'ARRET SUIVANT :

AUDIENCE PUBLIQUE DU QUATORZE JUIN L'AN DEUX MILLE QUATORZE

EN CAUSE :

La Société WEBB FONTAINE GROUP FZ-LLC, office 805, Concord Tower, P.O.B. O 502793, Dubaï internet, city, tecom zone Dubaï, UAE, ayant élu domicile auprès du Cabinet FIDAMI sis au numéro 3 de l'avenue du Marché dans la Commune de la Gombe.

Demanderesse en annulation.-

CONTRE :

La République Démocratique du Congo « RDC », prise en la personne des Ministres de l'Economie et du Commerce et celui de la Justice et Droits Humains.

Défenderesse en annulation.-

Par sa requête en annulation datée du 04 mars 2014 et réceptionnée au greffe de la Cour Suprême de Justice le 05 du même mois, la Société WEBB FONTAINE GROUP FZ-LLC, agissant par son Conseil, Maître Polycarpe MBASANI, Avocat au BARREAU de Kinshasa/Gombe sollicita de la Cour de céans l'annulation de la décision du Ministère de l'Economie et du Commerce ayant signé un contrat portant sur la mise en place et la gestion d'un guichet unique du Commerce extérieur avec le groupe BIVAC-SOGET telle que reprise dans le communiqué de presse n° 43/10/13 de la réunion de la Troïka stratégique daté du dimanche 06 octobre 2013.

Une copie de l'extrait de cette requête en annulation fut envoyée pour publication au Journal Officiel de la République Démocratique du Congo suivant lettre n° 328/CSJ/G.ADM/RA 1401/KM/2014 du 07 mars 2014 du Greffier en Chef de cette Cour ;

Par exploits datés et séparés du 18 mars 2014 de l'huissier MBOYO BOLILI de cette Cour, signification de ladite requête fut donnée respectivement à la République Démocratique du Congo, prise en la personne des Ministres de l'Economie et du Commerce et celui de la Justice et Droits Humains. ;

Maître Dieudonné KALUBA DIBWA, Avocat au barreau de Kinshasa/Gombe, agissant pour le compte de la République Démocratique du Congo, prit le mémoire en réponse en date du 17 avril 2014 qu'il déposa au greffe de la Cour Suprême de Justice à la même date ;

Par exploit daté du 21 avril 2014 de l'huissier MBOYO BOLILI de cette Cour, signification dudit mémoire en réponse fut donnée à la Société WEBB FONTAINE GROUP FZ-LLC ;
Transmis au Procureur Général de la République par lettre n° 623/CSJ/G.Adm/RA/1401 du 29 avril 2014 du Greffier en Chef de cette Cour, le dossier de la cause revint au greffe le 20 mai 2014 muni du rapport du Premier Avocat Général de la République Emile TSHISHIMBI DIYI daté du 10 mai 2014 ;
Par son ordonnance du 21 mai 2014, le Premier Président de cette Cour désigna le Conseiller KILOMBA en qualité de rapporteur et par celle du 05 juin 2014, il fixa la cause à l'audience publique du 09 juin 2014 ;
Par exploits datés et séparés du 06 juin 2014 de l'huissier SASA NIANGA de cette Cour, notification d'avoir à comparaître à l'audience publique du 09 juin 2014 fut donnée à la République Démocratique du Congo et à la Société WEBB FONTAINE GROUP FZ-LLC ;
A l'appel de la cause à cette audience, la demanderesse comparut représentée par ses Conseils, Maîtres FIDAMI et MBASANI tandis que la défenderesse comparut volontairement représentée par ses conseils, Maîtres KALUBA et WENGA conjointement avec Maître KABAKA, tous avocats aux barreaux de Kinshasa/Gombe et de Kinshasa/Matete ;
De commun accord des parties et à leur demande, la Cour remit la cause à l'audience publique du 13 juin 2014 ;
A l'appel de la cause à cette audience publique du 13 juin 2014, la demanderesse comparut par ses Conseils, Maîtres FIDAMI et MASANI, tandis que la défenderesse comparut par ses Conseils, Maîtres KALUBA et WENGA, tous avocats au barreau de Kinshasa/Gombe ;
La Cour déclara la cause est en état d'être examinée et après son instruction, accorda la parole :

a. d'abord au Conseiller KILOMBA qui donna lecture de son rapport sur les faits de la cause, la procédure suivie et les moyens invoqués par les parties ;
b. ensuite aux Conseils des parties qui, dans leurs observations orales déclarèrent confirmer leurs requêtes et mémoire en réponse ;
c. et enfin au Ministère public, représenté par l'Avocat Général de la République MIKOBI qui donna lecture du rapport du Premier Avocat Général de la République Emile TSHISHIMBI DIYI dont le dispositif est ainsi conçu :

« <u>PAR CES MOTIFS</u> ;

« Plaise à la Cour Suprême de Justice, section administratif de déclarer :
« <u>A titre principal</u> la requête irrecevable si elle tend à annuler une décision inexistante ;

« A titre subsidiaire si elle tend à annuler le contrat conclu en faveur de la Société BIVAC SOGET en date du 05 octobre 2013, la Cour se déclarera incompétente ;
« Frais comme de droit. »
Sur ce, la Cour déclara les débats clos, prit la cause en délibéré pour son arrêt à intervenir incessamment ;

La cause fut rappelée à la même audience publique du vendredi 13 juin 2014 à laquelle la demanderesse ne comparut pas ni personne en son nom, tandis que la défenderesse comparut représentée par ses Conseils Maîtres KALUBA et Willy WENGA, tous Avocats au barreau de Kinshasa/Gombe ;
Sur ce, la Cour prononça l'arrêt- suivant :

---------------------ARRET-------------------

Par requête déposée au greffe de la Cour Suprême de Justice le 05 mars 2014 la Société WEBB FONTAINE GROUP FZ-LLC, office 805, Concord tower, P.O. B.O.502793, Dubaï internet, city, tecom zone, UAE représentée par Monsieur Jean GURUNLIAN, Président Directeur Général et agissant par ses avocats Albert FIDAMI TAMBA WAZOMA, KILONGA NZUZI et Polycarpe MBASANI, demande l'annulation de la décision du Ministre de l'Economie et de Commerce du 05 octobre 2013 ayant attribué sans juste motif, le contrat relatif à la mise en place et à la gestion du guichet unique de commerce extérieur et approuvé par la troïka stratégique du 06 octobre 2013 suivant le communiqué de presse n°43/10/13 du 06 octobre 2013 de la primature, au Bureau Veritas Buvac-Soget.

Dans son mémoire en réponse la défenderesse oppose à la requête trois fins de non-recevoir.

Sans qu'il soit nécessaire d'examiner toutes les fins de non-recevoir soulevées, la Cour s'appesantira sur la troisième tirée de la violation de l'article 89 de l'ordonnance-loi n°82-017 du 31 mars 1982 relative à la procédure devant la Cour Suprême de justice pour forclusion du délai en ce que la demanderesse a introduit son recours en annulation le 05 mars 2014 soit huit mois à dater de l'introduction de son recours préalable émanant de Genève le 05 juillet 2013.

Pris correctement de la violation des articles 88 de l'ordonnance-loi n° 82-017 du 31 mars 1982 relative à la procédure devant elle, 20 et 21 du décret n°10/22 du 02 juin 2010 portant manuel de procédures de loi relative aux Marchés Publics, 17 et 19 premier tiret du décret n° 10/34 du 28 décembre 2010 fixant le seuil de passation, de contrôle et d'approbation des Marchés Publics, cette fin de non-recevoir est fondée.

En effet, il découle de l'économie de l'article 88 dont la violation est invoquée qu'aucune requête en annulation n'est recevable si le requérant n'a pas au préalable introduit, dans les trois mois qui suivent la date de la publication à lui faite personnellement de l'acte entrepris une réclamation auprès de l'autorité compétente tendant à voir rapporter ou modifier cet acte.
Elle relève que, saisi du recours contre la décision d'attribution provisoire du marché public de la mise en place du guichet unique du commerce extérieur au Bureau Veritas Bivac-Soget, l'autorité compétente a rejeté le recours de la demanderesse qui a saisi en appel le comité de règlement des différends, CRD en sigle, lequel s'est prononcé en dehors du délai prévu par l'article 158 du décret n° 10/22 du 02 juin 2010 portant manuel de procédures de la loi relative aux Marchés Publics, et par ce fait, amené ainsi l'autorité compétente à poursuivre le processus d'attribution du marché à l'entreprise précitée par sa décision du 05 octobre 2013 au regard de la disposition précitée.
Elle note que la preuve de la publication faite personnellement à la demanderesse de l'acte d'approbation du marché pris par l'autorité compétente, en l'espèce, le décret du Premier Ministre, fait défaut.
Or, il est évident que c'est l'acte d'approbation qui valide les marchés et leur confrère le caractère définitif et exigible selon le prescrit de l'article 20 in fine du décret n° 10/22 du 02 juin 2010 portant manuel de procédures de la loi relative aux Marchés Publics.
Il s'ensuit que la requête en annulation introduite par la demanderesse contre la décision du 05 octobre 2013 du Ministre de l'Economie et de Commerce reprise dans le communiqué de presse n° 43/10/13 du 06 octobre 2013 de la troïka stratégique de la primature, ayant approuvé ledit marché, lequel n'est pas à confondre avec le décret du Premier Ministre, nonobstant la compétence de la Cour de céans au regard de l'autorité visée, est irrecevable pour prématurité.

En effet, la décision d'attribution provisoire du marché prise par l'autorité contractante, en l'occurrence le Ministre de l'Economie et de Commerce, signée le 05 octobre 2013 en faveur du Bureau Veritas Bivac-Soget, attendait être entérinée par décret du Premier Ministre, s'agissant de l'approbation des Marchés Publics sur les prestations intellectuelles ayant fait l'objet d'appel d'offre international.

C'EST POURQUOI,

La Cour Suprême de Justice, section administrative, siégeant comme Conseil d'Etat en premier et dernier ressort ;
Le Ministère public entendu ;
Dit la requête irrecevable ;

Met les frais d'instance à charge de la demanderesse taxés à la somme de 112.300 FC.

LA Cour a ainsi jugé et prononcé à l'audience publique du 13 juin 2014 à laquelle ont siégé les magistrats : BOMBOLU BOMBONGO, Président, KILOMBA NGOZI-MALA Noël et KALUME ASENGO TCHEUSI, Conseillers, en présence du Ministère public représenté par l'Avocat Général de la République NYANDU et avec l'assistance de Monsieur Jean LUBUNDU, Greffier du siège.

LES CONSEILLERS, LE PRESIDENT,

Sé/KILOMBA NGONZI-MALA.- Sé/BOMBOLU BOMBONGO.-

Sée/KALUME ASENGO TCHEUSI

LE GREFFIER DU SIEGE

Sé/LUBUNDU MOTIM'KASY

INDEX ALPHABETIQUE DES MATIERES

(*Les chiffres renvoient aux numéros de paragraphes*)

BIBLIOGRAPHIE INDICATIVE

A. DOCUMENTS OFFICIELS

I. République Démocratique du Congo

- Constitution de la République Démocratique du Congo du 18 février 2006, telle que modifiée par la Loi n° 11/002 du 20 janvier 2011, *inJ.O.RDC*, 52e année, n° spécial du 5 février 2011.
- Loi n° 015-2002 du 16octobre 2002 portant Code du travail, *inJ.O.RDC*, 43ème année, n° spécial du 15 juillet 2002.
- Loi n° 10/010 du 27 avril 2010 relative aux Marchés Publics, *inJ.O.RDC*, 51ème année, n° spécial du 30 avril 2010 ; voir aussi *J.O.RDC*, 53ème année, n° spécial du 14 janvier 2012.
- Décret-loi n° 081 du 2 juillet 1998 portant organisation territoriale et administrative de la République Démocratique du Congo.
- Ordonnance-loi n° 81-067 du 07 mai 1981 portant règlement d'administration relatif à la discipline du personnel de carrière des services publics, *in J.O.Z.*, n° 10 du 15 mai 1981, p. 6.
- Ordonnance-loi n° 82-017 du 31 mars 1982 relative à la procédure devant la Cour suprême de justice, *in J.O.Z.*, n° 7 du 1er avril 1982, p. 11.
- Ordonnance n° 10/073 du 30 octobre 2010 portant nomination du Conseil d'administration de l'ARMP, *in J.O.RDC*, 53ème année, n° spécial du 14 janvier 2012.
- Ordonnance n° 11/024 du 24 mars 2011 portant nomination de la Direction générale de l'ARMP, *in J.O.RDC*, 53ème année, n° spécial du 14 janvier 2012.
- Décret n° 10/21 du 02 juin 2010 portant création, organisation et fonctionnement de l'Autorité de Régulation des Marchés Publics, *in J.O.RDC*, 53ème année, n° spécial du 14 janvier 2012.

- Décret n° 10/22 du 02 juin 2010 portant Manuel de procédures de la loi relative aux Marchés Publics, *in J.O.RDC*, 53ème année, n° spécial du 14 janvier 2012.
- Décret n° 10/27 du 28 juin 2010 portant création, organisation et fonctionnement de la Direction Générale du Contrôle des Marchés Publics, *in J.O.RDC*, 53ème année, n° spécial du 14 janvier 2012.
- Décret n° 10/32 du 28 décembre 2010 portant création, organisation et fonctionnement de la Cellule de Gestion des Projets et des Marchés Publics, *in J.O.RDC*, 53ème année, n° spécial du 14 janvier 2012.
- Décret n° 10/33 du 28 décembre 2010 fixant les modalités d'approbation des Marchés Publics et des délégations de service public, *in J.O.RDC*, 53ème année, n° spécial du 14 janvier 2012.
- Décret n° 10/34 du 28 décembre 2010 fixant les seuils de passation, de contrôle et d'approbation des Marchés Publics, *in J.O.RDC*, 53ème année, n° spécial du 14 janvier 2012.
- Décret n° 12/027 du 25 juillet 2012 portant nomination des membres du Comité de Règlement des Différends, *in J.O.RDC*, 53ème année, n° spécial du 14 janvier 2012.
- Arrêté n° 001/CAB/MIN/BUDGET/2011 du 10 mars 2011 portant mise en place des organes de la DGCMP, *in J.O.RDC*, 53ème année, n° spécial du 14 janvier 2012.
- Arrêté n° 002/CAB/MIN/BUDGET/2011 du 10 mars 2011 portant mise en place des délégués du Ministère du Budget dans les cellules ministérielles pilotes de gestion des projets et de Marchés Publics, *in J.O.RDC*, 53ème année, n° spécial du 14 janvier 2012.
- décision n° 001/CA/S.0/04/2011 du 09 novembre 2011 fixantle taux des frais de régulation des marchés publics au profit de l'ARMP, *in J.O.RDC*, 53ème année, n° spécial du 14 janvier 2012.

II. Droit communautaire Ohada

- Acte uniforme du 15 décembre 2010 relatif au droit commercial général, *in J.0. OHADA*,n° 23 du 15 février 2011, p.1 et s.

B. OUVRAGES

- CHABANOL Daniel, JOUGELET Jean-Pierre et BOURRACHOT François, *Le régime juridique des Marchés Publics. Droits et obligations des signataires des marchés de travaux*, 5ème édition, Paris, Collection Analyse juridique, Editions LE MONITEUR, 2007.
- CHATILLON Stéphane, *Droit des affaires internationales*, 5e édition, Paris, Vuibert, 2011.
- CORNU Gérard, *Vocabulaire juridique*, Association Henri Capitant, 8èmeédition mise à jour, Paris, QUADRIGE-PUF, 2007.
- FLAMME Maurice-André, *Traité Théorique et pratique des Marchés Publics, tome 1. Théorie générale des contrats de l'Administration. Conclusion des marchés,* Bruxelles, Etablissements EMILLE BRUYLANT SA, 1969.
- FOILLARD Philippe, *Dictionnaire. Droit public*, Paris, Centre de publications universitaires, 2000.
- GEORGES Philippe et SIAT Guy, *Droit public*, 15e édition, Paris, SYREY, 2006.
- KABEYA MUANA KALALA Guy, *Passation des Marchés Publics*, tome I, Principes, règles, procédures, pratiques de passation et contentieux, Kinshasa, Editions BATENA NTAMBWA, 2012.
- LONG Marceau et *alii,Les grands arrêts de la jurisprudence administrative*, 19ème édition, Paris, Dalloz, 2013.
- OST F. et VAN de KERCHOVE,*Entre la lettre et l'esprit. Les directives d'interprétation en droit,* Bruxelles, Bruylant, 1989.

- VUDISA J.N, *Initiation à la passation des Marchés Publics en droit congolais*, Pays Bas, Ed. Hapert, 2002.

C. CONTRIBUTIONS ET ARTICLES DE REVUE

- ALFREDO Pierre, « Droit de la concurrence : une approche franco-espagnole » (D 2000, Chronique, p.645),*in*CHATILLON Stéphane, *Droit des affaires internationales*, 5e édition, Paris, Vuibert, 2011, p.136.
- MÖSCHELWERNHARD, « Les sanctions de droit privé des comportements anticoncurrentiels : aspects du droit allemand »(RIDC 2006, p.735), *in*CHATILLON Stéphane, *Droit des affaires internationales*, 5e édition, Paris, Vuibert, 2011, p.136.
- NGUEJI NGUEJI Elie, « La nouvelle législation sur les Marchés Publics en République Démocratique du Congo : avancée ou recul ? », *inCahiers Africains de Droit de l'Homme et de la Démocratie*, n° 37, Volume I, 16ème année, octobre-décembre 2012, pp. 93-102.
- VANDERMEEREN R., « le renforcement du référé précontractuel », *CP-ACCP, n°53, mars 2006*, *in* BLOCH Bernard-Michel et Jérémie BLOCH Jérémie, *Pratiques des avis de Marchés Publics*, Paris, Collection les Indispensables, Berger-Levrault, 2008, p. 10.

D. JURISPRUDENCES

I. République Démocratique du Congo

- Cour suprême de justice, RA 140, en cause société WEBB FONTAINE GROUP c/ RDC, inédit.
- Tribunal de commerce de Lubumbashi, RAC 1336, en cause GPO PARTNERS CONGO SARLc/ SNCC, la Société DELOITTE RDC Sarl et l'ARMP, inédit.

- Tribunal de commerce deMatete, RCE 1195, en cause société GUILGAL INVESTMENT GROUP SARL c/ TRANSCO (en délibéré)

II. Belgique

- Conseil d'Etat, 10 juin 1949, IV, 46,*Rec.Jur.dr.adm.* 1949, 118.
- Conseil d'Etat, 22 janvier 1954. *R.J.D.A.*, *in* Maurice-André FLAMME, tome1, *op.cit*, p. 542, n° 369.
- Conseil d'Etat, 9 juillet 1954,*Pasicrisie belge*. 1955, IV, 148.
- Conseil d'Etat, 4 septembre 1959. *Pasicrisie belge*, 1961, n°1, p.14.

III. France

- Conseil d'Etat, 31 juillet 1912, Société des granits porphyroïdes de Vosges, *Lebon*, p. 909, Concl. Blum.
- Conseil d'Etat, Sect. 27 juin 1930, *Bourrageas et Moullot*, *Rec. 65*.
- Conseil d'Etat, Sect. 20 avril 1956, *Epoux Bertin et Ministre de l'agriculture c. consorts Grimouard, Rec.* 167 et 168 ;*Lebon*, p.167.
- Conseil d'Etat, Sect. 29 avr. 1970. *Société Unipain*, *Rec. 280* ; *AJ* 1970. 340, concl. Braibant ; *RD publ.* 1970.423, note M. Waline.
- Conseil d'Etat, 10 mai 1993, Miette, *Lebon*, p.399.
- Conseil d'Etat, Sect. 3 novembre 1995, CCI de Tarbes et des Hautes-Pyrénées, n° 157304 : Rec., p. 394.
- Conseil d'Etat, 16 octobre 2000, Société Stereau, Société OTV et Société Degremont, n° 213958.
- Conseil d'Etat, 27 juillet 2001, Compagnie générale des eaux, n° 229566.
- Conseil d'Etat, 19 octobre 2001, Société Alstom Transport SA, n° 233173.

- Conseil d'Etat, avis du 29 juillet 2002, Sté MAJ Blanchisseries de Pantin, *AJDA*, 2002.
- Conseil d'Etat, 30 juin 2004, Société nationale des chemins de fer français, n° 263402.
- Conseil d'Etat ; 8 avril 2005, Société Radiometer, n° 270476.
- Conseil d'Etat, 8 juillet 2005, Communauté d'agglomération de Moulin, n° 268610.
- Conseil d'Etat, 6 janvier 2006, Syndicat mixte de collecte, de traitement et de valorisation des déchets du vendômois, n° 281113.
- Conseil d'Etat, Sect. 26 janv. 2007, *Syndicat professionnel de la géomatique, Rec.* 20 ; *RJEP* 2007.265, concl. N. Boulouis ; *AJ* 2007.744, note Nicinski.
- Conseil d'Etat, 19 septembre 2007, Communauté d'agglomération de Saint-Etienne métropole, n° 296192.
- Conseil d'Etat,Ass. 26 octobre 2011, *Association pour la promotion de l'image et autres*, *Rec. 506*, concl. Boucher – v. n°28.11.
- Conseil d'Etat, avis contentieux, 11 avr. 2012, Société Gouelle, *BJCP*¨2012, n°5, p.1.
- Conseil d'Etat, 11 avr. 2012, Comm. Llorens et Soler-Couteaux ; *CP-ACCP* juill.-août 2012, note Cabanes et Neveu ; *DA* juill. 2012, p.23, note Brenet ; *RD*Imm. 2012.
- Tribunal de conflit, 21 mars 1993, Union des assurances de Paris, *Lebon*, p.537.
- Tribunal de conflit, 15 nov. 1999, Cne de Bourisp, *Lebon*, p. 478.
- Tribunal administratif Orléans, ord. 6 mars 2007, SOCCOIM, req. n° 0700539.

E. RAPPORTS

- GROUPEMENT GRANT THORNTON SENEGAL/CKA AUDIT &CONSEIL, Rapport d'audit annuel des Marchés Publics passés dans la période du 28 octobre 2010 au 31 décembre 2011, Kinshasa, le 30 mars 2013.

- LISIMO SAYA Alexis, Rapport de mission *(visite de quelques institutions publiques, bancaires et des entreprises de la FENAPEC*), Kinshasa, mars 2015.

TABLE DES MATIERES

République démocratique du Congo aux éditions L'Harmattan

Dernières parutions

LES BALUBA
Histoire, cosmologie et sémiologie d'un peuple bantu
Lwa Malale Lukanda ; Préface de Banza Mukalay Nsungu ; Avant-texte de Manda Tchebwa ; Postscriptum de Joseph Ibongo
Avec force images et autres illustrations, cet ouvrage présente les «traits marquants» du peuple «muluba» : son identité ethnique, son histoire, sa cosmologie, sa sémiologie et ses créations culturelles majeures. Les «Baluba», dont l'auteur révèle l'existence au-delà du deuxième millénaire avant Jésus-Christ, forment un peuple à la fois un, dans l'unité géographique et démographique, et multiple, dans la diversité des nations qui se revendiquent de sa descendance et de sa parenté culturelle : de l'Afrique centrale à l'Afrique du Sud, de l'Océan atlantique à l'Océan indien.
(Coédition CICIBA, Harmattan RDC, 26.00 euros, 232 p.)
ISBN : 978-2-343-06036-1, ISBN EBOOK : 978-2-336-38163-3

L'UNIVERSITÉ DE KINSHASA EN QUÊTE DE REPÈRES
Mawanzi Manzenza Thomas
Cet ouvrage aborde la question de la crise du renouvellement du personnel académique au sein de l'université de Kinshasa, une institution qui a connu, au cours de son évolution, à la fois le phénomène colonial, l'africanisation de ses structures et les enjeux de la mondialisation. Cette étude nous montre comment l'université s'est laissé gouverner par des pratiques de racisme et de discrimination pour le contrôle du monopole de l'autorité scientifique.
(Coll. Études africaines, 29.00 euros, 288 p.)
ISBN : 978-2-343-05092-8, ISBN EBOOK : 978-2-336-38084-1

GUERRE ET VIOL
Deux faces de fléaux traumatiques en République Démocratique du Congo
Otita Likongo Marcel
Cet ouvrage présente le contexte de survenue du traumatisme psychique, le concept de stress post-traumatique, les développements psycho-traumatiques et leurs modalités expressives. Une série d'événements traumatiques, où la population victime est toujours abandonnée par manque des structures étatiques d'encadrement et non-reconnaissance du poste de psychologue en RDC, y sont répertoriés : guerres, violences sexuelles, accidents de circulation, crash d'avion, naufrage, etc.
(Coll. Études africaines, 21.00 euros, 216 p.)
ISBN : 978-2-343-06270-9, ISBN EBOOK : 978-2-336-38098-8

RD CONGO, LE 30 JUIN 2005
Ça passe ou ça casse ? – Retour sur un épisode crucial de l'histoire congolaise
Mukalay Nsungu Banza - Préface de Camille Sesep N'Sial
«Ce texte a été publié pour la 1ère fois en juin 2005, dans un contexte de grande tension sociale et politique en RDC. Une tension liée à l'interprétation de l'article 196 de la «Constitution de la transition», portant sur la date du 30 juin 2005, censée mettre fin à la période de la «transition

politique». Au moment où nous rééditons ce texte, pour la richesse de sa teneur historique, le contexte politique congolais est une fois de plus dominé par le débat constitutionnel, avec en perspective les nébulosités de l'horizon 2016...» Eddie Tambwe Kitenge
(Coll. Comptes Rendus, 14.00 euros, 129 p.)
ISBN : 978-2-343-06354-6, ISBN EBOOK : 978-2-336-37971-5

DROIT CONGOLAIS DU TRAVAIL
Masanga Phoba Mvioki Jacqueline
Préface de Célestin Nguya-Ndila Malengana
Ce manuel expose l'état de la législation et de la réglementation, de la doctrine et de la jurisprudence en matière du travail en RDC. Le regard porte sur les rapports individuels (la conclusion, l'exécution, la cessation du contrat de travail, le règlement des litiges individuels de travail) et sur les rapports collectifs (les organisations professionnelles des travailleurs et d'employeurs, les conventions collectives, le règlement des litiges collectifs de travail).
(Harmattan RDC, 31.00 euros, 302 p.)
ISBN : 978-2-343-06372-0, ISBN EBOOK : 978-2-336-38099-5

JULIEN KILANGA MUSINDE
Une parole en itinérance
Réflexions et témoignages sur un parcours intellectuel
Textes réunis par Jean-Marie Dikanga Kazadi et Emmanuel M. Banywesize
Les textes réunis dans ce collectif tentent d'objectiver l'œuvre diversifiée de Julien Kilanga Musinde. Venus des quatre coins du monde, des intellectuels et des chercheurs de divers horizons rendent hommage à cet amabassadeur de l'université et des lettres congolaises en francophonie. Par son écriture, Julien Kilanga Musinde n'a, en effet, cessé de se raconter, d'accompagner l'Université dans sa marche et de contribuer ainsi à l'humanité du monde.
(Harmattan RDC, 26.00 euros, 252 p.)
ISBN : 978-2-343-06458-1, ISBN EBOOK : 978-2-336-38153-4

CONJONCTURES CONGOLAISES 2014
Politiques, territoires et ressources naturelles : changements et continuités
Sous la direction de Stefaan Marysse et Jean Omasombo Tshonda
La toile de fond de ce volume est la question de la profondeur ou de la superficialité du changement qui se manifeste en RDC depuis plus d'une décennie. Certaines ruptures avec le passé sont manifestes mais l'enracinement profond des comportements clientélistes dans le domaine politique est de nature à fragiliser les avancées. C'est surtout dans le champ économique que les changements sont réels. Mais cet essor économique est-il durable et signifie-t-il une rupture permanente avec le passé ?
(Coll. Cahiers Africains, 32.50 euros, 316 p.)
ISBN : 978-2-343-05981-5, ISBN EBOOK : 978-2-336-37469-7

POUR UNE RDC NOUVELLE
De l'horreur à l'aurore
Mazola Ayinepa Joseph
Plus de six millions de morts tombés dans une guerre d'invasion et de prédation en RDC. Faut-il vraiment répandre sans merci le sang des Congolais, pour exploiter leurs nombreuses ressources minières ? Doit-on continuer à rester insensibles, à multiplier discours et négociations, alors que l'ennemi gagne du terrain ? Où est allée l'élite congolaise ? Inquiet de la situation exécrable que vit le peuple, l'auteur milite pour une évolution positive de la RDC.
(Coll. Politique et dynamiques religieuses en Afrique, 24.00 euros, 242 p.)
ISBN : 978-2-343-05219-9, ISBN EBOOK : 978-2-336-36595-4

RAPPORT SUR LA THÉMATIQUE POLITIQUE
Ateliers du cinquantenaire du Parti lumumbiste unifié (PALU)
Au-delà de la forme, qui permet de dire que la RDC est un État souverain et une République, le PALU (Parti lumumbiste unifié) veut aller au fond des choses, en réfléchissant sur les attributs de

la souveraineté de l'État que sont notamment la défense, la diplomatie et la monnaie. En outre, il y a lieu d'apprécier les régimes politiques connus en RDC, au regard des critères fondateurs d'une République : - la source de légitimité des pouvoirs constituants - le mode d'accès des dirigeants au pouvoir - l'équilibre des pouvoirs entre les différentes institutions.
(Coll. Dossiers, Études et Documents, 10.00 euros, 58 p.)
ISBN : 978-2-343-06195-5, ISBN EBOOK : 978-2-336-37539-7

LA SORCELLERIE CHEZ LES DING DE LA RDC
Nkumisongo Vavi Fabiyo François-Xavier
La sorcellerie constitue une force surhumaine, une croyance et une pratique ambiguë, notamment chez les Ding de RDC. L'accent a été mis sur le rôle, le pouvoir et la position du sorcier ainsi que sur les voies d'accès et celle de sa transmission. D'autres phénomènes sont analysés tels que l'incarnation, la réincarnation, l'antisorcellerie, la science et la recherche scientifique. Sans oublier le génie créatif ou inventif propres à chaque peuple. Également liée à la religion, elle est à ce titre l'opium du peuple Ding. Elle bloque par l'envoûtement, il faut chercher à la débloquer par des mécanismes d'antisorcellerie.
(Coll. Géopolitique mondiale, 12.00 euros, 106 p.)
ISBN : 978-2-343-04505-4, ISBN EBOOK : 978-2-336-37078-1

CONVICTIONS ET ESPÉRANCES POUR LA RÉPUBLIQUE DÉMOCRATIQUE DU CONGO
Verbatim (2008-2014)
Mukalay Nsungu Banza
Préface de Manda Tchebwa
Ce livre restitue la vision de l'homme politique pour son pays au travers des «écrits et des dits». Le lecteur découvre les idées-forces du politique qui accompagne le développement d'un secteur socioculturel de la RD Congo. Banza Mukalay Nsungu a été élu quatre fois député de Lubumbashi et ministre dans plusieurs gouvernements. Il est depuis 2012 ministre de la Culture et des Arts de la RD Congo.
(Coll. Comptes Rendus, 21.00 euros, 210 p.)
ISBN : 978-2-343-05743-9, ISBN EBOOK : 978-2-336-37101-6

MA VÉRITÉ SUR LE MARÉCHAL MOBUTU ET SUR LA TRANSITION DÉMOCRATIQUE AU ZAÏRE (1990-1997)
Mukalay Nsungu Banza
Préface de Camille Sesep N'sial
La «transition démocratique» en République démocratique du Congo aura été l'une des plus troubles, complexes et longues de tout le continent africain (1990-2006). Acteur et témoin privilégié de l'histoire politique de ces dernières décennies, l'auteur pose un regard critique sur ces années de tumulte, en interpellant la responsabilité de l'acteur politique congolais. En évoquant ses rapports privilégiés avec le maréchal Mobutu, qui lui confiera la direction de son parti, l'auteur pose aussi son jugement global sur le déroulement de la transition.
(Coll. Comptes Rendus, 16.50 euros, 162 p.)
ISBN : 978-2-343-05741-5, ISBN EBOOK : 978-2-336-37097-2

LES MOTS RÉCURRENTS DE LA TRANSITION POLITIQUE AU ZAÏRE (1990-1997)
Mukalay Nsungu Banza
Rompant avec la tradition qui confine l'étude du vocabulaire et du discours politique dans les sphères des chercheurs spécialisés, l'auteur s'intéresse ici aux mots récurrents de la période politique de la Transition (1990-1997) au Zaïre (actuelle RDC). Une période politique qui va du discours historique de la démocratisation, prononcé par le président Mobutu le 24 avril 1990, à l'avènement du président Laurent-Désiré Kabila, le 17 mai 1997. L'ouvrage constitue également une contribution à l'étude du français d'Afrique subsaharienne et spécialement de la RDC.
(Coll. Comptes Rendus, 9.00 euros, 56 p.)
ISBN : 978-2-343-05742-2, ISBN EBOOK : 978-2-336-37092-7

L'U.D.P.S. DANS L'ŒIL DU CYCLONE
La violence politique au Zaïre sous Mobutu (octobre 1985)
Mutamba Makombo Jean-Marie
Cet ouvrage relate la traque et la répression d'un mouvement d'opposition clandestin au Zaïre (R.D. Congo) sous la Deuxième République : l'Union pour la Démocratie et le Progrès Social (UDPS). L'auteur s'appuie sur les rapports d'information établis en octobre 1985 par le Corps des Activistes pour la Défense de la Révolution (CADER), qui témoignent des tribulations du petit peuple qui a souffert pour le triomphe du multipartisme et de la démocratie. Ils révèlent aussi les luttes d'influences, la lutte d'intérêts et de clans au sein du Parti unique.
(12.00 euros, 104 p.)
ISBN : 978-2-343-05729-3, ISBN EBOOK : 978-2-336-37252-5

VALORISER L'EXPÉRIENCE DANS L'ENSEIGNEMENT ADMINISTRATIF
Manuel de psychologie et des sciences de l'éducation en République du Congo
Tabezi Pene-Magu Bernard-Gustave
La notion d'expérience est devenue une référence majeure, aussi bien en éducation que dans tous les métiers où des personnes agissent sur l'activité d'autres personnes (orientation, conseil, management, soins). Elle est de plus en plus valorisée au sein de l'enseignement scolaire comme le montre la promotion des pratiques pédagogiques prônant le recours à l'expérience et à l'expérimentation comme source des apprentissages...
(Coll. Études africaines, 19.00 euros, 192 p.)
ISBN : 978-2-343-05376-9, ISBN EBOOK : 978-2-336-37157-3

DES ÉCOLES PRIMAIRES «EFFICACES»
Étude de leurs déterminants à Kisangani
Kamba Eyanganunga Albert
Dans un environnement scolaire marqué par de forts taux de déperdition et des faibles niveaux d'acquis par les élèves, certaines écoles sortent du lot. Ces écoles primaires efficaces fonctionnent dans un climat scolaire positif, recourent à des pratiques éducatives maximisant le temps d'enseignement et à des pratiques managériales participatives et orientées vers les objectifs.
(Coll. Études africaines, 31.00 euros, 290 p.)
ISBN : 978-2-343-05350-9, ISBN EBOOK : 978-2-336-37239-6

LA BANQUE MONDIALE ET LA RÉFORME DES ENTREPRISES PUBLIQUES CONGOLAISES (RDC)
Une analyse critique des enjeux politiques, économiques et sociaux
Mpoy Kadima Godé
Malgré un cadre macroéconomique en relative amélioration, le redressement des entreprises publiques congolaises (RDC) demeure au coeur des enjeux de la relance de l'économie nationale. Victimes des conjonctures et politiques publiques défavorables à leur expansion, ces entreprises sont, pour la plupart d'entre elles, au bord de la faillite. L'option de la privatisation, préconisée comme solution par le gouvernement congolais, ne peut s'imposer comme l'unique voie de recours. Ce vaste plan de privatisation risque d'entraîner des conséquences néfastes sur les plans économique, social et politique.
(Coll. Comptes Rendus, 18.00 euros, 182 p.)
ISBN : 978-2-343-05927-3, ISBN EBOOK : 978-2-336-37273-0

L'HARMATTAN ITALIA
Via Degli Artisti 15; 10124 Torino
harmattan.italia@gmail.com

L'HARMATTAN HONGRIE
Könyvesbolt ; Kossuth L. u. 14-16
1053 Budapest

L'HARMATTAN KINSHASA
185, avenue Nyangwe
Commune de Lingwala
Kinshasa, R.D. Congo
(00243) 998697603 ou (00243) 999229662

L'HARMATTAN CONGO
67, av. E. P. Lumumba
Bât. – Congo Pharmacie (Bib. Nat.)
BP2874 Brazzaville
harmattan.congo@yahoo.fr

L'HARMATTAN GUINÉE
Almamya Rue KA 028, en face
du restaurant Le Cèdre
OKB agency BP 3470 Conakry
(00224) 657 20 85 08 / 664 28 91 96
harmattanguinee@yahoo.fr

L'HARMATTAN MALI
Rue 73, Porte 536, Niamakoro,
Cité Unicef, Bamako
Tél. 00 (223) 20205724 / +(223) 76378082
poudiougopaul@yahoo.fr
pp.harmattan@gmail.com

L'HARMATTAN CAMEROUN
BP 11486
Face à la SNI, immeuble Don Bosco
Yaoundé
(00237) 99 76 61 66
harmattancam@yahoo.fr

L'HARMATTAN CÔTE D'IVOIRE
Résidence Karl / cité des arts
Abidjan-Cocody 03 BP 1588 Abidjan 03
(00225) 05 77 87 31
etien_nda@yahoo.fr

L'HARMATTAN BURKINA
Penou Achille Some
Ouagadougou
(+226) 70 26 88 27

L'HARMATTAN SÉNÉGAL
10 VDN en face Mermoz, après le pont de Fann
BP 45034 Dakar Fann
33 825 98 58 / 33 860 9858
senharmattan@gmail.com / senlibraire@gmail.com
www.harmattansenegal.com

L'HARMATTAN BÉNIN
ISOR-BENIN
01 BP 359 COTONOU-RP
Quartier Gbèdjromèdé,
Rue Agbélenco, Lot 1247 I
Tél : 00 229 21 32 53 79
christian_dablaka123@yahoo.fr

Achevé d'imprimer par Corlet Numérique - 14110 Condé-sur-Noireau
N° d'Imprimeur : 132338 - Dépôt légal : octobre 2016 - *Imprimé en France*

www.ingramcontent.com/pod-product-compliance
Lightning Source LLC
LaVergne TN
LVHW011157061026
849535LV00003B/761